Die Vermögensauseinandersetzung bei Scheidung in Deutschland und in China

Europäische Hochschulschriften Recht

European University Studies in Law

Publications Universitaires Européennes de Droit

Band/Volume 6711

Wenna Wang

Die Vermögensauseinandersetzung bei Scheidung in Deutschland und in China

Eine rechtsvergleichende Betrachtung der Abwicklung der Zugewinngemeinschaft und der Errungenschaftsgemeinschaft

PETER LANG

Bibliografische Information der Deutschen Nationalbibliothek
Die Deutsche Nationalbibliothek verzeichnet diese Publikation in der Deutschen Nationalbibliografie; detaillierte bibliografische Daten sind im Internet über http://dnb.d-nb.de abrufbar.

Zugl.: Frankfurt (Main), Univ., Diss., 2022

D 30
ISSN 0531-7312
ISBN 978-3-631-87909-2 (Print)
E-ISBN 978-3-631-89202-2 (E-PDF)
E-ISBN 978-3-631-89203-9 (EPUB)
DOI 10.3726/b20304

Diese Publikation wurde begutachtet.

www.peterlang.com

Vorwort

Die vorliegende Arbeit wurde im Wintersemester 2021/2022 von der Juristischen Fakultät der Johann Wolfgang Goethe-Universität Frankfurt am Main als Dissertation angenommen. Gesetzgebung, Rechtsprechung und Schrifttum sind bis Ende November 2021 berücksichtigt.

Mein größter Dank gilt meiner verehrten Doktormutter Frau Prof. Dr. Marina Wellenhofer. Sie hat die Arbeit angeregt und mich bei der Korrektur und der Anfertigung dieser Arbeit mit unermüdlicher Geduld unterstützt. Herzlich bedanke ich mich auch bei Herr Priv.- Doz. Dr. Dominik Schäfers für die zügige Erstellung des Zweitgutachtens. Alexandra von Christen im Sekretariat danke ich für die stetige Hilfsbereitschaft. Für das sorgfältige Korrekturlesen möchte ich Anabel Wenzel, Jonatan Klaedtke, Parm-Jagow von Rundstedt, Svenja Gutsche, danken.

Mit Dank möchte ich auch meine Eltern in China und die deutschen Freunde von mir erwähnen. Ohne die bedingungslose Unterstützung meiner Mutter Yongen Jia und meines Vaters Zhenqing Wang wäre die Anfertigung der Arbeit nicht möglich. Ohne die Ermutigung und Begleitung von den deutschen Freunden von mir wäre mein Leben in Deutschland nicht so bereichernd.

Peking, im September 2022

Wenna Wang

Inhaltsverzeichnis

Abkürzungsverzeichnis

AcP	Archiv für die civilistische Praxis
AGZ	Die Allgemeinen Grundsätze des Zivilrechts
Alt.	Alternative
Art.	Artikel
BGB	Bürgerliches Gesetzbuch
BGH	Bundesgerichtshof
BGHZ	Die Entscheidungen des Bundesgerichtshofes in Zivilsachen
BOVGA	Die Bestimmung vom Obersten Volksgericht über Gerichtliche Auslegung
BT-Drucks.	Bundestagsdrucksache
BVerfG	Bundesverfassungsgericht
bzw.	beziehungsweise
CBGB	Das erste Bürgerliche Gesetzbuch in China
ChinVerf.	Verfassung der Volksrepublik China
ECUPL Journal	Journal of East China University of Political Science and Law
Eds.	Editors
EEheG I	Die erste Erläuterung des Obersten Volksgerichts zu einigen Fragen des Ehegesetzbuchs der VR China
EEheG II	Die zweite Erläuterung des Obersten Volksgerichts zu einigen Fragen des Ehegesetzbuchs der VR China
EEheG III	Die dritte Erläuterung des Obersten Volksgerichts zu einigen Fragen des Ehegesetzbuchs der VR China
EheG	Das Ehegesetzbuch der Volksrepublik China
EVV	Die Erläuterung des Obersten Volksgerichts zur Rechtsanwendung bei Verhandlung der Rechtsstreitigkeiten über Verbindlichkeiten der Ehegatten

EZGB I	Die erste Erläuterung des Obersten Volksgerichts zur Anwendung des Ehe- und Familienrechtsbuchs des ZGB
FamFG	Gesetz über das Verfahren in Familiensachen und in den Angelegenheiten der freiwilligen Gerichtsbarkeit
FamRZ	Zeitschrift für das gesamte Familienrecht
ff.	fortfolgende
Gleichberechtigungsgesetz	Gesetz über die Gleichberechtigung von Mann und Frau auf dem Gebiet des bürgerlichen Rechts
GG	Grundgesetz für die Bundesrepublik Deutschland
h.M.	herrschende Meinung
Hrsg., hrsg.	Herausgeber, herausgegeben
Halbs.	Halbsatz
iVm.	in Verbindung mit
JZ	JuristenZeitung
n. Chr.	nach Christus
Nr.	Nummer
NZFam	Neue Zeitschrift für Familienrecht
OLG	Oberlandesgericht
Rn.	Randnummer
RVV	Der Richterliche Vorschlag des Obersten Volksgerichts für die Behandlung der Vermögensauseinandersetzung bei Ehescheidung
S.	Satz
sog.	sogenannt
usw.	und so weiter
v.a.	vor allem
v. Chr.	vor Christus
VersAusglG	Gesetz über den Versorgungsausgleich
vgl.	vergleiche
VR China	Volksrepublik China
VRÜ	Zeitschrift Verfassung und Recht in Übersee
ZAIP	Zeitschrift für ausländisches und internationales Privatrecht
z.B.	zum Beispiel
ZChinR	Zeitschrift für chinesisches Recht
ZGB	Zivilgesetzbuch der Volksrepublik China

ZPO	Zivilprozessordnung
ZVglRWiss	Zeitschrift für Vergleichende Rechtswissenschaft

Kapitel 1: Einführung

Die Frage der Vermögensauseinandersetzung stellt bei der Scheidung stets einen zentralen Streitpunkt zwischen den Ehegatten dar. Hierzu eine für beide Ehegatten gerechte Rechtslösung zu bieten, ist in jedem Staat eine unentbehrliche Aufgabe und ein wichtiges Ziel des Scheidungsrechts. Doch während in Deutschland die Zugewinngemeinschaft als gesetzlicher Güterstand gilt, sieht das chinesische Eherecht die Errungenschaftsgemeinschaft vor. Daher stellt sich die Frage, wie die Vermögensauseinandersetzung in unterschiedlichen Güterständen durchzuführen ist, beziehungsweise ob und inwieweit die berechtigten Interessen der Ehegatten trotz der grundverschiedenen gesetzlichen Güterstände in beiden Rechtssystemen angemessen berücksichtigt werden. In deutscher Sprache fehlt bislang eine ausführliche und aktuelle Darstellung zur chinesischen Rechtslage der Vermögensauseinandersetzung bei Scheidung.[1] Diese Arbeit unternimmt den Versuch, die entsprechende Lücke zu schließen und dem deutschen Leser eine umfassende und die neuesten Entwicklungen einschließende Darstellung und Bewertung des chinesischen Vermögensauseinandersetzungsrechts bei Scheidung aus rechtsvergleichender Sicht vorzulegen.

---

1 Drei Dissertationen betreffen die Vermögensauseinandersetzung in China: Eine ist *Die Scheidung und ihre Folgen in China – im Vergleich mit dem deutschen Recht –*, die von *Jia Wei* geschrieben und im Jahr 2009 veröffentlicht wurde. Diese Arbeit stellt nicht nur die Abwicklung der Errungenschaftsgemeinschaft, sondern auch umfassende Scheidungsfolgen einschließlich persönlicher Beziehungen der Ehegatten und der Verhältnisse zwischen Eltern und Kindern dar, daher hat sich die Arbeit nicht konzentriert mit der Vermögensauseinandersetzung beschäftigt. Eine weitere Arbeit ist *Die Vervollkommnung des chinesischen ehelichen Güterrechts – mit rechtsvergleichender Analyse –*, die von *Na Li* geschrieben und im Jahr 2013 veröffentlicht wurde. Diese Arbeit behandelt sowohl den gesetzlichen Güterstand als auch das vertragliche Güterrecht. Eine dritte Arbeit ist die *Vermögensauseinandersetzung bei der Scheidung in Deutschland und der VR China*, die von *Hongming Ji* geschrieben und im Jahr 2020 veröffentlicht wurde. Diese Arbeit bezieht sich zwar auch auf die scheidungsbedingte Vermögensauseinandersetzung in Deutschland und in China, aber sie basiert auf dem Ehegesetz der VR China. Am 01.01.2021 ist das Ehegesetz aufgehoben worden und das Zivilgesetzbuch (ZGB) ist in Kraft getreten.

A. Gegenstand der Untersuchung

Die Scheidung führt zu mannigfaltigen Rechtsfolgen. Sie wirkt sich sowohl auf die persönlichen und vermögensrechtlichen Beziehungen zwischen den Ehegatten als auch auf das Verhältnis jedes Ehegatten zu den gemeinsamen Kindern aus. Hinsichtlich der vermögensrechtlichen Ehescheidungsfolgen sind in Deutschland Ansprüche auf Zugewinnausgleich, Versorgungsausgleich und den nachehelichen Unterhalt zu nennen, während die Ehegatten nach dem chinesischen Recht ein Auseinandersetzungsrecht, einen Ausgleichsanspruch wegen Erfüllung relativ mehr Pflichten[2] und einen Anspruch auf finanzielle Unterstützung[3] haben können.

Unter „Vermögensauseinandersetzung" im Sinne dieser Arbeit ist nicht die Gesamtheit aller vermögensrechtlichen Ansprüche der Ehegatten anlässlich der Scheidung zu verstehen. Der Versorgungsausgleich und das nacheheliche Unterhaltsrecht in Deutschland sowie der Ausgleichsanspruch wegen Erfüllung relativ mehr Pflichten und die Rechtsfigur der finanziellen Unterstützungen in China werden grundsätzlich nicht berücksichtigt. Nur an einigen Stellen wird der Versorgungsausgleich bei Scheidung in Deutschland im Vergleich mit der chinesischen Rechtslage beschrieben, weil die Rente nach dem chinesischen Recht als gemeinsames Vermögen der Ehegatten angesehen wird und die Verteilung der Rente in China daher ein Thema der Vermögensauseinandersetzung bei Scheidung ist.

---

2 Nach § 1088 ZGB hat ein Ehegatte gegen den anderen Ehegatten bei Scheidung einen Ausgleichsanspruch, wenn er oder sie wegen Erziehung des Kindes, Pflege älterer Familienmitglieder, Unterstützung der Erwerbstätigkeit des anderen Ehegatten usw. relativ mehr Pflichten erfüllt hat. Mit „relativ mehr Pflichten" ist gemeint, dass der Ehegatte mehr Pflichten als der andere Ehegatte erfüllt hat; Der Begriff „relativ" bezieht sich also auf das Verhältnis dazu, wie viele Pflichten der andere Ehegatte erfüllt hat. Diese Vorschrift hat § 40 Ehegesetz (EheG) geändert. Nach § 40 EheG setzt dieser Ausgleichsanspruch noch voraus, dass die Ehegatten im Güterstand der Gütertrennung leben, siehe *Huang (Hrsg.)*, Die Anmerkung des Ehe- und Familienrechts des ZGB, S. 227.

3 Der Anspruch auf finanzielle Unterstützung beinhaltet, dass, wenn ein Ehegatte bei der Scheidung in Existenzschwierigkeiten wäre, der dazu fähige andere Ehegatte ihm eine angemessene Hilfe leisten soll. Er wird von § 1090 ZGB (§ 42 EheG) geregelt. Nach einer Meinung ist dieser Anspruch der nacheheliche Unterhaltsanspruch in China, der mit dem nachehelichen Unterhaltsanspruch in Deutschland vergleichbar ist, siehe *Wei*, Die Scheidung und ihre Folgen in China, S. 93.

Bei der Vermögensauseinandersetzung in dieser Arbeit geht es darum, wie der gesetzliche Güterstand[4] auseinanderzusetzen ist. Da nur in jeder zehnten Ehe in Deutschland ein vertraglicher Güterstand gilt,[5] und Ehegatten auch in China selten einen Ehevertrag schließen,[6] ist ein Rechtvergleich der Vermögensauseinandersetzung zwischen den im gesetzlichen Güterstand lebenden Ehegatten in den zwei Staaten von höherer Bedeutung. Daher ist die Auseinandersetzung der Wahlgüterstände wie der Gütergemeinschaft in Deutschland kein Gegenstand dieser Arbeit. Jedoch schließt dies nicht die Situation aus, dass in Deutschland die im gesetzlichen Güterstand lebenden Ehegatten eine Vereinbarung über den Zugewinnausgleich in einem Ehevertrag oder einer Scheidungsfolgenvereinbarung treffen.[7] Auch in China haben die im gesetzlichen Güterstand lebenden Ehegatten die Möglichkeit, eine Abmachung über die Vermögensauseinandersetzung in einem Ehevertrag, einer Scheidungsvereinbarung oder einer selbständigen Vermögensauseinandersetzungsvereinbarung zu treffen.[8] Im Besonderen müssen die Ehegatten in China, die sich auf einverständliche Weise scheiden lassen möchten, eine Abmachung über die Vermögensauseinandersetzung treffen, da eine Scheidungsvereinbarung, die eine Einigung über die Vermögensauseinandersetzung enthalten muss, eine Voraussetzung für die einverständliche Scheidung[9] ist. Eine Diskussion der Vereinbarung über die Vermögensauseinandersetzung in China ist daher unerlässlich. Deshalb wird die Vereinbarung über den Zugewinnausgleich in Deutschland und die Vereinbarung über die Vermögensauseinandersetzung in China in dieser Arbeit behandelt.

---

4 In Deutschland bildet die Zugewinngemeinschaft kein gemeinsames Vermögen, daher löst ihre Abwicklung keine Vermögensauseinandersetzung im engeren Sinn aus. Hier ist der Zugewinnausgleichsanspruch unter Vermögensauseinandersetzung im weiteren Sinn zu fassen.

5 *Wellenhofer*, Familienrecht, S. 94, Rn. 8.

6 In China gibt es dazu keine entsprechenden Daten. Aus der alltäglichen Erfahrung ist zu konkludieren, dass Ehegatten in China selten durch den Ehevertrag einen anderen Güterstand wählen.

7 Vgl. MünchKomm/*Koch*, § 1378, Rn. 27; *Volker*, in: *Schwab/Ernst*, Handbuch des Scheidungsrechts, § 15, Rn. 372 ff.

8 Siehe Kap. 3. E. I.

9 Die einverständliche Scheidung beruht auf dem gegenseitigen Scheidungswillen der beiden Ehegatten, siehe Kap. 3. C. II.

Da diese Arbeit nicht versucht, das Vermögensauseinandersetzungsrecht in Deutschland in allen Einzelheiten zu besprechen, wird die Behandlung der Haushaltsgegenstände und der Ehewohnung in Deutschland nicht ausführlich aufgezeigt. Nur wenn sich die Haushaltsgegenstände oder die Ehewohnung auf die Ermittlung des Zugewinnausgleichsanspruchs auswirken, werden sie im Rahmen des Güterrechts dargestellt.[10] So wird ein Vergleich mit dem chinesischen Recht deutlicher, weil das chinesische Recht keine besonderen Regelungen für die Verteilung der Haushaltsgegenstände und die Ehewohnungsüberlassung kennt, und die Verteilung der Haushaltsgegenstände und der Ehewohnung im Rahmen der Auseinandersetzung der Errungenschaftsgemeinschaft gezeigt wird. Außerdem werden die Ausgleichsansprüche außerhalb des Güterstands, die auf der Zuwendung oder Arbeitsleistung eines Ehegatten beruhen, in dieser Arbeit grundsätzlich nicht dargestellt. Die Ansprüche wegen Störung der Geschäftsgrundlage eines familienrechtlichen Vertrags sui generis, die in der Literatur als Inhalt des „Nebengüterrechts"[11] dargestellt werden, werden von den abschließenden Regelungen der §§ 1378 ff. BGB grundsätzlich verdrängt.[12]

B. Gleichberechtigung als grundlegende Wertvorstellung des modernen Familienrechts

Bei der Vermögensauseinandersetzung sollen Werte, die dem modernen Familienrecht zugrunde liegen, verwirklicht werden. Daher ist es notwendig, diese Werte vor der Darstellung der einzelnen Regelungen zu nennen. Die für diese Arbeit relevante wesentliche Wertvorstellung ist die der Gleichberechtigung von Mann und Frau. Sie ist sowohl in Deutschland als auch in China einer der wichtigsten Werte in der heutigen Zeit.

In Deutschland ist dieser Grundgedanke auf verfassungsrechtlicher Ebene in Art. 3 II GG festgelegt worden. Auf zivilrechtlicher Ebene sind viele Vorschriften des BGB durch das Gleichberechtigungsgesetz[13] im Jahr 1957 verändert worden. Eine der wichtigsten Veränderungen im Familienrecht war die Einführung des gesetzlichen Güterstands der Zugewinngemeinschaft. Die Zugewinngemeinschaft ist eine Gütertrennung mit einer hälftigen Beteiligung am Zugewinn. Der Gesetzgeber war der Meinung, dass die

10 Siehe Kap. 2. B. II.

11 *Herr*, NJW 2012, 1847; *Wever*, Vermögensauseinandersetzung der Ehegatten, Rn. 7.

12 Vgl. MünchKomm/*Koch*, § 1363, Rn. 28.

13 Voller Titel: *Gesetz über die Gleichberechtigung von Mann und Frau auf dem Gebiet des bürgerlichen Rechts.*

Zugewinngemeinschaft die Rechtsgleichheit von Mann und Frau am besten realisieren kann: Einerseits ermögliche eine Gütertrennung während der Ehe jedem Ehegatten, sein Vermögen selbständig zu verwalten. Andererseits sei eine hälftige Teilhabe am während der Ehe erwirtschafteten Vermögenszuwachs durchzuführen, um den Wert der Hausarbeit der Frau anzuerkennen.[14] Obwohl sich das Ehemodell in heutiger Zeit stark verändert hat, betrachtete der Reformgesetzgeber des *Gesetzes zur Änderung des Zugewinnausgleichs- und Vormundschaftsrechts* die Zugewinngemeinschaft auch bei Doppelverdiener- und Zuverdienerehen als bewährt und zeitgemäß, weil die Vermögensmehrung in der Ehe neben der Aufgabenteilung bei Erwerb und Haushalt von zahlreichen weiteren Faktoren wie der Wirtschaftlichkeit von Anschaffungen, der Bereitschaft zum Konsumverzicht und der Geschicklichkeit bei Geldanlagen abhängen könne.[15]

Auch in China ist die Gleichberechtigung von Mann und Frau sowohl in der Verfassung als auch im Zivilrecht bzw. Familienrecht eine der wichtigsten Wertvorstellungen. Art. 48 ChinVerf. sieht vor, dass Frauen in allen Bereichen des politischen, wirtschaftlichen, kulturellen und gesellschaftlichen Lebens sowie im Familienleben gleiche Rechte wie Männer haben, und dass Männer und Frauen gleichen Lohn für gleiche Arbeit erhalten sollen.[16] Im Familienrecht ist die Ehe gemäß § 1041 ZGB (§ 2 EheG) nach dem Prinzip der Gleichberechtigung von Mann und Frau durchzuführen. Weiter stellt § 1055 ZGB (§ 13 EheG) klar, dass Ehemann und Ehefrau in der Familie die gleichen Rechtspositionen haben. Bezüglich des gesetzlichen Güterstands wird die Errungenschaftsgemeinschaft als gesetzlicher Güterstand festgelegt. Die Errungenschaftsgemeinschaft ist eine Sonderform der Gütergemeinschaft. Mit Ausnahme des Eigenvermögens[17] fließt das gesamte während der Ehe erworbene Vermögen in das gemeinsame Vermögen.[18] Bei der Beendigung der Errungenschaftsgemeinschaft wird das gemeinsame Vermögen zwischen den Ehegatten grundsätzlich gleich verteilt. So werden sowohl der traditionelle Gedanke an die ehelichen Beziehung, dass die eheliche Partnerschaft eine wirtschaftliche Einheit darstellen soll,

---

14 BT-Drucks I/3802, S. 52.

15 BT-Drucks 16/10798, S. 10.

16 Der gesamte Text des chinesischen Verfassungsrechts kann unter http://www.verfassungen.net/rc/verf82-i.htm eingesehen werden (abgerufen am 05.11.2021). Die neueste Revision im Jahr 2018 wird dort jedoch nicht angezeigt.

17 Siehe Kap. 3. D. III.

18 *Huang (Hrsg.)*, Die Anmerkung des Ehe- und Familienrechts des ZGB, S. 102; *Hu/Wang*, Ehegesetz-Interpretation, S. 63.

als auch die Wertvorstellung der Gleichberechtigung von Mann und Frau verwirklicht.[19] Bei der Schaffung der Errungenschaftsgemeinschaft betrachtete der Gesetzgeber des EheG die Errungenschaftsgemeinschaft eher als Schicksalsgemeinschaft.[20] Erst im Jahr 2003 hat das Oberste Volksgericht den Gedanken der Gleichwertigkeit der Hausarbeit und der Erwerbstätigkeit bei der Anwendung der EEheG II klargestellt.[21]

Sowohl die Zugewinngemeinschaft in Deutschland als auch die Errungenschaftsgemeinschaft in China werden durch die Gleichberechtigung von Mann und Frau geprägt. Im Scheidungsfall bestreben die Abwicklungsregelungen beider Güterstände, diesen Wert zu verwirklichen. Außerdem stand in Deutschland bereits in der Weimarer Republik[22] und bei den Reformvorhaben des Güterrechts in den 1950er-Jahren[23] die Errungenschaftsgemeinschaft als Kontrast zur Zugewinngemeinschaft zur Diskussion. Diese zwei Güterstände sind trotz der grundlegend unterschiedlichen inneren Struktur funktionell vergleichbar. Wie später noch zu zeigen sein wird, weisen sie im Einzelnen auch Gemeinsamkeiten auf.

C. Fragestellung und Gang der Untersuchung

„Unvergleichbares kann man nicht sinnvoll vergleichen, und vergleichbar ist im Recht nur, was dieselbe Aufgabe, dieselbe Funktion erfüllt".[24] Wie bereits erwähnt, haben sowohl in Deutschland als auch in China das Gesetz und die Rechtsprechung die Aufgabe zu erfüllen, bei Ehescheidung einen gerechten Vermögensausgleich zwischen den Ehegatten unter Berücksichtigung der Gleichberechtigung von Mann und Frau zu garantieren. So bezweckt die folgende Arbeit, eine funktionale Mikrovergleichung der entsprechenden Rechtsinstitute, die diese Aufgabe erfüllen, darzustellen, bzw. die Gemeinsamkeiten und Unterschiede des deutschen und chinesischen

---

19 *Hu/Wang*, Ehegesetz-Interpretation, S. 62, 63; *Li*, Die Vervollkommnung des chinesischen ehelichen Güterrechts, S. 107.

20 Vgl. *Hu/Wang*, Ehegesetz-Interpretation, S. 62, 63.

21 *Huang (Hrsg.)*, Das Verstehen und die Anwendung der EEheG II, S. 107. „EEheG II" ist die Abkürzung für *Die zweite Erläuterung des Obersten Volksgerichts zu einigen Fragen des Ehegesetzbuchs der Volksrepublik China.*

22 Vgl. *Meder*, Die Errungenschaftsgemeinschaft – Ihre Verbannung aus dem BGB und ein Plädoyer für ihre Wiederkehr, in: Festschrift für Gerd Brudermüller, S. 462–464.

23 BT-Drucks I/3802, S. 54; *Dölle*, JZ 1953, S. 617; MünchKomm/*Koch*, Vor § 1363, Rn. 20.

24 *Zweigert/Kötz*, Einführung in die Rechtsvergleichung, S. 33.

Vermögensauseinandersetzungsrechts bei Scheidung zu beleuchten. Schließlich wird die Frage beantwortet, ob und inwieweit die berechtigten Interessen beider Ehegatten bei Scheidung in diesen zwei Rechtssystemen angemessen berücksichtigt werden.

Zuerst werden in Kapitel 2 die Grundzüge des deutschen Vermögensauseinandersetzungsrechts bei Scheidung bzw. die Abwicklung der Zugewinngemeinschaft im Scheidungsfall dargestellt. Als Hauptteil dieses Kapitels wird der Anspruch auf Zugewinnausgleich nach § 1378 BGB erörtert, der bei der Ehescheidung von den Ehegatten geltend gemacht werden kann. Auch der Inhalt der Vereinbarung über den Zugewinnausgleich wird hier dargestellt. Andere Einzelheiten über die Zugewinngemeinschaft wie Verwaltungsregelungen während der Ehe oder der Ausgleich im Todesfall werden trotz ihrer Wichtigkeit für das Verständnis des deutschen gesetzlichen Güterstands nicht behandelt. Die vorliegende Arbeit erhebt nicht den Anspruch, sich umfassend mit der Rechtslage in Deutschland und der diesbezüglichen Literatur auseinanderzusetzen. Vielmehr beschränken sich die Ausführungen zum deutschen Recht bewusst auf die wesentlichen Punkte, die nicht nur in Deutschland wichtig sind, sondern auch einen Kontrast zum chinesischen Recht bilden können.

Anschließend wird in Kapitel 3 die Vermögensauseinandersetzung in China im Scheidungsfall ausführlich dargestellt. Da die deutsche und die chinesische Rechtskultur und Rechtsentwicklung sich sehr unterscheiden, ist hierbei die Darstellung der rechtsgeschichtlichen Entwicklung des chinesischen Eherechts und der Rechtsquellen des Eherechts notwendig. Dies bezweckt, den deutschen Lesern einen schnellen Zugang zum chinesischen Eherecht zu ermöglichen. Außerdem sind Grundkenntnisse über das chinesische Güter- und Scheidungsrecht eine Voraussetzung für das Verstehen der scheidungsbedingten Abwicklung des gesetzlichen Güterstands. Folglich werden auch diese Inhalte in einer Kurzfassung beleuchtet. Auf dieser Basis wird auf den Ist-Zustand der gesamten relevanten Regelungen über die Vermögensauseinandersetzung in China näher eingegangen. Die gesetzlichen Abwicklungsregelungen der Errungenschaftsgemeinschaft sind darzustellen. Da diese Regelungen disponibles Recht sind, hindern sie die Ehegatten nicht daran, eine Vereinbarung über die Vermögensauseinandersetzung zu treffen.

Darauf folgt in Kapitel 4 die Rechtsvergleichung des Vermögensauseinandersetzungsrechts zwischen Deutschland und China. Die rechtsvergleichenden Betrachtungen zeigen Unterschiede sowie Gemeinsamkeiten auf. Im Zuge dessen erfolgt auch die Bewertung durch die Autorin. Im Zentrum des Rechtsvergleichs steht also der Vergleich der

Lösungen, die die jeweiligen Rechtsordnungen für konkrete Sachprobleme bereithalten.[25]

Zuletzt schließt diese Arbeit in Kapitel 5 mit einer Zusammenfassung der wesentlichen Ergebnisse.

25 *Kischel*, Rechtsvergleichung, S. 6.

Kapitel 2: Vermögensauseinandersetzung in Deutschland

A. Überblick

Das Bürgerliche Gesetzbuch regelt das eheliche Güterrecht im sechsten Titel des vierten Buches (§§ 1363–1563 BGB). Diese Regelungen sind in die drei Untertitel „Gesetzliches Güterrecht", „Vertragliches Güterrecht" und „Güterrechtsregister" untergliedert. Die Aufgabe des ehelichen Güterrechts ist es, Regelungen für die Zuordnung des bei Eheschließung vorhandenen und während der Ehe erworbenen Vermögens des Mannes und der Frau[1] zu treffen.[2] Mit dem Wandel der Wertvorstellungen und der Lebenswirklichkeit in einer Gesellschaft verändert sich das Güterrecht.[3] Der heute geltende gesetzliche Güterstand ist die Zugewinngemeinschaft (§ 1363 BGB). Sie wurde durch das Gleichberechtigungsgesetz im Jahr 1958 zur Verwirklichung der Gleichberechtigung von Mann und Frau eingeführt. Die Gütertrennung (§ 1414 BGB), Gütergemeinschaft (§§ 1415 ff. BGB) und Wahl-Zugewinngemeinschaft (§ 1519 BGB) sind als vertragliche Güterstände vorgesehen. Der gesetzliche Güterstand der Zugewinngemeinschaft gilt, wenn die Ehegatten vor der Ehe oder während der Ehe keinen vertraglichen Güterstand vereinbart haben. Sie ermöglicht den Ehegatten, die von ihrer Vertragsfreiheit im Güterrecht keinen Gebrauch gemacht haben, eine Vermögensordnung.

Der gesetzliche Güterstand der Zugewinngemeinschaft stellt eine Gütertrennung während der Ehe dar, das heißt, dass das Vermögen jedes Ehegatten während der Ehe sein eigenes Vermögen bleibt (§ 1363 Abs. 2 BGB). Die Zuordnung des vor der Ehe vorhandenen Vermögens und des während der Ehe erworbenen Vermögens wird nicht von der Zugewinngemeinschaft berührt.[4] Jeder Ehegatte verwaltet allein sein eigenes Vermögen und verfügt mit Ausnahme von §§ 1365, 1369 BGB auch allein über dieses. Allein durch die gesetzlichen Regelungen der Zugewinngemeinschaft wird kein gemeinsames

---

1 Seit dem 01.10.2017 sind auch gleichgeschlechtliche Ehen in Deutschland möglich. Daher können die Ehegatten zwei Männer oder zwei Frauen sein. Demgegenüber hat das chinesische Gesetz gleichgeschlechtliche Ehen noch nicht anerkannt.

2 MünchKomm/*Koch*, Vor § 1363, Rn. 1.

3 MünchKomm/*Koch*, Vor § 1363, Rn. 3.

4 MünchKomm/*Koch*, § 1363, Rn. 6.

Vermögen gebildet. Jedoch verhindert die Zugewinngemeinschaft nicht, dass gemeinsames Vermögen durch die Vereinbarung der Ehegatten gebildet wird. Bei Scheidung bzw. bei Beendigung der Zugewinngemeinschaft kann ein Ehegatte eine schuldrechtliche Beteiligung am Erwirtschafteten des anderen Ehegatten haben (§ 1378 Abs. 1 BGB). Der dahinterstehende Grundgedanke ist, dass das während der Ehe von einem Ehegatten erwirtschaftete Vermögen auf den Leistungen beider Ehegatten beruht. Sowohl Hausarbeit als auch Erwerbstätigkeit haben gleichwertig zum Vermögenszuwachs beigetragen.[5] Diese Gleichwertigkeit gebietet eine gleiche Teilhabe beider Ehegatten am während der Ehe erworbenen Vermögen. Ein klarer und einfacher Ausgleichsmodus wird festgelegt, indem nur vier Rechnungsgrößen, also beiderseitiges Anfangsvermögen und beiderseitiges Endvermögen, zu ermitteln sind und dann der Zugewinn jedes Ehegatten schematisch errechnet werden kann.[6] Im Ergebnis hat der im Vergleich einen kleineren Zugewinn erwerbende Ehegatte einen Zugewinnausgleichsanspruch (§ 1378 Abs. 1 BGB).

Obwohl in der Zugewinngemeinschaft das Vermögen beider Ehegatten grundsätzlich getrennt bleibt und eine gemeinschaftliche Vermögensbildung auf güterrechtlichem Weg nicht stattfindet, kann Miteigentum beider Ehegatten an beweglichen oder unbeweglichen Sachen nach sachenrechtlichen Regeln entstehen.[7] Dafür ist die dingliche Einigung der Ehegatten entscheidend. Bei beweglichen Sachen (§ 929 BGB) kann der Inhalt der dinglichen Einigung mangels ausdrücklichen Willens auslegungsbedürftig sein. Da die Person des Erwerbers dem Veräußerer grundsätzlich gleichgültig ist („Geschäft für den, den es angeht"), ist der Wille des beim Erwerbsgeschäft auftretenden Ehegatten ausschlaggebend.[8] Falls eine bewegliche Sache während der Ehe für die gemeinsame Lebensführung angeschafft wird und im Mitbesitz beider Ehegatten liegt, wird nach § 1006 BGB[9] Miteigentum beider Ehegatten daran vermutet.[10] Handelt es sich bei der Sache um einen Haushaltsgegenstand, findet jedoch die spezifische Regelung des § 1568b Abs. 2 BGB entsprechende Anwendung.[11] An Gegenständen, die von einem Ehegatten im Alltags- oder Berufsleben benutzt

5 BVerfG FamRZ 2011, 437.

6 MünchKomm/*Koch*, § 1373, Rn. 3.

7 *Wever/Röfer*, in: *Bergschneider*, Familienvermögensrecht, S. 410.

8 *Wever/Röfer*, in: *Bergschneider*, Familienvermögensrecht, S. 410.

9 Die Regelung des § 1006 BGB stellt eine allgemeine Eigentumsvermutung für den Besitzer dar und wird nicht für die spezielle Konstellation der Ehegatten geschaffen.

10 *Wever/Röfer*, in: *Bergschneider*, Familienvermögensrecht, S. 410.

11 *Wever/Röfer*, in: *Bergschneider*, Familienvermögensrecht, S. 410.

werden, entsteht demgegenüber im Zweifel kein Miteigentum.[12] Bei unbeweglichen Sachen bzw. Immobilien kann mithilfe des Grundbuchs leicht ermittelt werden, ob es sich um Miteigentum beider Ehegatten oder Alleineigentum eines Ehegatten handelt.[13] Um den Zugewinn jedes Ehegatten zu ermitteln, muss zuerst die Zuordnung des Vermögens festgestellt werden.

Es ist zu beachten, dass der Zugewinnausgleichsanspruch Ansprüche aus Vertrag zwischen Ehegatten nicht beeinflusst,[14] darin der Anspruch aus beendeter Ehegatteninnengesellschaft eingeschlossen ist (analog §§ 730 ff. BGB)[15]. Vom Rechtsinstitut der Ehegatteninnengesellschaft ist jedoch der von der Rechtsprechung entwickelte familienrechtliche Vertrag sui generis oder der Kooperationsvertrag grundlegend zu unterscheiden. Ein Ausgleichsanspruch nach den Regeln des Wegfalls der Geschäftsgrundlage des Kooperationsvertrags ist in der Zugewinngemeinschaft grundsätzlich ausgeschlossen. Nur zur Korrektur schlechthin unangemessener und unzumutbarer Ergebnisse kann die Anwendung des § 313 BGB in Betracht kommen.[16] Außerdem wird der Ausgleichsanspruch aus Gesamtschuldnerausgleich (§ 426 BGB) durch den Zugewinnausgleichsanspruch nicht verdrängt.[17] Diese Ansprüche sind im Rahmen der Ermittlung der Höhe der Zugewinnausgleichsforderung zu berücksichtigen.[18]

B. Anspruch auf Zugewinnausgleich nach § 1378 BGB

I. Grundlage

1. Allgemeine Voraussetzungen

Haben die in der Zugewinngemeinschaft lebenden Ehegatten keine Vereinbarung über den Zugewinnausgleich getroffen, hat der im Vergleich einen kleineren

12 *Wever/Röfer*, in: *Bergschneider*, Familienvermögensrecht, S. 412.

13 *Wever/Röfer*, in: *Bergschneider*, Familienvermögensrecht, S. 420.

14 *Wellenhofer*, Familienrecht, S. 149, Rn. 1.

15 BGH FamRZ 2006, 607.

16 BGH FamRZ 1991, 1169. Eine Korrektur auf Basis von § 313 BGB soll auch in Fällen stattfinden, in denen § 1380 BGB nicht anwendbar ist und kein Vermögensrückfluss an den Leistenden möglich ist, siehe *Wellenhofer*, NZFam 2014, 314.

17 BGH NJW 2018, 1475.

18 Siehe Kap. 2. B. III. 2.

Zugewinn erwerbende Ehegatte einen Anspruch auf Zugewinnausgleich nach § 1378 Abs. 1 BGB.

Nach § 1378 Abs. 1 BGB müssen Anspruchssteller und Anspruchsgegner Ehegatten sein. Zwischen den Parteien muss eine wirksame Ehe vorliegen. Eine Ehe im Rechtssinne muss die Voraussetzungen einer obligatorischen Zivilehe erfüllen. Die Mitwirkung eines Standesbeamten ist ein unentbehrliches Tatbestandsmerkmal des Zustandekommens der Ehe (§ 1310 BGB). Ohne Mitwirkung des Standesbeamten handelt sich um eine Nichtehe.[19]

Außerdem müssen die Ehegatten im Güterstand der Zugewinngemeinschaft (§ 1363 BGB) leben. Die Zugewinngemeinschaft stellt in Deutschland den gesetzlichen Güterstand dar. Solange die Ehegatten keinen anderen Güterstand vereinbart haben, funktioniert die Zugewinngemeinschaft. Im Rahmen der Zugewinngemeinschaft haben die Ehegatten jedoch vielfältige Möglichkeiten, die Ausgleichsforderung nach eigenen Bedürfnissen zu gestalten.[20] Bezüglich der Einzelpunkte, über die die Ehegatten keine Vereinbarung getroffen haben, finden die gesetzlichen Regelungen der Zugewinngemeinschaft (§§ 1363 ff. BGB) Anwendung.

Darüber hinaus muss die Zugewinngemeinschaft beendet worden sein. Der Zugewinn wird nach den Vorschriften der §§ 1373 bis 1390 BGB ausgeglichen, wenn die Zugewinngemeinschaft auf andere Weise als durch den Tod eines Ehegatten beendet wird.[21] So löst eine Scheidung die Ehe auf und bildet einen Grund für die Beendigung der Zugewinngemeinschaft. Die Insolvenz eines Ehegatten während der Ehe beendet die Zugewinngemeinschaft nicht und ein Zugewinnausgleich zwischen den Ehegatten findet nicht statt.[22]

2. *Grundlegende Schritte zur Berechnung des Zugewinnausgleichs*

Nach § 1378 Abs. 1 BGB steht die Hälfte des Überschusses als Ausgleichsforderung dem anderen Ehegatten zu, wenn der Zugewinn des einen Ehegatten den Zugewinn des anderen Ehegatten übersteigt. Zugewinn ist der Geldbetrag, um den das Endvermögen eines Ehegatten das Anfangsvermögen übersteigt (§ 1373 BGB). Der Anspruch auf Zugewinnausgleich richtet sich nicht auf die

---

19 Soergel/*Heintzmann*, § 1310, Rn. 3.

20 MünchKomm/*Koch*, § 1408, Rn. 14.

21 Der Zugewinnausgleich im Todesfall und der vorzeitige Zugewinnausgleich sind kein Thema dieser Arbeit.

22 Soergel/*Grziwotz*, § 1372, Rn. 3.

Zuweisung bestimmter Gegenstände, sondern auf einen Geldausgleich „in Höhe der Hälfte dieses Saldos der beiderseitigen Zugewinne."[23]

Zuerst ist das Anfangsvermögen beider Ehegatten zu ermitteln. Nach § 1374 Abs. 1 BGB ist das Vermögen, das einem Ehegatten nach Abzug der Verbindlichkeiten beim Eintritt des Güterstands gehört, das Anfangsvermögen. Das Anfangsvermögen ist ein rechnerischer Saldo, der nach § 1374 Abs. 3 BGB negativ sein kann. Fehlt es an einem Anfangsvermögensverzeichnis, so wird nach § 1377 Abs. 3 BGB vermutet, dass das Anfangsvermögen null beträgt. Bei der Berechnung des Anfangsvermögens des Ehegatten ist zu klären, welche Vermögenspositionen im Rahmen des Zugewinnausgleichs bzw. des Anfangsvermögens am Stichtag berücksichtigt werden sollen, wie der privilegierte Erwerb nach § 1374 Abs. 2 BGB zu verstehen ist, und nach welchen Grundsätzen die in das Anfangsvermögen einzubeziehenden Vermögensgegenstände zu bewerten sind.[24]

Als Zweites muss das Endvermögen beider Ehegatten festgestellt werden. Das Endvermögen ist nach § 1375 Abs. 1 BGB das Vermögen, das einem Ehegatten nach Abzug der Verbindlichkeiten bei der Beendigung des Güterstands gehört. Wie das Anfangsvermögen kann das Endvermögen auch negativ sein. Bei der Berechnung des Endvermögens ist wie im Hinblick auf das Anfangsvermögen wiederum zu beantworten, welche Vermögenspositionen in das Endvermögen einbezogen werden sollen und nach welchen Grundsätzen die einzubeziehenden Vermögensgegenstände zu bewerten sind. Zudem stellt sich hier die Frage, wie mit illoyalen Vermögensminderungen eines der Ehegatten umzugehen ist (§ 1375 Abs. 2 BGB).

Als Letztes ist der Ausgleichsanspruch des ausgleichsberechtigten Ehegatten zu ermitteln. Der Ausgleichsanspruch ist ein Geldanspruch, dessen Höhe durch die Saldierung der Zugewinne der jeweiligen Ehegatten berechnet wird (§ 1378 Abs. 1 BGB). Außerdem ist die Höhe der Ausgleichsforderung durch den Wert des Vermögens begrenzt, das nach Abzug der Verbindlichkeiten bei Beendigung des Güterstands vorhanden ist (§ 1378 Abs. 2 BGB). Auf die Ausgleichsforderung sind auch Zuwendungen anzurechnen, die von dem anderen Ehegatten durch Rechtsgeschäft unter Lebenden mit der Bestimmung gemacht worden sind, dass die Zuwendungen auf die Ausgleichsforderung angerechnet werden sollen (§ 1380 BGB). Allerdings kann der ausgleichspflichtige Ehegatte nach § 1381

23 *Wellenhofer*, Familienrecht, S. 136, Rn. 23

24 *Volker*, in: *Schwab/Ernst*, Handbuch des Scheidungsrechts, § 15, Rn. 12.

BGB die Erfüllung der Ausgleichsforderung verweigern, soweit der Ausgleich des Zugewinns nach den Umständen des Falles grob unbillig wäre.

3. *Zugewinnausgleichsverfahren*

Die Ausgleichsforderung entsteht nach § 1378 Abs. 3 BGB mit der Beendigung der Zugewinngemeinschaft. Im Scheidungsfall kann der Ausgleichsanspruch also grundsätzlich erst nach Rechtskraft der Scheidung geltend gemacht werden. Hierbei ist jedoch ein Verbund von Scheidungs- und Folgesachen in einem Verfahren nach § 137 Abs. 1 FamFG möglich, sodass die Ehegatten den Zugewinnausgleichsanspruch gleichzeitig mit dem Scheidungsantrag nach § 137 FamFG geltend machen können. Das Zugewinnausgleichsverfahren gehört nach § 112 Nr. 2 iVm. § 261 FamFG zu den Familienstreitsachen bzw. Güterrechtssachen. Davon sind sowohl das Verfahren der Ehewohnungs- und Haushaltssachen (§§ 200 bis 209 FamFG) als auch das Versorgungsausgleichsverfahren (§§ 217 bis 229 FamFG) zu unterscheiden. Für alle diese Familiensachen ist das Familiengericht zuständig und entscheidet nach § 116 FamFG nicht durch Urteil, sondern durch Beschluss.

Da sich der Ausgleichsanspruch auf Geldzahlung richtet, ist er teilbar.[25] Der Anspruch auf Zugewinnausgleich kann als Teilantrag von den Ehegatten geltend gemacht werden. Die Zulässigkeit eines solchen Teilantrags hängt nicht davon ab, dass „die Ausgleichsrichtung zweifelfrei feststeht und der geltend gemachte Anspruch aus unstreitigen Vermögenspositionen folgt".[26] Diese Einschränkungen gelten jedoch als Kriterien der Zulässigkeit einer Teilentscheidung, um zu vermeiden, dass „in ein und demselben Verfahren widersprüchliche Entscheidungen getroffen werden".[27] Falls eine rechtskräftige Teilentscheidung über den Zugewinnausgleich getroffen worden ist, stellt sich die Frage, inwieweit ein Nachforderungsantrag noch möglich ist. Im Fall, dass den Ehegatten und dem Gericht klar ist, dass es um eine Teilentscheidung geht, steht die Rechtskraft der Teilentscheidung einer Nachforderungsklage keineswegs entgegen.[28] Auch im Fall, dass im vorangegangenen Teilbeschluss nicht deutlich gemacht wird, dass der Erstantrag einen Teilantrag dargestellt hat und

---

25 BGH FamRZ 2016, 1044.

26 BGH FamRZ 2016, 1044 (1045); vgl. *Schwab*, in: *Schwab*, Handbuch des Scheidungsrechts, S. 1856, Rn. 11.

27 BGH FamRZ 2016, 1044 (1045).

28 BGH FamRZ 2016, 1044 (1045); vgl. *Schwab*, in: *Schwab*, Handbuch des Scheidungsrechts, S. 1857, Rn. 13.

sich der Ehegatte einen Nachforderungsantrag vorbehalten wollte, verneint der BGH die Möglichkeit einer Nachforderung nicht. Der BGH begründet dies damit, dass „die Rechtskraft des Urteils nur diesen Anteil des Anspruchs erfasst und sich nicht auf den nicht eingeklagten restlichen Anspruch erstreckt".[29]

II. Ermittlung des Anfangsvermögens

1. Das in das Anfangsvermögen einzubeziehende Vermögen

Zum Anfangsvermögen gehören alle beim Eintritt des Güterstands „dem Ehegatten zustehenden Sachen und Rechte, die objektiv bewertbar sind"[30] oder „rechtlich geschützten Positionen mit wirtschaftlichem Wert"[31], solange für diese Vermögenswerte keine besonderen Vorschriften bestehen. Darunter sind die drei folgenden Punkte zu verstehen.

Erstens ist das Stichtagsprinzip für die Ermittlung des Vermögens entscheidend. Der Stichtag hinsichtlich des Anfangsvermögens ist der Zeitpunkt des Eintritts des Güterstands. Bis zu diesem Zeitpunkt muss das Recht mindestens zur Anwartschaft werden und keine bloße Erwerbsaussicht darstellen.[32] Bei Forderungen hängt die Einbeziehung nicht davon ab, ob sie schon vor oder bei dem Eintritt des Güterstands fällig geworden sind. Sie sind mit dem vollen Nennwert in das Anfangsvermögen einzubeziehen, auch wenn sie nach dem Eintritt des Güterstands fällig werden.[33] Die künftig fälligen Ansprüche bei Dauerschuldverhältnissen zählen jedoch nicht zum Anfangsvermögen, so z.B. die künftig fällig werdenden Ansprüche auf Arbeitsentgelt.[34] Auch ist die Abfindung für den Verlust des Arbeitsplatzes durch Betriebsstilllegung dem Anfangsvermögen zuzurechnen, wenn der Interessenausgleich vor der Eheschließung, aber der Sozialplan, der die Abfindung im Einzelnen regelt, erst nach dem Stichtag vereinbart wird.[35] Eine Ausnahme vom Stichtagsprinzip regelt § 1374 Abs. 2 BGB: Demzufolge wird das sog. privilegierte Vermögen, das nach dem Eintritt des Güterstands von einem Ehegatten erworben wird, auch in das Anfangsvermögen eingerechnet.[36]

---

29 BGH FamRZ 1994, 1095 (1095).
30 Staudinger/*Thiele*, § 1374, Rn. 3.
31 BGH FamRZ 2001, 278 (280); BGH FamRZ 2002, 88 (89); BGH FamRZ 2004, 781 (782).
32 Staudinger/*Thiele*, § 1374, Rn. 3.
33 Staudinger/*Thiele*, § 1374, Rn. 8.
34 Staudinger/*Thiele*, § 1374, Rn. 5.
35 BGH FamRZ 2001, 278.
36 *Schwab*, in: *Schwab*, Handbuch des Scheidungsrechts, S. 1861, Rn. 24.

Zweitens sind auch Haushaltsgegenstände in das Anfangsvermögen einzubeziehen.[37] Bezüglich der im Alleineigentum eines Ehegatten stehenden Haushaltsgegenstände sieht § 1568b BGB keine spezielle Regelung vor. Sie sind sowohl im Anfangsvermögen als auch im Endvermögen zu berücksichtigen. Nur ein güterrechtlicher Ausgleich findet dabei statt.[38] Die während der Ehe für den gemeinsamen Haushalt angeschafften Haushaltsgegenstände werden nach § 1568b Abs. 2 BGB als im gemeinsamen Eigentum der Ehegatten stehende Sachen vermutet. Für diese im gemeinsamen Eigentum der Ehegatten stehenden Haushaltsgegenstände schreiben § 1568b Abs. 1 und Abs. 3 BGB Überlassungs- und Zahlungsansprüche vor. Die Frage, ob diese Haushaltsgegenstände auch im Zugewinnausgleich berücksichtigt werden müssen, wird heute bejaht.[39] Dies verwirklicht sich dadurch, dass die Überlassungs- und Zahlungsansprüche als Aktivposten eines Ehegatten und Passivposten des anderen Ehegatten eingestellt werden.[40]

Drittens sind die Anwartschaften aus Versorgung nach § 2 Abs. 1 VersAusglG nicht in das Anfangsvermögen einzubeziehen. Nach § 2 Abs. 3 VersAusglG sind die Anwartschaften auf Versorgung und Ansprüche auf laufende Versorgungen im Sinne des § 2 Abs. 1 und Abs. 2 VersAusglG güterrechtlich irrelevant. Dazu gehören allerdings private Kapitallebensversicherungen nicht. Sie werden nach wie vor im Rahmen des Zugewinns berücksichtigt.[41] Ihre güterrechtliche Zuordnung wird mit dem Zweck begründet, dass die privaten Kapitallebensversicherungen nicht generell eine Versorgungsfunktion haben, sondern eine Kapitalbeschaffungsrolle spielen.[42]

---

37 MünchKomm/*Koch*, § 1374, Rn. 11. Die Einbeziehung der Haushaltsgegenstände in das Endvermögen ist dazu parallel. Beim Endvermögen werden die entsprechenden Inhalte nur kurz dargestellt.

38 *Wolf*, in: *Bergschneider*, Familienvermögensrecht, S. 185, Rn. 4.194.

39 MünchKomm/*Koch*, § 1374, Rn. 11; Staudinger/*Thiele*, § 1374, Rn. 13; *Wolf*, in: *Bergschneider*, Familienvermögensrecht, S. 185, Rn. 4.194. Nach der Gegenmeinung ist § 1568b BGB bei Haushaltsgegenständen im Miteigentum grundsätzlich vorrangig anzuwenden, daher sind die im Miteigentum stehenden Haushaltsgegenstände vom Zugewinnausgleich auszunehmen, siehe MünchKomm/*Wellenhofer*, § 1568b, Rn. 37; *Schwab*, in: *Schwab*, Handbuch des Scheidungsrechts, S. 1864, Rn. 29; *Volker*, in: *Schwab/Ernst*, Handbuch des Scheidungsrechts, § 15, Rn. 24; Palandt/*Siede*, § 1376, Rn. 74.

40 MünchKomm/*Koch*, § 1374, Rn. 11.

41 MünchKomm/*Koch*, § 1374, Rn. 9.

42 MünchKomm/*Koch*, § 1374, Rn. 9.

2. *Die in das Anfangsvermögen einzubeziehenden Verbindlichkeiten*

Das in das Anfangsvermögen einzubeziehende Vermögen ist von den Verbindlichkeiten zu unterscheiden. Zum „Vermögen" gehören nur die Aktivwerte, während die Verbindlichkeiten alle Verpflichtungen sind, die beim Eintritt des Güterstands das Vermögen des Ehegatten mindern.[43]

Wie für die in das Anfangsvermögen einzubeziehenden Aktivpositionen gilt auch für die hier gemeinten Verbindlichkeiten das Stichtagsprinzip. Zum Zeitpunkt des Anfangsstichtags müssen die Verbindlichkeiten bereits entstanden sein. Es kommt grundsätzlich nicht darauf an, ob die Verbindlichkeiten fällig sind.[44] Eine Ausnahme wird in Bezug auf Dauerschuldverhältnisse gemacht: Noch nicht fällige Ansprüche aus Dauerschuldverhältnissen sind in die Verbindlichkeiten nicht einzurechnen.[45] Im Fall der Teilzahlungskrediten und der Abzahlungskäufen sind die Zinsen und „Kosten für die ganze Laufzeit des Kredits"[46] den Verbindlichkeiten zuzurechnen.[47] Demgegenüber sind die künftig fällig werdenden Zinsverbindlichkeiten normalerweise nicht mit anzusetzen.[48]

Für die Verbindlichkeit, die vor der Eheschließung von einem Ehegatten eingegangen worden ist, haftet er auch nach der Eheschließung allein mit seinem Vermögen. Bei der Berechnung des Anfangsvermögens ist diese Verbindlichkeit von seinem am Anfangsstichtag vorhandenen Vermögen abzuziehen. Sind vor der Ehe beide Ehegatten gemeinsam eine Verbindlichkeit eingegangen, haften sie als Gesamtschuldner für die Verbindlichkeit. Es stellt sich die Frage, „wie eine gesamtschuldnerische Haftung der Ehegatten im Anfangsvermögen zu bilanzieren ist".[49] In einem Fall, in dem beide Ehegatten vor der Eheschließung eine gesamtschuldnerische Darlehensverbindlichkeit aufgenommen hatten, die dem Erwerb eines im Alleineigentum eines Ehegatten stehenden Familienheims diente, hat der BGH ausgeführt, dass für die von den Ehegatten im Innenverhältnis zu tragende Quote mangels einer Vereinbarung auf die Eigentumsverhältnisse abzustellen ist. Bei der Bewertung der gesamtschuldnerischen Verbindlichkeit sei von der im Innenverhältnis bestehenden

43 *Volker*, in: *Schwab/Ernst*, Handbuch des Scheidungsrechts, § 15, Rn. 3.
44 MünchKomm/*Koch*, § 1374, Rn. 13.
45 MünchKomm/*Koch*, § 1374, Rn. 13.
46 Staudinger/*Thiele*, § 1374, Rn. 15.
47 MünchKomm/*Koch*, § 1374, Rn. 13.
48 MünchKomm/*Koch*, § 1374, Rn. 13.
49 BGH FamRZ 2020 231 (235).

Alleinhaftung des Eigentümer-Ehegatten auszugehen. Ist die Ehefrau in diesem Fall Alleineigentümerin der Wohnung, haftet sie im Innenverhältnis allein für die Verbindlichkeit. Somit sind der Wohnungswert als Aktivposten und die vollen Darlehensvaluten als Passivposten allein in das Anfangsvermögen des Eigentümer-Ehegatten einzubeziehen.[50]

Nicht nur die Verbindlichkeiten eines Ehegatten, die Verpflichtungen eines Ehegatten gegenüber Dritten sind, sind in das Anfangsvermögen einzubeziehen, sondern auch die zwischen den Ehegatten bestehenden Verbindlichkeiten. Ein schuldrechtlicher Anspruch des einen Ehegatten gegen den anderen Ehegatten beeinflusst den jeweiligen Zugewinn der Ehegatten, indem er das Anfangsvermögen des Gläubiger-Ehegatten erhöht und die entsprechenden Verbindlichkeiten als Passivwerte vom Anfangsvermögen des Schuldner-Ehegatten abzuziehen sind.[51] Die zwischen den Ehegatten vor der Ehe bereits entstandenen Verbindlichkeiten bleiben nach der Ehe bzw. nach dem Eintritt des Güterstands unberührt. Der Zugewinnausgleichsanspruch verdrängt die Ansprüche aus Vertrag nicht.[52]

3. Der privilegierte Erwerb nach § 1374 Abs. 2 BGB

a) Allgemeines

Nach § 1374 Abs. 1 BGB ist nur das beim Eintritt des Güterstands bereits vorhandene Vermögen dem Anfangsvermögen zuzurechnen. Wird Vermögen von einem Ehegatten während des Güterstands erworben, darf es grundsätzlich nicht in das Anfangsvermögen einbezogen werden. Der Vermögenserwerb während der Ehe beruht nach dem Grundgedanken der Zugewinngemeinschaft auf den Leistungen beider Ehegatten. Zudem sind die Leistungen jedes Ehegatten „unabhängig von ihrer Gestalt und Art gleichwertig".[53] Daher ist eine hälftige Teilhabe jedes Ehegatten am ehezeitlichen Vermögensgewinn berechtigt.[54]

Allerdings gibt es einige Erwerbsarten, „die offensichtlich in keinem Zusammenhang mit der ehelichen Lebens- und Wirtschaftsgemeinschaft stehen"[55]. Eine schematische Teilung, die auch diese Erwerbsarten im Zugewinnausgleich erfasst, würde dem Grundgedanken der

50 BGH FamRZ 2020 231.
51 *Gernhuber/Coester-Waltjen*, Familienrecht, S. 209.
52 *Wellenhofer*, Familienrecht, S. 149, Rn. 1.
53 MünchKomm/*Koch*, § 1363, Rn. 7.
54 Vgl. MünchKomm/*Koch*, § 1363, Rn. 7.
55 MünchKomm/*Koch*, § 1374, Rn. 18.

Zugewinngemeinschaft zuwiderlaufen.[56] Daher hat der Gesetzgeber § 1374 Abs. 2 BGB als Korrektur[57] geschaffen, wonach Vermögen, das ein Ehegatte während des Güterstands von Todes wegen oder mit Rücksicht auf ein künftiges Erbrecht, durch Schenkung oder als Ausstattung erwirbt, dem Anfangsvermögen hinzugerechnet wird. In der Literatur werden diese Erwerbsarten „privilegierter Erwerb“[58] „ausgleichsfreier Erwerb“[59] oder „eheneutraler Erwerb“[60] genannt.

§ 1374 Abs. 2 BGB listet jedoch nur vier Arten des privilegierten Erwerbs auf. Daher ist zu fragen, ob § 1374 Abs. 2 BGB auf sonstige Erwerbsvorgänge, die nicht auf den Leistungen beider Ehegatten beruhen, analog anwendbar ist. Nach der Rechtsprechung des BGH ist dies zu verneinen, da das Vorliegen der persönlichen Beziehungen des erwerbenden Ehegatten zum zuwendenden Ehegatten der wesentliche Grund für die Herausnahme aus dem Anfangsvermögen ist.[61]

b) Erwerb von Todes wegen oder mit Rücksicht auf ein künftiges Erbrecht

Zum Erwerb von Todes wegen gehören nicht nur der Erwerb aus Erbschaft, sondern auch der Erwerb aus Vermächtnis oder Pflichtteil.[62] Im Wege der Auslegung werden auch Lebensversicherungssummen als privilegiertes Vermögen im Sinne von § 1374 Abs. 2 BGB gesehen. Nach Ansicht des BGH verbietet sich zwar eine analoge Anwendung des § 1374 Abs. 2 BGB, was aber nicht bedeutet, dass die von § 1374 Abs. 2 BGB erfassten Erwerbsvorgänge nicht auslegungsbedürftig sind:

> *„Denn das Verbot einer ausdehnenden Anwendung der Vorschrift auf andere, in § 1374 II BGB nicht erfasste Erwerbsvorgänge bedeutet nicht, dass die verwendeten Rechtsbegriffe wie „Erwerb von Todes wegen“ oder „Erwerb mit Rücksicht auf ein künftiges Recht“ nicht ihrerseits inhaltlich auslegungsbedürftig und auslegungsfähig wären.“*[63]

---

56 MünchKomm/*Koch*, § 1374, Rn. 19.
57 MünchKomm/*Koch*, § 1374, Rn. 19.
58 MünchKomm/*Koch*, § 1374, Rn. 18; Staudinger/*Thiele*, § 1374, Rn. 29; *Wolf*, in: *Bergschneider*, Familienvermögensrecht, S. 186, Rn. 4.196.
59 *Gernhuber/Coester-Waltjen*, Familienrecht, S. 405, § 36 Rn. 23.
60 *Spegele*, Nach der Reform des gesetzlichen Güterrechts, S. 85.
61 BGH FamRZ 2007, 978; BGH FamRZ 2014, 24.
62 MünchKomm/*Koch*, § 1374, Rn. 22.
63 BGH NJW 1995, 3113 (3114).

Im Einklang mit dieser Rechtsprechung behandelt der BGH den Erwerb der Lebensversicherungssumme als Erbeinsetzung bzw. als Erwerb mit Rücksicht auf ein künftiges Erbrecht.[64]

Beim Erwerb mit Rücksicht auf ein künftiges Erbrecht handelt es sich inhaltlich um einen Erwerb von Todes wegen, der „eine vorweggenommene Erbfolge oder Erbteilung darstellt“[65]. Jedoch ist es in der Praxis nicht immer einfach, einen Erwerb mit Rücksicht auf ein künftiges Erbrecht von einem Erwerb durch Schenkung oder sogar einem Erwerb im Rahmen anderer Vertragsverhältnisse zu unterscheiden. Nach der Rechtsprechung des BGH ist für die Unterscheidung maßgeblich, ob die Vertragschließenden mit der Übergabe einen zukünftigen Erbvorgang vorwegnehmen wollen.[66]

c) Erwerb durch Schenkung oder Ausstattung

Der Schenkungsbegriff des § 1374 Abs. 2 BGB im Familienrecht weicht von der Legaldefinition des § 516 Abs. 1 BGB im Schuldrecht nicht ab.[67] Demnach ist eine Zuwendung, die den Schenker entreichert und den Beschenkten bereichert, eine Schenkung, wenn beide Teile sich darüber einig sind, dass die Zuwendung unentgeltlich geschieht.[68] Jedoch fällt nicht jeder Erwerb durch Schenkung in das Anfangsvermögen. Zum einen schreibt der Wortlaut des § 1374 Abs. 2 BGB bereits die Einschränkung vor, dass das durch Schenkung erworbene Vermögen, das den Umständen nach zu den Einkünften zu rechnen ist, nicht in das Anfangsvermögen einzubeziehen ist. Die zum Verbrauch bestimmte Zuwendung erhöht nur künstlich das Anfangsvermögen.[69] Nur der Erwerb durch die Schenkung, die der Vermögensbildung des begünstigten Ehegatten dient, zählt zum privilegierten Erwerb.[70]

Zum anderen hat der BGH in seiner Rechtsprechung trotz des nicht eingeschränkten Wortlauts den Erwerb durch Schenkung im Sinne des § 1374 Abs. 2 BGB auf den Erwerb durch Schenkung von dritter Seite beschränkt, sodass eine Schenkung unter Ehegatten nicht zum privilegierten Erwerb und damit

64 *Wolf*, in: *Bergschneider*, Familienvermögensrecht, S. 190, Rn. 4.205.
65 Staudinger/*Thiele*, § 1374, Rn. 33.
66 BGH FamRZ 2007, 978 (980).
67 Staudinger/*Thiele*, § 1374, Rn. 34.
68 Staudinger/*Chiusi*, § 516, Rn. 8.
69 BGH FamRZ 2014, 98 (98).
70 BGH FamRZ 1987, 910; BGH FamRZ 2014, 98.

nicht zum Anfangsvermögen des Beschenkten zählt.[71] Nach der Begründung des BGH liege der Schenkung unter Ehegatten nicht die Beziehung des beschenkten Ehegatten zu einem Dritten zugrunde, welche maßgebend für die Anerkennung als privilegierter Erwerb sei.[72] Auf die unbenannte Zuwendung zwischen Ehegatten, die nach der Rechtsprechung des BGH nicht als Schenkung angesehen wird, findet § 1374 Abs. 2 BGB jedenfalls keine Anwendung.[73]

Die von den Schwiegereltern gemachte Zuwendung, die früher als unbenannte Zuwendung eingeordnet wurde[74], wird nunmehr als Schenkung betrachtet.[75] Daher zählt sie zum privilegierten Erwerb im Sinne des § 1374 Abs. 2 BGB und ist dem Anfangsvermögen des beschenkten Ehegatten zuzurechnen. Jedoch können die beschenkten Personen im Fall der Schwiegerelternzuwendung bei fehlender ausdrücklicher Absprache schwer zu bestimmen sein. Nach der Rechtsprechung kann nicht ohne Weiteres davon ausgegangen werden, dass bei einer Leistung an Eheleute Leistungsempfänger nur derjenige sei, der dem Leistenden nahestehe oder mit ihm verwandt sei.[76] Ausschlaggebend sind „der nach außen zutage getretene Wille des Zuwendenden“[77] oder „Leistungszweck, -anlass und -umstände“[78]. Es ist zu beachten, dass nicht nur die Zuwendung, sondern auch der mögliche Rückforderungsanspruch der Schwiegereltern, der nach dem Scheitern der Ehe wegen Wegfalls der Geschäftsgrundlage nach § 313 BGB oder wegen ungerechtfertigter Bereicherung nach § 812 BGB entstehen kann, in voller Höhe im Anfangsvermögen berücksichtigt werden müssen.[79] Dadurch wird das unbillige Ergebnis vermieden, dass das Kind der schenkenden Schwiegereltern von der Schenkung nicht profitieren kann, sondern aufgrund des Rückforderungsanspruchs sogar geschadet würde.[80]

---

71 BGH FamRZ 1987, 791; BGH FamRZ 2010, 2057; *Gernhuber/Coester-Waltjen*, Familienrecht, S. 197; *Jeep*, DNotZ 2011, 590. Zur Gegenmeinung siehe MünchKomm/*Koch*, § 1374, Rn. 24; *Schwab*, in: *Schwab*, Handbuch des Scheidungsrechts, S. 1821, Rn. 147; Staudinger/*Thiele*, § 1374, Rn. 35; Palandt/*Siede*, § 1376, Rn. 15.

72 BGH FamRZ 1987, 791 (792).

73 BGH NJW 1982, 1093 (1094).

74 BGH NJW 1995, 1889.

75 BGH NJW 2010, 2202; Staudinger/*Thiele*, § 1374, Rn. 38.

76 OLG Düsseldorf FamRZ 1994, 1384; Brandenburg MittBayNot 2014, 535 (536).

77 MünchKomm/*Koch*, § 1374, Rn. 29.

78 Staudinger/*Thiele*, § 1374, Rn. 38a; vgl. Brandenburg MittBayNot 2014, 535 (536).

79 BGH FamRZ 2010, 958.

80 BGH FamRZ 2010, 958.

Als Ausstattung wird nach § 1624 BGB die bestimmte Zuwendung der Eltern an das Kind eingeordnet, die mit Rücksicht auf Verheiratung, Begründung einer Lebenspartnerschaft des Kindes oder Unterstützung für eine wirtschaftliche Selbständigkeit des Kindes gemacht wird. Hinsichtlich des Rechtsgrunds handelt es sich bei der Ausstattung um eine familienrechtliche causa sui generis.[81] Solange die Zuwendung das angemessene Maß nicht überschreitet, ist sie als Ausstattung anzusehen und dem Schenkungsrecht entzogen.[82] Ob die Zuwendung angemessen ist, hängt insbesondere von den Vermögensverhältnissen der Eltern und den sonstigen Umständen des Enzelfalls ab.[83] Im Gegensatz zur schwierigen Bestimmung des Empfängers im Fall der Schenkung bereitet die Ermittlung des Ausstattungsempfängers keine Schwierigkeiten. Ausstattungsempfänger kann nur das eigene Kind sein.

d) Andere eheneutrale Erwerbe

Außer den oben erwähnten Erwerbsarten existieren noch andere Erwerbsvorgänge, die „in keinem erkennbaren Zusammenhang mit dem zureichenden Grund des gesetzlichen Güterstandes stehen“[84] und eher „eheneutral“[85] sind. Daher stellt sich die Frage, ob § 1374 Abs. 2 BGB analogiefähig ist, damit auch andere eheneutrale Erwerbsarten aus dem Zugewinnausgleich herausgenommen werden können. Der BGH ist der Auffassung, dass die Aufzählung in § 1374 Abs. 2 BGB abschließend sei und eine ausdehnende Auslegung der Vorschrift nicht in Betracht komme.[86] Er begründet das damit, dass grundsätzlich das gesamte während der Ehe von den Ehegatten erworbene Vermögen im Zugewinnausgleich berücksichtigt werden soll, ohne Rücksicht darauf, ob und in welcher Weise die Ehegatten an dem Erwerb der einzelnen Gegenstände mitgewirkt haben. Die in § 1374 Abs. 2 BGB aufgezählten Erwerbsarten seien nur deswegen vom Zugewinnausgleich ausgenommen, weil sie auf persönlichen Beziehungen des erwerbenden Ehegatten zum zuwendenden Dritten beruhen.[87] Demnach fallen

81 Staudinger/*Lugani*, § 1624, Rn. 1.
82 Staudinger/*Lugani*, § 1624, Rn. 13.
83 Staudinger/*Lugani*, § 1624, Rn. 13.
84 *Schwab*, in: *Schwab*, Handbuch des Scheidungsrechts, S. 1827, Rn. 161.
85 *Spegele*, Nach der Reform des gesetzlichen Güterrechts, S. 69.
86 BGH FamRZ 1982, 148; vgl. BGH DNotZ 1996, 465. Gegenmeinung siehe *Wolf*, in: *Bergschneider*, Familienvermögensrecht, S. 198, Rn. 4.201; *Schwab*, in: *Schwab*, Handbuch des Scheidungsrechts, S. 1827, Rn. 161; MünchKomm/*Koch*, § 1374, Rn. 20.
87 BGH NJW 1995, 3113 (3114); BGH FamRZ 2007, 978 (980); BGH FamRZ 2014, 24 (25).

Schmerzensgeld[88], Lottogewinn[89], Abfindung für Witwenrenten[90] sowie echte Wertsteigerung des Anfangsvermögens[91] (z.B. Kurswertänderungen bei Wertpapieren oder Werterhöhungen einzelner Gegenstände eines Ehegatten)[92] in den privilegierten Erwerb nicht. Somit ist festzustellen, dass in der Rechtspraxis ein Verbot der analogen Anwendung des § 1374 Abs. 2 BGB anerkannt ist.[93] Dieses Analogieverbot ist von der ausdehnenden Auslegung der in § 1374 Abs. 2 BGB erfassten Erwerbsvorgänge zu unterscheiden.[94]

4. Die Ermittlung des Wertes des Anfangsvermögens nach § 1376 BGB

Wie oben erwähnt wurde, ist das Anfangsvermögen lediglich ein rechnerischer Saldo, der den Gesamtgeldwert des einem Ehegatten beim Eintritt des Güterstands gehörenden und später privilegiert erworbenen Vermögens abzüglich des Wertes der Verbindlichkeiten darstellt.[95] Nachdem das in das Anfangsvermögen einzubeziehende Vermögen und die Verbindlichkeiten festgestellt worden sind, sind diese zu bewerten. § 1376 BGB regelt die für die Wertermittlung relevanten Fragen einschließlich des Bewertungsstichtags und der besonderen Regelung für land- und fortwirtschaftliche Betriebe. Bewertungsgrundsätze für alle anderen Gegenstände schreibt § 1376 BGB jedoch nicht vor. Dies hat der Gesetzgeber Rechtsprechung und Literatur überlassen.[96]

a) Bewertungsstichtag

Der für die Bewertung maßgebliche Zeitpunkt ist identisch mit dem Stichtag für die Feststellung des Anfangsvermögens, also der Zeitpunkt des Eintritts des Güterstands. Im Fall des privilegierten Erwerbs ist der Wert, den er im Zeitpunkt des Erwerbs hatte, zu berücksichtigen.[97] Da die richtige Ermittlung des Zugewinns

---

88 BGH NJW 1981, 1836.
89 BGH NJW 1977, 377; BGH FamRZ 2014, 24.
90 BGH NJW 1982, 279.
91 BGH FamRZ 2004, 781. Zu den Unterschieden zwischen echtem und unechtem Zugewinn (scheinbarem Zugewinn aufgrund inflationsbedingter Wertsteigerungen) siehe Staudinger/*Thiele*, § 1373, Rn. 9.
92 Staudinger/*Thiele*, § 1373, Rn. 10.
93 Vgl. Palandt/*Siede*, § 1376, Rn. 3.
94 BGH NJW 1995, 3113.
95 MünchKomm/*Koch*, § 1374, Rn. 1.
96 MünchKomm/*Koch*, § 1376, Rn. 1.
97 MünchKomm/*Koch*, § 1374, Rn. 21.

einheitliche Wertmaßstäbe bei der Berechnung des Anfangsvermögens und des Endvermögens voraussetzt, muss das Anfangsvermögen auf den Geldwert im Zeitpunkt der Beendigung des Güterstands umgerechnet werden.[98] Durch diese „pauschale Berechnungsmethode“[99] werden Scheingewinne, die durch Schwund der Kaufkraft des Geldes entstehen, neutralisiert.

b) Bewertungsgrundsätze

Der Gesetzgeber regelt in § 1376 Abs. 4 BGB die Bewertung des land- und forstwirtschaftlichen Betriebs. Unter den Voraussetzungen, dass der Betriebsinhaber ausgleichspflichtig ist, er selbst oder ein Abkömmling von ihm den Betrieb weiterführt und der Betrieb sowohl beim Anfangsvermögen als auch beim Endvermögen zu berücksichtigen ist, ist der Betrieb mit dem Ertragswert anzusetzen. Die während des Güterstands entstehende Wertsteigerung des Betriebs wird nicht berücksichtigt,[100] weshalb diese Regelung in der Literatur „Bewertungsprivileg des land- und forstwirtschaftlichen Betriebs“[101] genannt wird.

Für andere dem Anfangsvermögen unterliegenden Gegenstände sieht § 1376 BGB jedoch keine Bewertungskriterien vor. Nach der h.M. in der Literatur sind die Gegenstände mit ihrem „vollen wirklichen Wert“[102] anzusetzen, der in der Regel der Verkaufswert[103] (Verkehrswert)[104] ist, da es im heutigen Wirtschaftssystem grundsätzlich einen die Feststellung eines Verkaufswerts ermöglichenden Markt gibt.[105] Allerdings kann es sein, dass mache Gegenstände nicht zur Veräußerung bestimmt sind oder dass eine Veräußerung nicht unbedingt durchzuführen (v.a. bei den lebenden Unternehmen) ist. In solchen Fällen ist der Verkaufswert nicht maßgeblich.[106] Beispielsweise sind die Haushaltsgegenstände nicht zur Veräußerung, sondern zum Zweck der weiteren Nutzung bestimmt sind, weshalb die ursprünglichen Anschaffungskosten entscheidend sind.[107]

---

98 Staudinger/*Thiele*, § 1373, Rn. 12.
99 *Schwab*, in: *Schwab*, Handbuch des Scheidungsrechts, S. 1830, Rn. 168.
100 MünchKomm/*Koch*, § 1376, Rn. 55.
101 *Wolf*, in: *Bergschneider*, Familienvermögensrecht, S. 205, Rn. 4.243.
102 MünchKomm/*Koch*, § 1376, Rn. 10; Staudinger/*Thiele*, § 1376, Rn. 10; *Gernhuber/Coester-Waltjen*, Familienrecht, S. 416, § 36 Rn. 61.
103 Staudinger/*Thiele*, § 1376, Rn. 12.
104 MünchKomm/*Koch*, § 1376, Rn. 10.
105 Staudinger/*Thiele*, § 1376, Rn. 11.
106 MünchKomm/*Koch*, § 1376, Rn. 11; Staudinger/*Thiele*, § 1376, Rn. 11.
107 MünchKomm/*Koch*, § 1376, Rn. 14.

III. Ermittlung des Endvermögens

1. Das in das Endvermögen einzubeziehende Vermögen

Nach der Legaldefinition in § 1375 Abs. 1 S. 1 BGB ist Endvermögen das Vermögen, das einem Ehegatten nach Abzug der Verbindlichkeiten bei der Beendigung des Güterstands gehört. Das in das Endvermögen einzubeziehende Vermögen ist von den Verbindlichkeiten zu unterscheiden. Die Verbindlichkeiten können über die Höhe des Vermögens hinaus gehen (§ 1375 Abs. 1 S. 2 BGB). Das in das Endvermögen einzubeziehende Vermögen ist ebenso wie das in das Anfangsvermögen einzubeziehende Vermögen ein Aktivposten.[108]

a) Stichtagsprinzip

Für die Ermittlung des in das Endvermögen einzubeziehenden Vermögens gilt das Stichtagsprinzip. Anders als beim Anfangsvermögen, bei dem immer der Zeitpunkt des Eintritts des Güterstands der Stichtag ist, wird für den Stichtag des Endvermögens jedoch auf unterschiedliche Zeitpunkte abgestellt.[109] Der Zeitpunkt der Beendigung des Güterstands ist der Stichtag, wenn der Güterstand durch den Tod eines Ehegatten beendet wird (§ 1371 Abs. 2 BGB) oder wenn ein Ehegatte für tot erklärt worden ist und der Güterstand durch die Wiederverheiratung des anderen Ehegatten beendet wird (§ 1319 Abs. 2 BGB). In den Fällen der Beendigung des Güterstands durch die ehevertragliche Aufhebung wird für den Stichtag gleichfalls auf den Zeitpunkt der Beendigung des Güterstands abgestellt, wenn die Ehegatten nichts anderes vereinbart haben.[110]

In den Fällen der Ehescheidung (§ 1384 BGB) und Eheaufhebung[111] sowie in den Fällen des vorzeitigen Ausgleichs (§ 1387 BGB) wird der Stichtag auf den Zeitpunkt der Rechtshängigkeit des Antrags vorverlegt, d.h. der maßgebende Zeitpunkt ist nicht der Zeitpunkt der Beendigung des Güterstands, der erst mit der Rechtskraft des Scheidungs- oder Aufhebungsbeschlusses oder der den vorzeitigen Ausgleich aussprechenden Entscheidung eintritt. § 1384 BGB gilt entsprechend, wenn der Güterstand durch den Tod eines Ehegatten

---

108 Vgl. Staudinger/*Thiele*, § 1375, Rn. 2.

109 Vgl. Staudinger/*Thiele*, § 1375, Rn. 15, 16.

110 Vgl. MünchKomm/*Koch*, § 1375, Rn. 11; vgl. Staudinger/*Thiele*, § 1375, Rn. 16; vgl. *Wellenhofer*, Familienrecht, S. 133, Rn. 19.

111 Staudinger/*Thiele*, § 1384, Rn. 6.

beendet wird, dieser jedoch den Scheidungsantrag rechtshängig gemacht hat und die Ehe dadurch voraussichtlich geschieden worden wäre.[112] Bei Scheidung bezweckt die Vorverlegung des Berechnungsstichtags in § 1384 BGB damit, dass die nach der Rechtshängigkeit des Scheidungsantrags entstehenden Vermögensänderungen den Zugewinnausgleichsanspruch des Ehegatten nicht mehr beeinflussen.[113] Da ein Ehegatte nach der Rechtshängigkeit des Scheidungsantrags sein Endvermögen zu verringen versuchen würde, kann die Vorverlegung des Stichtags den Zugewinnausgleichsanspruch von der auf illoyalem Handeln eines Ehegatten beruhenden Vermögensminderung unabhängig machen und dem Schutz des Ausgleichsgläubigers dienen.[114] Zu beachten ist jedoch, dass es für die Anwendung des § 1384 BGB auf die Sachverhalte im Einzelfall nicht ankommt. Auch wenn es illoyale Handlungen des Ehegatten nicht gibt, gilt der Zeitpunkt der Rechtshängigkeit des Scheidungsantrags nach § 1384 BGB im Interesse der Rechtsklarheit.[115]

b) Haushaltsgegenstände und Versorgungsausgleich

Für die Haushaltsgegenstände und Anwartschaften aus Versorgung nach § 2 Abs. 1 VersAusglG gelten die im Abschnitt zum Anfangsvermögen bereits dargestellten Prinzipien und Regelungen. Die am Stichtag vorhandenen Haushaltsgegenstände werden dem Endvermögen hinzugerechnet, während die Anwartschaften und Ansprüche auf Versorgungsleistung, die nach § 2 Abs. 1 VersAusglG dem Versorgungsausgleich unterliegen, in das Endvermögen nicht einzubeziehen sind.

c) Sonderproblem: Endvermögen und Unterhalt

Im Rahmen des Güterrechts ist das Endvermögen um der Berechnung des Zugewinnausgleichs willen zu ermitteln. Der Zugewinnausgleichsanspruch bei Scheidung dient zur gerechten Aufteilung der während der Ehe erworbenen Vermögenswerte zwischen den Ehegatten.[116] Die nacheheliche Versorgungslage eines Ehegatten wird im Rahmen des Zugewinnausgleichs nicht berücksichtigt. Vom Zugewinnausgleichsanspruch ist der Anspruch auf nachehelichen Unterhalt zu unterscheiden. Der Unterhaltsanspruch zielt vor allem darauf ab,

---

112 BGH NJW 2004, 1321.
113 Staudinger/*Thiele*, § 1384, Rn. 1.
114 Vgl. BT-Drucks 2/3409, 13.
115 Staudinger/*Thiele*, § 1384, Rn. 2.
116 Vgl. MünchKomm/*Koch*, § 1363, Rn. 6.

die nacheheliche Solidarität zu verwirklichen.[117] Somit kann der Ehegatte, der selbst für seinen Unterhalt nicht sorgen kann, wegen Kindesbetreuung (§ 1570 BGB), Alters (§ 1571 BGB), Krankheit (§ 1572 BGB) oder Arbeitslosigkeit (§ 1573 BGB) unter den gesetzlichen Voraussetzungen (§§ 1570 ff. BGB) von dem anderen Ehegatten Unterhalt verlangen. Das Maß des Unterhalts bestimmt sich in der Regel nach den ehelichen Lebensverhältnissen. Der Unterhalt soll den gesamten Lebensbedarf erfassen (§ 1578 Abs. 1 BGB). Ausnahmsweise[118] kann der Unterhalt auf den angemessenen Lebensbedarf und zeitlich herabgesetzt werden, wenn ein unbegrenzter Unterhaltsanspruch auch unter Wahrung der Belange eines dem Berechtigten zur Pflege oder Erziehung anvertrauten gemeinschaftlichen Kindes unbillig wäre (§ 1578b BGB). Die Kriterien für die Billigkeitsabwägung sind insbesondere der Grad der ehebedingten Nachteile und die Dauer der Ehe (§ 1578b Abs. 1 S. 2 BGB). Außerdem kann der Unterhalt wegen grober Unbilligkeit nach § 1579 BGB herabgesetzt oder ausgeschlossen werden. § 1579 BGB listet sieben Fälle der groben Unbilligkeit (§ 1579 Nr. 1 bis 7 BGB) auf und sieht einen Auffangtatbestand (§ 1579 Nr. 8) vor.

Unter Zugrundelegung der Trennung des Zugewinnausgleichsanspruchs und des nachehelichen Unterhaltsanspruchs sind das in das Endvermögen einzubeziehende Vermögen und die im Rahmen des Unterhaltsrechts zu berücksichtigenden Einkünfte der Ehegatten auseinanderzuhalten. Nach der h.M.[119] ist eine Doppelverwertung eines Vermögenswerts bei dem Zugewinnausgleich und dem Unterhalt zu vermeiden. Ist also ein Aktivposten in das Endvermögen einbezogen worden, darf er nicht wieder im Rahmen des Unterhaltsrechts berücksichtigt werden.[120] In der Praxis ist die Einordnung einer Abfindung problematisch. Nach der h.M.[121] ist der Zahlungszweck der Abfindung dafür entscheidend. Ist sie „als vorweggenommenes Einkommen für einen bestimmten Übergangszeitraum geleistet worden"[122] und hat sie somit einen Versorgungscharakter, ist sie in das Unterhaltsrecht einzuordnen und dem Endvermögen entzogen.[123] Hat sie jedoch eine Entschädigungsfunktion, ist sie

---

117 MünchKomm/*Maurer*, § 1569, Rn. 20.

118 BGH NJW 2010, 3097.

119 BGH FamRZ 2011, 705; MünchKomm/*Koch*, § 1375, Rn. 5; Staudinger/*Thiele*, § 1374, Rn. 5a; Palandt/*Siede*, § 1376, Rn. 4.

120 MünchKomm/*Koch*, § 1375, Rn. 5.

121 BGH NJW 1982, 326; BGH FamRZ 1998, 362; BGH FamRZ 2010, 1311; MünchKomm/*Koch*, § 1375, Rn. 18; Staudinger/*Thiele*, § 1374, Rn. 5d; vgl. *Gernhuber/Coester-Waltjen*, Familienrecht, S. 353, § 36, Rn. 55.

122 BGH FamRZ 2001, 278 (282).

123 Staudinger/*Thiele*, § 1374, Rn. 5d.

dem Endvermögen zuzurechnen.[124] Gehört eine Abfindung zum Vermögen im Sinne des Zugewinnausgleichsrechts, ist der zeitliche Bezug dieser Abfindung zum Güterstand zu berücksichtigen, indem die Abfindung „periodengerecht auf die Zeiträume vor und nach dem Stichtag zu verteilen ist".[125] Auch bei der Einordnung der Aussicht auf Übergangsgebührnisse und Übergangsbeihilfen von Zeitsoldaten ist die Zahlungsfunktion zu berücksichtigen. Die Aussicht des Zeitsoldaten auf die Übergangsgebührnisse, die zur Unterhaltssicherung dienen, ist dem Zugewinnausgleich entzogen, während die Aussicht des Zeitsoldaten auf die Übergangsbeihilfe, die eine Gehaltszulage ist, im Rahmen des Zugewinnausgleichs zu berücksichtigen ist. Die während der Ehezeit erworbenen Anteile sind güterrechtlich auszugleichen.[126]

2. *Die in das Endvermögen einzubeziehenden Verbindlichkeiten*

Um das Endvermögen zu ermitteln, sind die bei der Beendigung des Güterstands bestehenden Verbindlichkeiten von dem Aktivposten abzuziehen. Die in das Endvermögen einzubeziehenden Verbindlichkeiten sind alle Verpflichtungen, die bei der Beendigung des Güterstands das Vermögen des Ehegatten mindern. Auch für die Bestimmung der Verbindlichkeiten ist das Stichtagsprinzip entscheidend. Im Scheidungsfall tritt als Stichtag nach § 1384 BGB der Zeitpunkt der Rechtshängigkeit des Scheidungsantrags an die Stelle der Beendigung des Güterstands.

Zwar haftet jeder Ehegatte in der Zugewinngemeinschaft grundsätzlich allein für die von ihm eigegangenen Verbindlichkeiten, aber auf Basis eines von beiden Ehegatten gemeinsam eingegangenen Rechtsgeschäfts oder kraft Gesetzes können im Laufe der Ehe gesamtschuldnerische Verbindlichkeiten entstehen, für die die Ehegatten im Außenverhältnis dem Dritten gegenüber als Gesamtschuldner haften.[127] Im Innenverhältnis richtet sich die Teilung der Haftung nach § 426 Abs. 1 S. 1 BGB, so dass Gesamtschuldner im Verhältnis zueinander zu gleichen Anteilen verpflichtet sind, soweit nicht ein anderes bestimmt ist. Im Fall der Gesamtschuld zwischen Ehegatten haften diese im Innenverhältnis vielfach nicht hälftig; vielmehr kann sich eine anderweitige Anteilsbestimmung oft aus „Inhalt und Zweck des Rechtsverhältnisses oder

---

124 MünchKomm/*Koch*, § 1375, Rn. 18.

125 *Schwab*, in: *Schwab*, Handbuch des Scheidungsrechts, S. 1871, Rn. 43; *Gernhuber/Coester-Waltjen*, Familienrecht, S. 353, § 36, Rn. 55.

126 MünchKomm/*Koch*, § 1375, Rn. 20.

127 *Wever*, Vermögensauseinandersetzung, S. 145 ff.

der Natur der Sache, mithin aus der besonderen Geltung des tatsächlichen Geschehens"[128] ergeben.[129] Die frühzeitige Ermittlung der Beteiligungsquote jedes Ehegatten im Innenverhältnis ist eine unentbehrliche Voraussetzung für die richtige Ermittlung des Endvermögens.[130] Die noch nicht getilgten, am Endstichtag noch bestehenden gesamtschuldnerischen Verbindlichkeiten gehören als Passivposten zu den in das Endvermögen einzubeziehenden Verbindlichkeiten jedes Ehegatten; der jeweilige Ausgleichsanspruch eines Ehegatten gegen den anderen Ehegatten wird als Aktivposten im Endvermögen berücksichtigt.[131]

Die in das Endvermögen einzubeziehenden Verbindlichkeiten umfassen nicht nur Verbindlichkeiten gegenüber Dritten, sondern auch Verbindlichkeiten zwischen den Ehegatten.[132] Die Verbindlichkeiten zwischen den Ehegatten können sowohl aus Vertragsverhältnissen, z.B. aus einem Arbeitsverhältnis, als auch aus gesetzlichen Schuldverhältnissen stammen. Diese werden durch den Zugewinnausgleichsanspruch nicht verdrängt.[133] Auch eine Ehegatteninnengesellschaft kann unter bestimmten Voraussetzungen zwischen den Ehegatten zustande kommen.[134] Der Anspruch aus Ehegatteninnengesellschaft ist gegenüber dem Zugewinnausgleichsanspruch ebenfalls nicht als subsidiär zu behandeln.[135] Der bei der Beendigung der Ehegatteninnengesellschaft entstehende Abfindungsanspruch eines Ehegatten, bzw. die Verpflichtung des anderen Ehegatten, ist am Endstichtag der Rechtshängigkeit des Scheidungsverfahrens regelmäßig bereits entstanden, und ist daher beim Endvermögen zu berücksichtigen.[136] Im Gegensatz dazu ist der Ausgleichanspruch eines Ehegatten, der aus den Grundsätzen des Wegfalls der Geschäftsgrundlage hergeleitet wird, nur eine Korrektur des Ergebnisses

---

128 BGH FamRZ 2015, 1272 (1273); anders *Koch*, FamRZ 2015, 1272 (1276), demzufolge lässt die Anteilsbestimmung sich nur aus dem Gesetz oder aus einer Vereinbarung herleiten. Im Fall, in dem der BGH eine abweichende Anteilsbestimmung aus Inhalt und Zweck des Rechtsverhältnisses hergeleitet hat, ließen die Umstände den Schluss auf eine entsprechende stillschweigende Absprache der Ehegatten über den internen Ausgleich zu.

129 *Gernhuber/Coester-Waltjen*, Familienrecht, S. 416, § 36 Rn. 59.

130 *Wever*, Vermögensauseinandersetzung, S. 192.

131 BGH FamRZ 2020, 231 (232).

132 MünchKomm/*Koch*, § 1375, Rn. 33.

133 *Wellenhofer*, Familienrecht, S. 133, Rn. 18.

134 BGH NJW 2003, 2982; BGH NJW 2006, 1268.

135 BGH NJW 2006, 1268.

136 *Wever*, Vermögensauseinandersetzung, S. 517.

des Zugewinnausgleichs.[137] Dieser Anspruch ist nicht als Aktivposten des einen Ehegatten zu berücksichtigen. So ist die entsprechende Verpflichtung nicht in die Verbindlichkeiten des anderen Ehegatten einzubeziehen.[138]

3. Hinzurechnung zum Endvermögen nach § 1375 BGB

Grundsätzlich ist das Vermögen, das bei der Beendigung des Güterstands nicht mehr vorhanden ist, nach dem Stichtagsprinzip des § 1375 Abs. 1 BGB im Endvermögen nicht zu berücksichtigen. Eine Ausnahme schreibt § 1375 Abs. 2 BGB vor, wonach illoyale Vermögensminderungen dem Endvermögen hinzuzurechnen sein sollen. Dies widerspricht der Verwaltungs- und Verfügungsfreiheit jedes Ehegatten im gesetzlichen Güterstand der Zugewinngemeinschaft nicht, denn die Wirksamkeit der Vermögensminderungsgeschäfte wird von § 1375 Abs. 2 BGB nicht beeinflusst, sondern richtet sie sich nach Regelungen wie § 138 BGB im Allgemeinen Teil und § 1365 BGB im Familienrecht.[139] § 1375 Abs. 2 BGB verwirklicht sich dadurch, dass das Endvermögen fiktiv so berechnet wird, als wären die illoyalen Vermögensminderungen nicht erfolgt.

Als illoyale Vermögensminderung ist erstens eine von einem Ehegatten gemachte unentgeltliche Zuwendung anzusehen, durch die er nicht einer sittlichen Pflicht oder einer auf den Anstand zu nehmenden Rücksicht entsprochen hat (§ 1375 Abs. 2 Nr. 1 BGB). Ob eine Zuwendung unentgeltlich ist, ist nach allgemeinen schuldrechtlichen Kriterien zu prüfen.[140] Eine weitere Form der illoyalen Vermögensminderung ist die Verschwendung durch einen Ehegatten (§ 1375 Abs. 2 Nr. 2 BGB), worunter „das ziellose und unnütze Ausgeben von Geld in einem Maße, das in keinem Verhältnis zu den Einkommens- und Vermögensverhältnissen des Ehegatten steht" verstanden wird.[141] Drittens stellt eine Handlung mit einer Benachteiligungsabsicht die illoyale Vermögensminderung dar (§ 1375 Abs. 2 Nr. 3 BGB). Hierbei muss die Benachteiligungsabsicht, also „die Erhöhung des eigenen Zugewinnausgleichsanspruchs oder die Verringerung der Ausgleichspflicht"[142], nach dem BGH „das leitende Motiv"[143] des Handelnden sein. Ein Beispiel dafür

---

137 BGH FamRZ 1991, 1169; BGH, FamRZ 1997, 933; BGH FamRZ 2005, 1978; Staudinger/*Thiele*, § 1363, Rn. 23.

138 *Wever*, Vermögensauseinandersetzung, S. 433.

139 MünchKomm/*Koch*, § 1375, Rn. 3.

140 MünchKomm/*Koch*, § 1375, Rn. 45.

141 *Wellenhofer*, Familienrecht, S. 134, Rn. 20.

142 *Schwab*: in *Schwab*, Handbuch des Scheidungsrechts, S. 1837, Rn. 186.

143 BGH NJW 2000, 2347 (2348).

ist die Eingehung einer Verbindlichkeit mit einer Benachteiligungsabsicht. In diesem Fall ist der Zugewinnausgleich so zu behandeln, als ob die Verbindlichkeit nicht existiert hätte.[144]

Hinsichtlich des Zeitpunkts muss die illoyale Vermögensminderung zwischen dem Anfangs- und Endstichtag eingetreten sein. Außerdem sieht § 1375 Abs. 3 eine Frist von zehn Jahren vor. Der Betrag der Vermögensminderung wird dem Endvermögen nicht hinzugerechnet, wenn sie mindestens zehn Jahren vor Beendigung des Güterstands eingetreten ist. Dies ist darin begründet, dass bei so lange zurückliegenden Vermögensminderungen kein Manipulationszweck zu vermuten ist.[145] Eine andere Einwendung gegen die Hinzurechnung ist das Einverständnis eines Ehegatten mit der unentgeltlichen Zuwendung oder den Verschwendungen durch den anderen Ehegatten (§ 1375 Abs. 3 Alt. 2 BGB). Dieses Einverständnis rechtfertigt die Benachteiligung, sodass § 1375 Abs. 2 Nr. 3 BGB nicht anwendbar ist.[146]

Zu beachten bleibt die Beweislastumkehr nach § 1375 Abs. 2 S. 2 BGB. Diese setzt voraus, dass eine zum Trennungszeitpunkt angegebene Auskunft über das bestehende Vermögen vorliegt und das Endvermögen im Vergleich dazu verringert worden ist.[147] Nur in dieser Konstellation muss der Ausgleichschuldner beweisen, dass die Vermögensminderung nicht auf einem illoyalen Handeln beruht.[148] In allen anderen Fällen muss der Ehegatte, der die illoyale Vermögensminderung des anderen Ehegatten behauptet, zuerst „Anhaltspunkte und Indizien“[149] vortragen, aufgrund derer ein illoyales Verhalten zu vermuten sein kann.[150]

4. *Die Ermittlung des Wertes des Endvermögens*

Ebenso wie die Wertermittlung beim Anfangsvermögen muss die Bewertung der in das Endvermögen einzubeziehenden Vermögensgegenstände und der Verbindlichkeiten auch dem Stichtagsprinzip und den gleichen Bewertungskriterien entsprechen. Im Scheidungsfall ist der Bewertungsstichtag

144 BGH FamRZ 1986, 565.

145 *Wellenhofer*, Familienrecht, S. 135, Rn. 21.

146 Staudinger/*Thiele*, § 1375, Rn. 41.

147 Staudinger/*Thiele*, § 1375, Rn. 46.

148 Staudinger/*Thiele*, § 1375, Rn. 46, nach Thieles Meinung handelt es sich hier um „eine echte Beweislastumkehr“.

149 MünchKomm/*Koch*, § 1375, Rn. 67.

150 MünchKomm/*Koch*, § 1375, Rn. 67.

nach § 1384 BGB der Zeitpunkt der Rechtshängigkeit des Scheidungsantrags. Falls illoyale Vermögensminderungen vorliegen, sind sie dem Endvermögen mit dem Wert hinzuzurechnen, den sie zum Eintrittszeitpunkt hatten.[151] Es ist hervorzuheben, dass das Anfangsvermögen und das Endvermögen nicht zwei besondere Vermögensmassen sind. Falls die Gegenstände, die in das Anfangsvermögen bereits einbezogen worden sind, bei der Beendigung des Güterstands noch bestehen, sind sie auch beim Endvermögen zu berücksichtigen und erneut zu bewerten. Ihre Wertveränderungen werden aus dem Zugewinn nicht herausgenommen.[152]

IV. Feststellung des Ausgleichsanspruchs

1. Saldierung der beiderseitigen Zugewinne

Nachdem das Anfangs- und Endvermögen des Ehegatten festgestellt worden ist, können der Zugewinn des Ehegatten nach § 1373 BGB und die Ausgleichsforderung nach § 1378 BGB ermittelt werden. Während das Anfangsvermögen und das Endvermögen negativ sein dürfen, kann der Zugewinn nach § 1373 BGB allerdings nur positiv sein, da die Zugewinngemeinschaft keine „Verlustgemeinschaft" ist.[153] Durch die Saldierung des größeren Zugewinns eines Ehegatten und des geringeren Zugewinns des anderen Ehegatten wird der „Mehrgewinn"[154] berechnet, welcher zwischen beiden Ehegatten grundsätzlich hälftig geteilt wird, indem der Ehegatte, der den geringeren Zugewinn erwirtschaftet hat, eine entsprechende Ausgleichsforderung aus § 1378 Abs. 1 BGB gegen den anderen Ehegatten hat.

2. Kappungsgrenze des Ausgleichsanspruchs nach § 1378 Abs. 2 BGB

Um dritte Gläubiger des ausgleichspflichtigen Ehegatten zu schützen und auch dem ausgleichspflichtigen Ehegatten selbst einen „schuldenfreien Start in die Zukunft"[155] zu sichern, beschränkt § 1378 Abs. 2 BGB die Höhe der Ausgleichsforderung auf den Wert des vorhandenen Vermögens bei der Beendigung des Güterstands.[156] Die Kappungsgrenze des § 1378 Abs. 2

151 MünchKomm/*Koch*, § 1375, Rn. 56.
152 Staudinger/*Thiele*, § 1376, Rn. 48.
153 MünchKomm/*Koch*, § 1373, Rn. 5.
154 Staudinger/*Thiele*, § 1373, Rn. 4.
155 MünchKomm/*Koch*, § 1378, Rn. 6.
156 MünchKomm/*Koch*, § 1378, Rn. 6, 7; Staudinger/*Thiele*, § 1378, Rn. 7.

S. 1 BGB gilt jedoch im Fall illoyaler Vermögensminderungen im Sinne § 1375 Abs. 2 nicht mehr. Da der ausgleichspflichtige Ehegatte unredlich gehandelt und die Zugewinnausgleichsforderung des anderen Ehegatten zu benachteiligen versucht hat, ist die Kappungsgrenze nach § 1378 Abs. 2 S. 1 BGB gegenüber dem ausgleichsberechtigen Ehegatten nicht mehr gerechtfertigt.[157] Der illoyale Ehegatte soll so behandelt werden, als hätte er sein Vermögen nicht vermindert und als wäre das von ihm weggegebene Vermögen noch in seinem Endvermögen vorhanden.[158] Im Ergebnis erhöht sich die Kappungsgrenze also um den dem Endvermögen hinzuzurechnenden Betrag der illoyalen Vermögensminderung (§ 1378 Abs. 2 S. 2 BGB). Somit muss der ausgleichspflichtige Ehegatte im Fall der illoyalen Vermögensminderung zur Erfüllung der Ausgleichsforderung nicht nur sein bei der Beendigung des Güterstands vorhandenes Aktivvermögen nutzen, sondern sich auch verschulden.[159] Falls das Endvermögen des vermögensmindernden Ehegatten ein Negativsaldo ist, ist die Erhöhung der Kappungsgrenze nicht von Null, sondern von diesem aus zu berechnen.[160] Außerdem ist in den Fällen, in denen die Höhe der Ausgleichsforderung das Aktivvermögen des ausgleichspflichtigen Ehegatten übersteigt, ein Anspruch des Ausgleichsberechtigten gegen Dritte unter den Voraussetzungen des § 1390 BGB möglich.

Im Scheidungsfall ist jedoch zu beachten, dass der Tag der Rechtshängigkeit des Scheidungsantrags nach § 1384 BGB für die Höhe der Ausgleichsforderung ausschlaggebend ist. Somit wird sie nicht durch das bei Rechtskraft der Scheidung vorhandene Vermögen begrenzt. In den Fällen der nach der Rechtshängigkeit des Scheidungsantrags aber vor der Rechtskraft der Scheidung auftretenden Vermögensminderung, die nicht auf einem illoyalen Verhalten des ausgleichspflichtigen Ehegatten beruht, kann es vorkommen, dass sich der ausgleichspflichtige Ehegatte zur Erfüllung der Ausgleichsforderung verschulden muss. Dies widerspricht der Wertung des § 1378 Abs. 2 S. 1 BGB. Als Lösung ist nach der h.M. die Anwendung des § 1381 BGB[161] anzusehen.[162]

---

157 Vgl. Staudinger/*Thiele*, § 1378, Rn. 7.

158 BT-Drucks, 16/13027, S. 11; Staudinger/*Thiele*, § 1378, Rn. 7.

159 MünchKomm/*Koch*, § 1378, Rn. 8; Staudinger/*Thiele*, § 1378, Rn. 7.

160 Staudinger/*Thiele*, § 1378, Rn. 8; *Schwab*, in: *Schwab*, Handbuch des Scheidungsrechts, S. 1843, Rn. 200.

161 Siehe Kap. 2. B. IV. 4.

162 BGH FamRZ 2012, 1479; Staudinger/*Thiele*, § 1378, Rn. 8; *Wellenhofer*, Familienrecht, S. 138, Rn. 30. Nach der Gegenmeinung ist eine telelogische Reduktion des § 1384 BGB im Fall der zufälligen Vermögensminderung durchzuführen, siehe MünchKomm/*Koch*, § 1384, Rn. 5.

3. Anrechnung von Vorausempfängen

Die nach § 1378 BGB berechnete Ausgleichsforderung kann nach § 1380 BGB dadurch vermindert werden, dass Vorausempfänge auf die Ausgleichsforderung anzurechnen sind. Als Vorausempfänge können nur unentgeltliche Zuwendungen zu berücksichtigen sein.[163] Diese Unentgeltlichkeit liegt bei Schenkungen ohne Zweifel vor. Fraglich ist die Unentgeltlichkeit der unbenannten Zuwendung zwischen Ehegatten. Trotz des fortbestehenden Streits über ihre Unentgeltlichkeit kann die unbenannte Zuwendung nach der h.M.[164] unter Berücksichtigung des Normzwecks des § 1380 BGB als Vorausempfang anzusehen sein, denn bei der unbenannten Zuwendung hat der zuwendende Ehegatte die Zuwendung mit dem Ziel „der Anerkennung und des Ausgleichs für familiäre Leistung des anderen Ehegatten“[165] gemacht, und genau dieses Ziel verfolgt die Zuwendung im Sinne des § 1380 BGB. Außerdem muss die Zuwendung während der Zugewinngemeinschaft gemacht werden.[166] Im Scheidungsfall ist auch hier der vorgezogene Zeitpunkt nach § 1384 BGB zu beachten.[167] Darüber hinaus muss die Zuwendung mit der Bestimmung gemacht werden, dass sie auf die Ausgleichsforderung angerechnet werden soll. Die Anrechnungsbestimmung kann sowohl ausdrücklich als auch stillschweigend erfolgen. Bei Letzterem ist die Auslegungsregel des § 1380 Abs. 1 S. 2 BGB zu beachten.[168]

Die rechnerische Vorgehensweise bestimmt § 1380 Abs. 2 BGB. Demnach ist der Wert der Zuwendung dem Zugewinn des Zuwendenden hinzurechnen und aus dem Endvermögen des Zuwendungsempfängers herauszurechnen. Auf dieser Basis ist der hypothetische Zugewinnausgleich zu berechnen, „der sich ohne den Vorausempfang ergeben hätte“.[169] Letztlich ist der Wert der Zuwendung von dieser hypothetischen Ausgleichsforderung abzuziehen. Falls der Zuwendungswert höher als die Ausgleichsforderung ist, greift § 1380 nicht ein.[170] Darüber hinaus kann der Zuwendende bei einer überhöhten Zuwendung

---

163 Staudinger/*Thiele*, § 1380, Rn. 8.

164 BGH FamRZ 1982, 246; BGH FamRZ 2001, 413; MünchKomm/*Koch*, § 1380, Rn. 9; *Schwab* in: *Schwab*, Handbuch des Scheidungsrechts, S. 1845, Rn. 204.

165 BGH FamRZ 2001, 413 (414).

166 Staudinger/*Thiele*, § 1380, Rn. 11.

167 Staudinger/*Thiele*, § 1380, Rn. 11.

168 Staudinger/*Thiele*, § 1380, Rn. 18; *Schwab*, in: *Schwab*, Handbuch des Scheidungsrechts, S. 1846, Rn. 207; andere Ansicht: § 1380 Abs. 1 S. 2 als ergänzender Rechtssatz, siehe MünchKomm/*Koch*, § 1380, Rn. 6.

169 *Wellenhofer*, Familienrecht, S. 141, Rn. 34.

170 MünchKomm/*Koch*, § 1380, Rn. 2.

der Zugewinnausgleichsgläubiger werden. In diesem Fall findet § 1380 BGB keine Anwendung. Der Zuwendende kann einen Zugewinnausgleichsanspruch nach § 1378 Abs. 1 BGB haben.[171]

4. Leistungsverweigerungsrecht des Zugewinnausgleichspflichtigen

Die oben dargestellten Regelungen bieten den Ehegatten eine schematische Rechenmethode für die Ermittlung des Zugewinnausgleichs, die keine „individualisierende Wertung"[172] ermöglicht. Dies kann im Einzelfall zu grober Unbilligkeit führen. Daher sieht der Gesetzgeber § 1381 BGB als Billigkeitskorrektur im Rahmen des Zugewinnausgleichs vor. Dementsprechend kann der ausgleichspflichtige Ehegatte diese Einrede erheben und damit die Leistung auf die Ausgleichsforderung des anderen Ehegatten verweigern.[173] Auch eine Herabsetzung der Ausgleichsforderung ist möglich.[174] Der ausgleichsberechtige Ehegatte kann sich jedoch auf § 1381 BGB nicht berufen. Eine Erhöhung der Ausgleichsforderung ist nach § 1381 BGB nicht möglich.[175] Es ist zu beachten, dass der Zweck des § 1381 BGB ist, unzumutbare Folgen bezüglich des Zugewinnausgleichs im Einzelfall zu vermeiden. Die Unterhalts- und Versorgungslage der Ehegatten ist im Rahmen des § 1381 BGB nicht zu berücksichtigen.[176]

Die Kernaufgabe der Rechtsanwendung ist, den „unbestimmten Rechtsbegriff"[177] der groben Unbilligkeit zu konkretisieren. Dazu muss das Gericht alle relevanten Umstände im Einzelfall abwägen und prüfen, ob ein Ausgleichsanspruch in der vom Gesetz vorgesehenen Art und Weise dem Gerechtigkeitsempfinden in unerträglicher Weise widersprechen würde.[178] Das Gesetz sieht als Beispiel der groben Unbilligkeit nur die dauerhafte Nichterfüllung der wirtschaftlichen Verpflichtungen vor. Es bietet damit die Richtlinie,[179] dass auch im Fall anderer vermögensbezogener Sphären „ein wiederholtes, sich über längere Zeit erstreckendes Fehlverhalten"[180] gefordert

171 MünchKomm/*Koch*, § 1380, Rn. 2.
172 Staudinger/*Thiele*, § 1381, Rn. 1.
173 MünchKomm/*Koch*, § 1381, Rn. 6.
174 *Bergschneider*, in: *Bergschneider*, Familienvermögensrecht, S. 234, Rn. 4.340.
175 MünchKomm/*Koch*, § 1381, Rn. 1; Staudinger/*Thiele*, § 1381, Rn. 3.
176 MünchKomm/*Koch*, § 1381, Rn. 26.
177 Staudinger/*Thiele*, § 1381, Rn. 4.
178 BGH FamRZ 2014, 24 (26).
179 Staudinger/*Thiele*, § 1381, Rn. 6.
180 Staudinger/*Thiele*, § 1381, Rn. 14.

werden soll. Demgegenüber lässt das Gesetz offen und ist in der Literatur streitig, ob schuldhafte Eheverfehlungen im persönlichen Lebensbereich der Ehegatten die Einrede des § 1381 BGB begründen könnten.[181] Nach der h.M. soll die persönliche eheliche Pflichtverletzung im Rahmen des vermögensbezogenen Fehlverhaltens berücksichtigt werden, wenn die persönliche Pflichtwidrigkeit zu einem wirtschaftlichen Fehlhalten führt.[182]

Die oben dargestellten, sich aus den besonderen Umständen des Einzelfalls ergebenden Unbilligkeiten unterscheiden sich wesentlich von den „systemimmanenten Unbilligkeiten"[183], die nur aufgrund der schematischen Anwendung der gesetzlich geregelten Rechenmethode entstehen und „in keinem inneren Zusammenhang mit der ehelichen Lebens- oder Wirtschaftsgemeinschaft stehen"[184]. In einer Entscheidung über Lottogewinn ist der BGH der Meinung, dass die eheneutrale Herkunft des Zugewinns als systemimmanente Unbilligkeit allein mit § 1381 BGB nicht korrigiert werden kann. Ferner müssen weitere Tatumstände hinzutreten.[185] So ist es zu erwarten, dass dieses Kriterium auch für Schmerzensgeld gelten sollte.[186] Die frühe vertretene Meinung[187], dass das Schmerzensgeld, das der ausgleichspflichtige Ehegatte während des ehelichen Zusammenlebens bekam, mit der Korrektur des § 1381 BGB nicht im Endvermögen einzusetzen sein sollte, sollte entsprechend aufgehoben werden.[188] Gleichfalls rechtfertigt eine langzeitige Trennung der Ehegatten allein eine Korrektur durch § 1381 BGB nicht.[189] Ausnahmsweise findet § 1381 BGB nach einem BGH-Urteil im Fall der Vermögenminderung, die nicht auf einem illoyalen Verhalten des ausgleichspflichtigen Ehegatten beruht, aber aufgrund der Vorverlegung des Berechnungszeitpunkts nach § 1384 BGB zu Unbilligkeiten auf der Seite des Schuldners führt, Anwendung.[190] Zwar ist dieser

---

181 MünchKomm/*Koch*, § 1381, Rn. 30.

182 MünchKomm/*Koch*, § 1381, Rn. 30; Staudinger/*Thiele*, § 1381, Rn. 21; *Gernhuber/Coester-Waltjen*, Familienrecht, S. 416, § 36 Rn. 101.

183 MünchKomm/*Koch*, § 1381, Rn. 2.

184 *Wellenhofer*, Familienrecht, S. 138, Rn. 28; siehe auch Staudinger/*Thiele*, § 1381, Rn. 2: „die in der positivrechtlichen Ausgestaltung des Zugewinnausgleichs selbst angelegten Mängel".

185 BGH NJW 2013, 3645.

186 *Herr*, NZFam 2014, 1 (4).

187 AG Hersbruck FamRZ 2002, 1476; vgl. OLG Stuttgart FamRZ 2002, 99; *Slizyk*, Schmerzensgeld, Rn. 483; *Knoop*, NZFam 2016, 54 (55).

188 Vgl. *Herr*, NZFam 2014, 1 (4).

189 BGH NJW 2013, 3645; vgl. BGH FamRZ 2002, 606; Palandt/*Siede*, § 1381, Rn. 19.

190 BGH FamRZ 2012, 1479.

Vermögensverlust eine Folge des „in der positivrechtlichen Ausgestaltung des Zugewinnausgleichs selbst angelegten Mangels“[191], doch ist die Anwendung des § 1381 BGB einer Meinung nach als „Notlösung“[192] hinzunehmen.[193]

C. Vereinbarung über den Zugewinnausgleich

I. Überblick

Nach § 1378 Abs. 3 S. 2 BGB können die Ehegatten für den Fall der Auflösung der Ehe eine Vereinbarung über die Zugewinnausgleichsforderung treffen. Ist die Vereinbarung über die Zugewinnausgleichsforderung in Hinblick auf eine konkrete Ehescheidung während eines auf Auflösung der Ehe gerichteten Verfahrens getroffen, handelt es sich um eine Scheidungsfolgenvereinbarung.[194] In der Literatur wird dies auch als Auseinandersetzungsvereinbarung bezeichnet.[195] Nach der Rechtsprechung des BGH[196] kann eine Vereinbarung dieser Art jedoch auch schon vor der Anhängigkeit eines Eheauflösungsverfahrens geschlossen werden, sofern das Formbedürfnis der Vorschriften eingehalten wird. Neben der Scheidungsfolgenvereinbarung steht den Ehegatten auch das Rechtsinstitut des Ehevertrags zur Verfügung, sodass die Ehegatten auch in einem Ehevertrag (§ 1408 BGB) eine Zugewinnausgleichsabrede in Hinblick auf eine konkrete Ehescheidung treffen können.[197] Der Ehevertrag dieser Art kann als „ehevertragliche Scheidungsvereinbarung“[198] oder als scheidungsbezogener Ehevertrag[199] bezeichnet werden. Davon ist ein gewöhnlicher Ehevertrag, bei dem die Ehegatten keine konkrete Scheidungsabsicht haben und eine vorsorgliche Abrede über den Zugewinnausgleich treffen, zu unterscheiden.

---

191 Staudinger/*Thiele*, § 1381, Rn. 25.

192 Staudinger/*Thiele*, § 1381, Rn. 25

193 Siehe auch *Wellenhofer*, Familienrecht, S. 138, Rn. 30. Nach der Gegenmeinung ist eine telelogische Reduktion des § 1384 BGB im Fall der zufälligen Vermögensminderung durchzuführen, siehe MünchKomm/*Koch*, § 1384, Rn. 5.

194 Vgl. MünchKomm/*Koch*, § 1378 Rn. 27. Im Vergleich zum Terminus der „Scheidungsvereinbarung“ ist der Begriff der „Scheidungsfolgenvereinbarung“ passender, da Regelungsgegenstand nur die Folgen der Scheidung, nicht die Scheidung als solche ist, siehe *Schultz*, Zivilgerichtliche Vertragskontrolle im Eherecht, S. 27.

195 Vgl. MünchKomm/*Koch*, § 1408 Rn. 7.

196 BGH FamRZ 1983, 157.

197 MünchKomm/*Koch*, § 1408 Rn. 8.

198 MünchKomm/*Koch*, § 1378 Rn. 29.

199 Vgl. *Schultz*, Zivilgerichtliche Vertragskontrolle im Eherecht, S. 25.

Bezüglich der Wirkung kommen der scheidungsbezogene und der gewöhnliche Ehevertrag über den Zugewinnausgleich der Scheidungsfolgenvereinbarung über die Zugewinnausgleichsforderung nahe.[200]

Hinsichtlich des Zugewinnausgleichs haben die Ehegatten vielfältige Gestaltungsmöglichkeiten. So können sie den Zugewinnausgleich für den Scheidungsfall gänzlich ausschließen,[201] den Anfangstermin für den Eintritt des Güterstands und den Endtermin für die Berechnung des Zugewinnausgleichsanspruchs[202] sowie die Werte und Bewertung des Anfangs- und des Endvermögens frei bestimmen[203] und Abänderungen der Zugewinnausgleichsforderung selbst, wie die Modalitäten der Erfüllung, vereinbaren.[204] Es lässt sich also festhalten, dass die Gestaltungsmöglichkeiten betreffend den Zugewinnausgleich sehr umfangreich sind. Die Frage, ob eine vermögensrechtliche Abmachung zwischen den Ehegatten eine Zugewinnausgleichsvereinbarung ist, muss für den Einzelfall entschieden werden. Eine Abrede über die Verteilung von Haushaltsgegenständen kann als Vereinbarung des Zugewinnausgleichs zu qualifizieren sein, wenn die Haushaltsgegenstände im Rahmen des Zugewinnausgleichs zu berücksichtigen sind.[205]

Die Vereinbarung über den Zugewinnausgleich muss der gesetzlichen Form entsprechen. Im Fall der Scheidungsfolgenvereinbarung muss sie nach § 1378 Abs. 3 S. 2 BGB entweder notariell beurkundet oder gerichtlich protokolliert werden. Das Formbedürfnis des Rechtsgeschäfts hat den Zweck, den ausgleichberechtigten Ehegatten vor unbedachten Verfügungen über seine Zugewinnausgleichsforderung zu schützen.[206] Nach der Beendigung des Güterstands kann eine Vereinbarung über den Zugewinnausgleich jedoch formlos getroffen werden.[207] Außerdem kann die Vereinbarung über den Zugewinnausgleich in einem Ehevertrag getroffen werden. Das Formerfordernis des Ehevertrags ist schärfer. Nach § 1410 BGB muss der Ehevertrag bei gleichzeitiger Anwesenheit beider Teile zur Niederschrift eines Notars geschlossen

---

200 Vgl. BGH FamRZ 1983, 157; MünchKomm/*Koch*, § 1378 Rn. 29.
201 *Maier*, Vertragliche Modifikationen der Zugewinngemeinschaft, S. 251 ff.
202 *Maier*, Vertragliche Modifikationen der Zugewinngemeinschaft, S. 262 ff.
203 *Maier*, Vertragliche Modifikationen der Zugewinngemeinschaft, S. 268 ff.
204 *Maier*, Vertragliche Modifikationen der Zugewinngemeinschaft, S. 280 ff.
205 MünchKomm/*Koch*, § 1378, Rn. 28.
206 MünchKomm/*Koch*, § 1378, Rn. 27.
207 *Bergschneider*, in: *Bergschneider*, Familienvermögensrecht, S. 395.

werden. Das Familienrecht lässt vor der Beendigung der Zugewinngemeinschaft keine formlose Vereinbarung über den Zugewinnausgleich zu.

II. Wirksamkeitsvoraussetzungen der Vereinbarung

Als Rechtsgeschäft unterliegt die Vereinbarung über den Zugewinnausgleich den Wirksamkeitsvoraussetzungen des bürgerlichen Rechts, also den allgemeinen Vorschriften über Willenserklärungen, Rechtsgeschäfte und Verträge.[208] Die Vereinbarung ist mit zwei korrespondierenden Willenserklärungen der Ehegatten zu schließen. Außerdem müssen beide Ehegatten geschäftsfähig sein. Wenn ein Ehegatte beschränkt geschäftsfähig ist, darf er nur mit der Zustimmung seines gesetzlichen Vertreters die Vereinbarung schließen.[209] Für einen geschäftsunfähigen Ehegatten schließt der gesetzliche Vertreter die Vereinbarung.[210] Ein Ehevertrag mit Bedingung oder Befristung ist zulässig.[211]

1. Anfechtungsgrund der Vereinbarung

Das Gesetz sieht keine speziellen Anfechtungsgründe für die Zugewinnausgleichsvereinbarung vor. Sie ist nach den §§ 119 ff. BGB anfechtbar. Wegen der Mitwirkung von Anwälten, Notaren und Richtern kommen die Anfechtungstatbestände des § 119 Abs. 1 BGB, Erklärungs- und Inhaltsirrtum, in der Praxis nur selten vor.[212] Ein möglicher Fall des Irrtums ist, dass der Notar vor oder während der Beurkundung nicht auf die weitreichenden Folgen eines Verzichts auf den Versorgungsausgleich hingewiesen hat.[213] Eine Anfechtbarkeit wegen arglistiger Täuschung kann in Betracht kommen, wenn ein Ehegatte den anderen Ehegatten über einen Suizidversuch getäuscht hat und aufgrund dessen der andere Ehegatte einen für ihn nachteiligen Ehevertrag geschlossen hat.[214] Ging ein Ehegatte fahrlässig davon aus, dass der andere Ehegatte von den nicht offenbarten Umständen ohnehin selbst Kenntnis hatte, wird eine arglistige Täuschung nicht begründet.[215]

---

208 Vgl. Staudinger/*Thiele*, § 1408, Rn. 29.

209 *Bergschneider*, in: *Bergschneider*, Familienvermögensrecht, S. 397.

210 Staudinger/*Thiele*, § 1408, Rn. 29.

211 Staudinger/*Thiele*, § 1408, Rn. 29.

212 *Wamser*, in: *Göppinger/Rakete-Dombek*, Vereinbarungen anlässlich der Ehescheidung, 1. Teil, Rn. 61; *Pfeil*, NZFam 2020, 660 (661).

213 OLG Hamm FamRZ 2000, 830 ff.

214 Vgl. BGH FamRZ 1996, 605.

215 BGH NJW 2017, 1946 (1950).

Bezüglich einer widerrechtlichen Drohung müssen eine Drohung von einem der Ehegatten, Kausalität zwischen der Drohung und der Willenserklärung des anderen Ehegatten sowie die Widerrechtlichkeit der Handlung gegeben sein. Im Bereich der Zugewinnausgleichsvereinbarung können eine Strafanzeige, eine Anzeige an das Finanzamt oder Kindesentziehung durch einen Ehegatten eine widerrechtliche Drohung begründen.[216]

2. *Inhaltskontrolle der Vereinbarung*

a) *Allgemeines*

Eine wirksame Vereinbarung über den Zugewinnausgleich darf nicht gegen ein gesetzliches Verbot nach § 134 BGB oder die guten Sitten nach § 138 BGB verstoßen. Vor der Entwicklung des Rechtsinstituts der Inhaltskontrolle über den Ehevertrag bezog sich die Unwirksamkeit der Vereinbarung nach § 138 BGB in der Praxis meistens auf die Kommerzialisierung der Scheidung, steuerlich unkorrekte Gestaltungen, den Gesamtverzicht der Ansprüche im Rahmen des Scheidungsfolgenrechts usw.[217] Weitreichende ehevertragliche Vereinbarungen hatte der BGH sogar dann akzeptiert, wenn sie einen der Ehegatten deutlich benachteiligten.[218] Dies änderte sich nach zwei Entscheidungen des BVerfG[219] im Jahr 2001.[220] Das BVerfG hat klargestellt, dass es Aufgabe der Gerichte sei, in Fällen gestörter Vertragsparität über die zivilrechtlichen Generalklauseln zur Wahrung beeinträchtigter Grundrechtspositionen eines Ehevertragspartners den Inhalt des Ehevertrages einer Kontrolle zu unterziehen und gegebenenfalls zu korrigieren.[221] Dadurch hat das BVerfG seine Rechtsprechung zu den materiellen Voraussetzungen und Grenzen der Vertragsfreiheit auf Eheverträge übertragen.[222] Der Grundsatz der Vertragsfreiheit steht am Ausgangspunkt, aber er funktioniert nur, wenn beide Parteien die Möglichkeit haben, ihre Interessen geltend zu machen.[223]

---

216 *Wamser*, in: *Göppinger/Rakete-Dombek*, Vereinbarungen anlässlich der Ehescheidung, 1. Teil, Rn. 64.

217 *Bergschneider*, Verträge in Familiensachen, S. 60 ff.

218 *Wellenhofer*, Familienrecht, S. 96, Rn. 10.

219 BVerfG FamRZ 2001, 343; BVerfG FamRZ 2001, 985.

220 *Schwab*, in: *Schwab*, Handbuch des Scheidungsrechts, S. 1913, Rn. 364.

221 BVerfG FamRZ 2001, 343 (346).

222 *Schwab*, in: *Schwab*, Handbuch des Scheidungsrechts, S. 1913, Rn. 364.

223 *Wellenhofer*, Familienrecht, S. 96, Rn. 11.

Hieran anknüpfend hat der BGH die Wirksamkeitskontrolle nach § 138 BGB und die Ausübungskontrolle nach § 242 BGB im Rahmen der Kernbereichslehre entwickelt.[224] Bei der Wirksamkeitskontrolle ist zuerst auf der objektiven Seite zu prüfen, ob man schon im Zeitpunkt des Zustandekommens der Vereinbarung erkennen kann, dass die Vereinbarung „eine evident einseitige Lastenverteilung" mit sich bringt.[225] Der BGH hat mithilfe der Wertigkeit der Scheidungsfolgenrechts,[226] dem sogenannten „Kernbereich der Scheidungsfolgen", die Maßstäbe für die Unzumutbarkeit einer einseitigen Lastenverteilung konkretisiert.[227] Je unmittelbarer die vertragliche Abmachung gesetzlicher Regelungen in den Kernbereich eingreift, desto schwerer wiegen die Belastungen, die die vertragliche Abweichung von der gesetzlichen Regelung erzeugt.[228] Außerdem sind auf der subjektiven Seite die Zwecke und die sonstigen Beweggründe, die die Ehegatten zum Vertragsschluss führen, zu berücksichtigen.[229] Diese subjektiven Elemente sollen eine auf ungleichen Verhandlungspositionen basierende einseitige Dominanz eines Ehegatten widerspiegeln und zu einer Störung der subjektiven Vertragsparität führen.[230] Allein das Ansinnen eines Ehegatten, eine Ehe unter der Bedingung eines Ehevertrags eingehen oder fortsetzen zu wollen, rechtfertigt noch keine Annahme der gestörten Vertragsparität.[231] Es ist zu beachten, dass der objektiv unausgewogene Vertragsinhalt allein nicht reicht, um Sittenwidrigkeit zu bejahen. Für die Annahme der Sittenwidrigkeit muss eine subjektive Imparität gegeben sein.[232] Hält der Ehevertrag der Wirksamkeitskontrolle nicht stand, führt dies zu Gesamtnichtigkeit oder Teilnichtigkeit des Ehevertrags; an seine Stelle treten die gesetzlichen Regelungen.[233]

Besteht der Ehevertrag hingegen die richterliche Wirksamkeitskontrolle, erfolgt sodann eine Ausübungskontrolle. Es ist zu prüfen, ob sich im Zeitpunkt des Scheiterns der Lebensgemeinschaft aus dem vereinbarten Ausschluss der

---

224 BGH FamRZ 2004, 601.
225 BGH FamRZ 2004, 601 (606).
226 Staudinger/*Thiele*, Vorbem zu §§ 1408 ff., Rn. 17.
227 BGH FamRZ 2004, 601 (606).
228 Staudinger/*Thiele*, Vorbem zu §§ 1408 ff., Rn. 17.
229 BGH FamRZ 2004, 601 (606).
230 BGH NJW 2014, 1101 (1105).
231 BGH NJW 2014, 1101 (1105); BGH NZFam 2018, 267 (270).
232 BGH FamRZ 2004, 60 (606); BGH NZFam 2018, 267 (269); BGH NJW 2019, 2020 (2023).
233 BGH FamRZ 2004, 601 (606).

gesetzlichen Scheidungsfolgen eine evident einseitige Lastenverteilung ergibt, die für den belasteten Ehegatten auch bei angemessener Berücksichtigung der Belange des anderen Ehegatten und seines Vertrauens in die Geltung der getroffenen Abrede sowie bei verständiger Würdigung des Wesens der Ehe unzumutbar hinzunehmen ist.[234] Wie bei der Wirksamkeitskontrolle ist die Rangstufung der Ehescheidungsfolgen auch hier von Bedeutung.[235] Hält der Ehevertrag der Ausübungskontrolle nicht stand, führt dies nicht zur Unwirksamkeit des Ehevertrags, sondern dazu, dass das Gericht eine Anpassung des Ehevertrags gemäß § 242 BGB anordnen soll. Nur ehebedingte Nachteile sind auszugleichen.[236]

Die Wirksamkeits- und Ausübungskontrolle findet nicht nur bei Eheverträgen, sondern auch bei Scheidungsvereinbarungen Anwendung.[237] Allerdings ist zu berücksichtigen, „dass bei Abschluss eines Krisen-Ehevertrags eher damit gerechnet werden muss, dass dessen belastende Regelungen in dem nunmehr tatsächlich drohenden Fall des Scheiterns der Ehe zum Tragen kommen können."[238] Daraus können sich unterschiedliche Schlussfolgerungen herleiten[239]: Nach der Ansicht von *Bergschneider* seien der „Krisen-Vertrag" und die Scheidungsvereinbarung schwerer anzugreifen als ein Ehevertrag in einer intakten Ehe und hätten eine höhere Bestandskraft,[240] während *Braeuer* meint, dass ein Verzicht auf einen entstandenen Zugewinn gegen Ende der Ehe nicht mehr uneingeschränkt möglich sei.[241] Darüber hinaus hat der BGH hinsichtlich der Ausübungskontrolle über eine Scheidungsvereinbarung klargestellt, dass die Ausübungskontrolle im Fall des Zusammenfallens des Zeitpunkts des Vertragsschlusses und des Scheiterns der Ehe in der Regel ausgeschlossen ist.[242]

b) Sonderproblem beim Zugewinnausgleich

Bezüglich einer Abmachung über den Zugewinnausgleich sind noch folgende Punkte im Rahmen der Inhalts- und Ausübungskontrolle zu beachten.

---

234 BGH FamRZ 2004, 601 (606).

235 Staudinger/*Thiele*, Vorbem zu §§ 1408 ff., Rn. 24.

236 BGH FamRZ 2013, 770 (772); BGH NZFam 2020, 772 (778).

237 OLG Celle FamRZ 2004, 1969 (1969); BGH NJW 2014, 1101 (1105).

238 BGH NJW 2014, 1101 (1105); vgl. OLG Stuttgart Beschl. v. 5.9.2019 – 17 UF 54/18, BeckRS 2019, 45645.

239 *Münch*, in: *Bayer/Koch*, Scheidungsvereinbarungen, S. 70.

240 *Bergschneider,* FamRZ 2014, 727 (727).

241 *Braeuer,* NZFam 2014, 450 (458).

242 BGH NZFam 2020, 772 (776).

Der Zugewinnausgleich liegt nach der Rechtsprechung des BGH außerhalb des Kernbereiches des Scheidungsfolgenrechts bzw. er befindet sich auf der niedrigsten Stufe.[243] Das Gesetz sieht den Wahlgüterstand der Gütertrennung ausdrücklich vor, somit zeigt sich eine nachrangige Bedeutung des Zugewinnausgleichs im System des Scheidungsfolgenrechts.[244] Die Vereinbarung der Gütertrennung ermöglicht den Ehegatten, nach eigenem Ehebild die Vermögensverhältnisse zu regeln.[245] Sie widerspricht dem Grundsatz der Gleichwertigkeit der Haushaltsführung und der Erwerbstätigkeit nicht.[246]

Im Rahmen der Inhaltskontrolle kann die in gleichen Verhandlungspositionen getroffene Zugewinnausgleichsvereinbarung der Ehegatten nicht zur Sittenwidrigkeit führen.[247] Dies gilt auch für Unternehmerehen, in denen Gütertrennung vereinbart wird und der erwerbstätige Ehegatte keine nennenswerten Versorgungsanrechte, sondern an ihrer Stelle Privatvermögen erworben hat, sodass der haushaltsführende Ehegatte im Scheidungsfall keinen Versorgungsausgleich erlangen kann.[248] Hierbei hat der BGH ein überwiegendes legitimes Interesse des erwerbstätigen Ehegatten anerkannt, so dass auf seinen selbständigen Erwerbsbetrieb von dem anderen Ehegatten im Scheidungsfall nicht existenzbedrohend zugegriffen wird.[249] Allerdings muss beachtet werden, dass eine subjektive Imparität trotz des Unternehmensschutzes vom Gericht anerkannt werden kann.[250] Soweit bei einem Unternehmerehevertrag eine Störung der subjektiven Vertragsparität gegeben ist, kann der Ehevertrag in der Gesamtschau als nichtig betrachtet werden. Somit wird die Vereinbarung über den Zugewinnausgleich nichtig sein.[251]

Auch der Ausübungskontrolle kann eine Zugewinnausgleichsvereinbarung grundsätzlich standhalten.[252] Da die Kernbereichsferne des Zugewinnausgleichs

---

243 BGH NZFam 2018, 267 (268); BGH NJW 2017, 1883 (1885); BGH NJW 2013, 457 (458); BGH FamRZ 2004, 601 (605).

244 BGH NZFam 2018, 267 (268); BGH NJW 2017, 1883 (1885); BGH NJW 2013, 457 (458).

245 BGH NJW 2013, 457 (459).

246 Vgl. BVerfG NJW 2011, 836 (837).

247 BGH NJW 2017, 1883 (1885).

248 BGH NJW 2017, 1883 (1885).

249 BGH NJW 2017, 1883 (1885).

250 *Reetz*, DNotZ 2017, 809 (921). Nach einer Meinung soll im Fall einer evident einseitigen Lastenverteilung die gestörte Vertragsparität generell vermutet werden, siehe *Wellenhofer*, NZFam 2020, 229.

251 BGH NJW 2017, 1883.

252 BGH NJW 2013, 457 (461).

auch bei der Ausübungskontrolle gilt und der Zugewinnausgleich systemgerecht vom Versorgungsausgleich getrennt ist und isoliert betrachtet wird, kann sich die Berufung eines Ehegatten auf eine wirksam vereinbarte Gütertrennung nur unter engen Voraussetzungen als rechtsmissbräuchlich erweisen.[253] Allerdings hat der BGH gleichzeitig mehrmals angedeutet, dass in solchen Fällen, in denen die ehebedingten Nachteile des haushaltsführenden Ehegatten beim Aufbau von Versorgungsvermögen nicht kompensiert werden, weil sein erwerbstätiger Ehegatte kein nennenswerten Versorgungsanrechte erworben, sondern die Altersvorsorge bei vereinbarter Gütertrennung allein auf die Bildung von dem in den Zugewinnausgleich einzubeziehenden Privatvermögen gerichtet hat,[254] eine Funktionsäquivalenz von Versorgungs- und Zugewinnausgleich bestehen kann. Um die versorgungsrechtlichen Nachteile des Haushaltsführenden Ehegatten zu kompensieren, kann ein Hinübergreifen auf das Zugewinnausgleichssystem im Rahmen der Ausübungskontrolle in Betracht gezogen werden.[255] Der Zugriff auf das dem Zugewinnausgleich unterliegende Vermögen des anderen Ehegatten ist sowohl durch die Höhe des Versorgungsnachteils als auch durch die Höhe des gesetzlichen Zugewinnausgleichsanspruchs beschränkt.[256] Bisher hat der BGH jedoch noch in keiner Entscheidung ein Hinübergreifen auf den Zugewinnausgleich als Rechtsfolge der Funktionsäquivalenz durch die Ausübungskontrolle zugesprochen.[257]

253 Vgl. BGH NJW 2013, 457 (461).
254 BGH NJW 2015, 52 (54).
255 BGH NJW 2015, 52 (54).
256 BGH NJW 2015, 52 (55).
257 Vgl. BGH NJW 2018, 2871; BGH NZFam 2020, 772.

Kapitel 3: Vermögensauseinandersetzung in China

A. Grundlagen des chinesischen Eherechts

I. Überblick über die rechtsgeschichtliche Entwicklung des Eherechts

Im Laufe des letzten Jahrhunderts hat sich die chinesische Gesellschaft enorm gewandelt. Die Familie als eine Zelle der Gesellschaft hat mit der gesellschaftlichen Veränderung Schritt gehalten. Daher hat das Ehe- und Familienrecht in China tiefgreifende Veränderungen erlebt.[1] Die Geschichte des Eherechts kann in drei Phasen unterteilt werden: Das traditionelle chinesische Eherecht bis zum Ende der Qing-Dynastie, das Eherecht von der Xinhai-Revolution bis zur Begründung der Volksrepublik China und das Eherecht in der Volksrepublik China.[2] Die Gesamtentwicklung darzustellen, wäre sehr umfangreich. Dieser Abschnitt gibt daher nur einen Überblick über die Gesetzgebung und die herausragenden Merkmale des Eherechts in jeder Phase.

1. *Das traditionelle chinesische Eherecht bis zum Ende der Qing-Dynastie*

Die chinesische Kaiserzeit begann mit der Qin-Dynastie (221 v. Chr. – 205 v. Chr.) und endete mit der Qing-Dynastie (1644 n. Chr. – 1911 n. Chr.).[3] Über mehr als 2000 Jahre waren die chinesischen Reiche politisch relativ stabil und die staatliche Ordnung hatte sich gefestigt. Das hatte zur Folge, dass sich das Rechtssystem im alten China ohne große Einflüsse von ausländischen Staaten entwickelt hatte.[4]

Schon in der Qin-Dynastie gab es Kodifikationen. In jeder nachfolgenden Dynastie waren entsprechende Kodizes erlassen worden.[5] Straf- und

1 *Pißler/Zhu*, Chinesisches Zivil- und Wirtschaftsrecht, S. 271.

2 *Yang (Hrsg.)/Yang*, Familienrecht, S. 8 ff.

3 Außer der Qin-Dynastie am Anfang und der Qing-Dynastie am Ende gibt es noch die Han-Dynastie (206 v. Chr. – 220 n. Chr.), die Sui-Dynastie (581–618), die Tang-Dynastie (618–907), die Song-Dynastie (960–1279), die Yuan-Dynastie (1279–1368) und die Ming-Dynastie (1368–1644), siehe *Eberl-Borges*, Einführung in das chinesische Recht, S. 33 ff.

4 *Eberl-Borges*, Einführung in das chinesische Recht, S. 50.

5 *Eberl-Borges*, Einführung in das chinesische Recht, S. 49.

Verwaltungsrecht beherrschte die Kodizes, während Zivilrecht nur eine geringe Rolle spielte.[6] Der Kodex regelte stets nur die mit dem Strafrecht zusammenhängenden Aspekte der zivilrechtlichen Angelegenheiten. Eherecht als zivilrechtliche Sache stand am Rande des jeweiligen Kodexes, beispielsweise in *Qinjian* (秦简, das Recht der Qin-Dynastie, circa 221 v. Chr. – 207 v. Chr.), in dem Abschnitt *Hulv* (户律) von *Jiuzhanglv* (九章律, das Recht der Han-Dynastie, circa 202 v. Chr. – 220 n. Chr.), in dem Abschnitt *Huhun* (户婚) von *Yonghuilv* (永辉律, das Recht der Tang-Dynastie, circa 618 n. Chr. – 907 n. Chr.) usw. Die meisten Regelungen zivilrechtlicher Natur über das Eherecht existierten in der Form konfuzianischer Sittenregeln.[7] Hier könnte man sich einer Meinung anschließen, dass das Zivilrecht im traditionellen chinesischen Rechtssystem vor diesem Hintergrund kein selbständiges Rechtsgebiet sei.[8] So hält *Heuser* fest: „Die alten Sittenregeln sind zur Herbeiführung gesellschaftlicher Ordnung bevorzugt anzuwenden, während das Gesetz als eine hilfsweise Sanktion, als sekundäres Durchsetzungsmittel der Sittenregeln gilt."[9]

Die Lehre des Konfuzianismus war vom „Ritual" (*li*, 礼) geprägt. Das Ritual hatte eine überaus wichtige Rolle; man bezeichnete China deshalb auch als das Land des Rituals.[10] Das Ritual festigte einerseits die verschiedenen gesellschaftlichen und politischen Ordnungen und ordnete andererseits die Beziehungen zwischen dem Einzelnen und der Gesellschaft sowie die Beziehungen zwischen den einzelnen Menschen untereinander.[11] Nach den drei Grundregeln hatten der Höfling gegenüber dem Monarch, der Sohn gegenüber dem Vater und die Ehefrau gegenüber dem Ehemann Gehorsamspflichten (*sangang*, 三纲). In der Großfamilie wurde das patriarchalische Sippensystem angewendet. Nur eine Vermögensmasse, also das Familienvermögen, existierte und das Ehepaar hatte kein selbständiges Vermögen für die Kernfamilie zur Verfügung. Nach dem Eheschluss war die Ehefrau ein Mitglied der Familie des Mannes geworden und verlor daher ihre selbständige Persönlichkeit in wirtschaftlicher Hinsicht. Das Vermögen, das von der Ehefrau mitgebracht wurde, ging in das Vermögen der Familie des Ehemanns über, sofern diese Mitgift nicht nur für den persönlichen

6 *Eberl-Borges*, Einführung in das chinesische Recht, S. 50.
7 *Yang (Hrsg.)/Yang*, Familienrecht, S. 9 ff.
8 *Xie*, Ausgewählte rechtliche Werke, S. 369. Nach einer anderen Meinung gab es auch im traditionellen China bürgerliches Recht, vgl. *Mi*, Studies in Soviet Thought 1989, 55 (67).
9 *Heuser*, JZ 1988, 893 (894)
10 *Ma*, JPU 2001, 60 (60).
11 *Mi*, Studies in Soviet Thought, 55 (56 ff.).

Gebrauch gedacht war, wie z.B. Kleidung oder Schmuck. Bei Scheidung hatte die Ehefrau keinen Anspruch auf das Familienvermögen der Großfamilie. Man kann daher sagen, dass ein Güterstand in diesem alten chinesischen Recht nicht erforderlich war.[12]

2. *Das Eherecht von der Xinhai-Revolution bis zur Begründung der Volksrepublik China*

a) *CBGB von der Nationalregierung in Nanjing*

Das Kaiserreich wurde durch die Xinhai-Revolution 1911 beendet. Die Republik China wurde begründet und die Kodifikation nach dem Vorbild des kontinentaleuropäischen Rechtssystems, die schon vor dem Untergang der Qing-Dynastie begonnen wurde, wurde fortgesetzt. Im Jahr 1907 war eine Kodifikationskommission mit der Aufgabe gegründet worden, ein Bürgerliches Gesetzbuch auszuarbeiten. Im Jahr 1911 wurde ein „Entwurf eines Zivilgesetzbuches der Qing-Dynastie" fertiggestellt.[13] Im Jahr 1912 wurde dann eine neue Kodifikationskommission gegründet. Sie beschäftigte sich mit der Verbesserung des kaiserlichen Entwurfs sowie mit der Untersuchung der Sitte in China.[14] Im Jahr 1925 wurde der zweite Entwurf veröffentlicht. Jedoch trat er aus innenpolitischen Gründen nicht in Kraft.[15] Im Jahr 1931 wurde das ganze Bürgerliche Gesetzbuch als das erste Bürgerliche Gesetzbuch in der chinesischen Geschichte (CBGB) bekanntgemacht und in Kraft gesetzt.[16]

Das CBGB hatte das Pandekten-System übernommen und bestand aus fünf Büchern.[17] Es umfasste 1225 Paragraphen. Das Familienrecht befand sich im vierten Buch (von §§ 967 bis 1137). Jedoch wurde dieses Gesetzbuch damals nicht zum „lebendigen" Recht. Es blieb aus vielfältigen Gründen „Papierrecht".[18] Nach dem Bürgerkrieg (1949) hatte sich die Regierung in Nanjing nach Taiwan abgesetzt. Das CBGB ist heute das Gesetzbuch in Taiwan.[19]

---

12 *Dai/Dai*, Familienrecht und Güterstand, S. 124.

13 *Shao*, JZ 1999, 80 (80).

14 *Shao*, JZ 1999, 80 (81).

15 *Shao*, JZ 1999, 80 (81).

16 *Shao*, JZ 1999, 80 (81).

17 *Shao*, JZ 1999, 80 (81).

18 *Shao*, JZ 1999, 80 (81).

19 Der Gesetzgeber in Taiwan hat seitdem viele Änderungen am CBGB vorgenommen. Siehe https://law.moj.gov.tw/LawClass/LawHistory.aspx?pcode=B0000001 (abgerufen am 05.11.2021).

Bezüglich des Güterrechts umfasste das CBGB 1931 von §§ 1004 bis 1048 insgesamt 45 Paragraphen. Nach § 1005 CBGB galt der gesetzliche Güterstand, also Güterverbindung, als der Güterstand während der Ehe, wenn die Ehegatten keinen anderen Güterstand vereinbart hatten. Drei Wahlgüterstände standen den Ehegatten zur Verfügung: Gütergemeinschaft (§§ 1031 bis 1041), Gütereinheit (§§ 1042 und 1043) und Gütertrennung (§§ 1044 bis 1048). Bei der Güterverbindung hatte jeder Ehegatte Sondervermögen (§ 1013). Die Güterverbindung änderte das Recht jedes Ehegatten an dem Sondervermögen nicht.[20] Mit Ausnahme des Sondervermögens der Ehefrau flossen alle anderen Vermögen des Ehemanns und der Ehefrau in das eheliche Vermögen (§ 1016). Das von der Ehefrau eingebrachte eheliche Vermögen sowie voreheliches Vermögen und Erbschaften und Geschenke an die Ehefrau gehörten der Ehefrau (§ 1017 Abs. 1). Mit Ausnahme des Vermögens im Sinne des § 1017 Abs. 1 gehörte jedwedes weitere eheliche Vermögen dem Ehemann (§ 1017 Abs. 2). An sämtlichem ehelichem Vermögen hatte der Ehemann ein Verwaltungsrecht (§ 1018). Bei Scheidung hatte die Ehefrau einen Anspruch auf Herausgabe des Vermögens im Sinne des § 1017 Abs. 1 (§ 1030). Man kann somit sagen, dass das Herrschaftsrecht des Ehemanns am ehelichen Vermögen ein wichtiges Kennzeichen der Güterverbindung war.[21]

b) EheG (1934) der kommunistischen Regierung in Jiangxi

Die Nationalregierung in Nanjing hatte nie ganz China wirksam kontrollieren können.[22] In manchen Gebieten herrschte die kommunistische Partei, und im Jahr 1931 wurde die kommunistische Regierung in Jiangxi begründet. Die kommunistische Partei versuchte, die ganze Gesellschaft einschließlich der alten Familienstruktur zu reformieren. Daher wurden 1931 die Ehebestimmung und 1934 das Ehegesetz fertiggestellt und verkündet.[23] Die Ehebestimmung hatte 23 Paragraphen, das Ehegesetz hatte nur 21 Paragraphen. Diese zwei Gesetze waren inhaltlich nahezu identisch. Im Vergleich mit dem CBGB benutzte die kommunistische Gesetzgebung einfache Sprache und die Regelungen waren

---

20 *Dai/Dai*, Familienrecht und Güterstand, S. 127.

21 *Li*, Die Vervollkommnung des chinesischen ehelichen Güterrechts, S. 11.

22 *Shao*, JZ 1999, 80 (85).

23 Daneben erließ die kommunistische Regierung auch einige lokale Eheregeln in einzelnen Gebieten, wie die Eheregeln von Shangganning im Jahr 1939, die Eheregeln von Jinjiluyu im Jahr 1942, die Eheregeln von Jinchaji im Jahr 1943 usw., vgl. *Li*, Die Vervollkommnung des chinesischen ehelichen Güterrechts, S.11 ff.

sehr knapp. Der Gesetzgeber hatte nicht intendiert, ein detailliertes Gesetz zu erlassen, sondern absichtlich bezweckt, Spielraum für die Gerichte anzubieten.[24]

Das EheG 1934 unterstützte die Emanzipation der Frau in der traditionellen Familie. Aufgrund der von der konfuzianischen „Tugend" jahrhundertelangen ausgeübten Unterdrückung waren die Frauen bildungslos und unwissend.[25] Diese schwache Position der Frau wurde besonders berücksichtigt.[26] Nach § 13 EheG 1934, der im vierten Abschnitt „Vermögensauseinandersetzung bei Scheidung" stand, trug der Ehemann die familienrechtlichen Schulden. Außerdem sollte das Vermögen, das durch Arbeit von beiden Ehegatten erwirtschaftet wurde, zwischen beiden Ehegatten gleich verteilt werden. Nach § 15 EheG 1934 sollte der Ehemann der Ehefrau weiterhelfen, wenn die Ehefrau nicht wieder geheiratet hatte, arbeitslos war, keine Beschäftigung hatte und daher ihre wirtschaftliche Existenz nicht aufrechterhalten konnte. Umgekehrt konnte der Ehemann diese Hilfe von der Ehefrau nicht verlangen, wenn der Ehemann in dieser schwierigen Lage war. Das EheG 1934 ist für die spätere Entwicklung der Ehegesetzgebung in der Volksrepublik China bedeutungsvoll.

3. *Das Eherecht in der Volksrepublik China*

a) *Das EheG 1950*

Nach dem dreijährigen Bürgerkrieg (1946–1949) hatte sich die Regierung in Nanjing nach Taiwan abgesetzt. Die kommunistische Partei herrschte in den meisten Teilen Festlandchinas. Daher wurde die Volksrepublik China im Jahr 1949 konstituiert. Die neue Regierung hatte alle von der damaligen Regierung in Nanjing verkündeten Gesetze einschließlich des CBGB aufgehoben.[27] Aufgrund der Wichtigkeit der Familie in der chinesischen Gesellschaft wurde das Ehegesetz als das erste privatrechtliche Gesetz in der Volksrepublik China im Jahr 1950 bekanntgemacht und in Kraft gesetzt.

Laut *Bünger* ist „der Name des ‚Ehegesetzes' insofern irreführend, als es außer Vorschriften über die Eheschließung, Scheidung und das Verhältnis der Ehegatten auch solche über die Stellung der Kinder – und zwar auch der unehelichen Kinder – enthält".[28] Die Vorschriften über Vormundschaft und Verwandtschaft hatten jedoch keinen Platz im EheG 1950. Deshalb sollte

---

24 *Bünger*, ZAIP, 112 (119).
25 *Scheerer*, VRÜ 1980, 429 (429).
26 *Li*, Die Vervollkommnung des chinesischen ehelichen Güterrechts, S. 12
27 *Bünger*, ZAIP, 112 (112).
28 *Bünger*, ZAIP, 112 (112).

der Name „Familienrecht“ vermieden werden.[29] Dieses EheG hatte große Ähnlichkeit mit dem Ehegesetz der kommunistischen Regierung in Jiangxi. Es benutzte ebenso einfache Sprache und war sehr knapp und abstrakt gehalten. Es war in acht Abschnitte untergliedert und hatte nur 27 Paragraphen.

Laut traditionellen Gedanken sollte die eheliche Lebensgemeinschaft eine Vermögensgemeinschaft sein. Daher war die Gütergemeinschaft als gesetzlicher Güterstand festgelegt.[30] Nach § 10 EheG 1950 hatten beide Ehegatten gleiches Eigentums- und Verfügungsrecht am Familienvermögen. Dies unterschied sich grundlegend von der Güterverbindung im CBGB 1931, die nur das Eigentums- und Verwaltungsrecht des Ehemanns anerkannte.[31] Das EheG 1950 sah den Umfang des Familienvermögens nicht vor.[32] In der Literatur herrschte die Meinung, dass alles familiäre Vermögen als gemeinsames Vermögen beider Ehegatten betrachtet werden sollte.[33] Demgegenüber hatte das CBGB bei der Güterverbindung Sondervermögen vorgesehen; das Sondervermögen der Ehefrau war nicht in das eheliche Vermögen geflossen.[34] Im siebten Abschnitt des EheG 1950 „Vermögen und Leben nach Scheidung“ wurden die Fragen über Vermögensauseinandersetzung, Verteilung der Schulden zwischen Ehegatten und die Institution der wirtschaftlichen Hilfe geregelt. Nach § 23 EheG 1950 war das voreheliche Vermögen der Ehefrau auch Familienvermögen, aber bei Scheidung wurde dieses Vermögen nicht zwischen beiden Ehegatten geteilt.[35] Die Vermögensauseinandersetzung erfolgte zuerst nach der Vereinbarung der Ehegatten. Kam keine Vereinbarung zustande, so beurteilte das Volksgericht nach dem Prinzip des konkreten Falls, unter Berücksichtigung der Interessen der Frau und des Kindes und der Begünstigung der Produktion. Das Prinzip zugunsten der Produktion erforderte, die Arbeitsmittel und Werkzeuge zu schützen und nicht einfach zu verkaufen. Damit nahm das Volksgericht Rücksicht auf die Beibehaltung der ursprünglichen Funktion der Produktionsmittel in der Familie.[36] Bezüglich der Schulden regelte § 24 EheG 1950, dass die durch das Zusammenleben verursachten Schulden mit dem Familienvermögen zu tilgen

---

29 *Bünger*, ZAIP, 112 (113).

30 *Eberl/Su/Wang*, ZVglRWiss 2007, 158 (161).

31 Siehe Kap. 3. A. I. 2. a.).

32 *Bünger*, ZAIP, 112 (116).

33 *Eberl/Su/Wang*, ZVglRWiss 2007, 158 (162); *Li*, Die Vervollkommnung des chinesischen ehelichen Güterrechts, S. 12 ff.

34 Siehe Kap. 3. A. I. 2. a.).

35 *Bünger*, ZAIP, 112 (116).

36 *Li*, Die Vervollkommnung des chinesischen ehelichen Güterrechts, S. 13.

sein sollten. Jedoch haftete nur der Ehemann, wenn das Familienvermögen für die Tilgung der Schulden nicht ausreichte.

b) Das EheG 1980

Das Rechtssystem wurde in der Kulturrevolution (1966–1976) zerstört. Nach der Politik der „Reform und Öffnung" im Jahr 1978 hatte die Regierung die Aufgabe, das Rechtssystem wiederaufzubauen.[37] Vor diesem Hintergrund wurde das EheG 1980 verkündet und im Jahr 1981 in Kraft gesetzt. Dieses EheG war in fünf Abschnitte untergliedert und hatte insgesamt 37 Paragraphen.

Im Vergleich zum EheG 1950 hatten sich der Grundgedanke und die Grundstruktur des EheG 1980 nicht geändert. In den Einzelheiten kann man die zwei Ehegesetze jedoch voneinander unterscheiden: Die Gleichberechtigung von Mann und Frau befand sich als Grundprinzip in § 2 EheG 1980. Die Terminologie „Familienvermögen" war verschwunden. Stattdessen benutzte das EheG 1980 die Formulierung „gemeinsames Vermögen beider Ehegatten". Außerdem war der Umfang des gemeinsamen Vermögens in § 13 EheG 1980 festgeschrieben. Nur das während der Ehe von beiden Ehegatten erworbene Vermögen wurde gemeinsames Vermögen beider Ehegatten. Es war allgemein anerkannt, dass das EheG 1980 die Errungenschaftsgemeinschaft, also eine partielle Gütergemeinschaft, als gesetzlichen Güterstand den Ehegatten vorschrieb.[38] Ein Wahlgüterstand stand nicht zur Verfügung. Darüber hinaus war das Prinzip zugunsten der Produktion bei der Vermögensauseinandersetzung bei Scheidung gestrichen. Ein weiterer Unterschied lag in der Verteilung der Schulden. Nach § 32 EheG 1980 entschied das Volksgericht über die Teilung der Schulden, wenn das gemeinsame Vermögen für die Tilgung der Schulden nicht ausreichte.

Im Jahr 2001 wurde dieses Ehegesetzbuch revidiert. Im Vergleich mit EheG 1980 sind folgende Fortschritte hinsichtlich des Güterrechts im EheG 2001 zu nennen: Erstens schreibt § 17 EheG 2001 präzise vor, welches während der Ehe von den Ehegatten erworbene Vermögen zum gemeinsamen Vermögen beider Ehegatten gehören soll. Nur folgendes Vermögen, das Ehemann und Ehefrau während der Ehe verlangt haben, fällt in ihr gemeinsames Vermögen: (1) Lohn und Prämien; (2) Einkommen aus Produktion und Betrieb; (3) Einkommen aus geistigen Eigentumsrechten; (4) geerbtes und geschenktes Vermögen, außer

37 *Shao*, JZ 1999, 80 (85 ff.).

38 *Li*, Die Vervollkommnung des chinesischen ehelichen Güterrechts, S. 19; *Wei*, Die Scheidung und ihre Folgen in China, S. 17.

im Fall des § 18 Nr. 3 EheG 2001; (5) anderes Vermögen, das in das gemeinsame Vermögen fallen soll. Daher unterscheidet sich der Umfang des gemeinsamen Vermögens im EheG 2001 wesentlich von dem nach § 13 EheG 1980, wonach alle während der Ehe von den Ehegatten erworbenen Vermögenswerte das gemeinsame Vermögen beider Ehegatten waren. Zweitens verdeutlicht das EheG 2001, welches Vermögen dem persönlichen Vermögen zugeordnet werden soll. Nach § 18 EheG 2001 gehören die folgenden Vermögensarten zum persönlichen Vermögen eines Ehegatten: (1) das vorehelichen Vermögen; (2) Erstattungen für Behandlungskosten, Existenzbeihilfen für Behinderte und Ersatzleistungen für andere Kosten, die eine Seite wegen erlittener körperlicher Verletzung erlangt; (3) das geschenkte Vermögen und Erbe, wenn es im Schenkungsvertrag oder Testament ausdrücklich festgelegt wird, dass nur ein Ehegatte das Geschenk oder Erbe bekommen soll; (4) die persönlichen alltäglichen Gebrauchsgegenstände; (5) das andere Vermögen, das in das Eigenvermögen fallen soll. Demgegenüber wurde gemäß dem EheG 1980 nur das voreheliche Vermögen des Ehegatten als persönliches Vermögen betrachtet. Drittens macht das EheG 2001 einen großen Schritt für die Privatautonomie im Bereich des Güterrechts. Nach § 19 EheG 2001 können die Ehegatten ihre Vermögensverhältnisse frei vereinbaren. Sie können selbst entscheiden, welches Vermögen zum gemeinsamen Vermögen beider Ehegatten gehören soll und welches Vermögen in das persönliche Vermögen eines Ehegatten einfließen soll. Dieser Paragraph wird nach h.M. als Bestimmung für das Wahlgüterrecht verstanden. Somit können die Ehegatten beliebig einen Güterstand schaffen und diesen als Güterstand ihrer Ehe vereinbaren.[39]

c) Das Eherecht im Zivilgesetzbuch (ZGB)

Für lange Zeit war kein Zivilgesetzbuch in der Volksrepublik China vorhanden. Vor 2010 waren vier Entwürfe eines Zivilgesetzbuches, die jeweils im Jahr 1956, 1964, 1982 und 2002 vollendet wurden, aus verschiedenen Gründen fehlgeschlagen.[40] Darunter ist der entscheidende Grund die Leitidee der chinesischen

---

39 *Yang (Hrsg.)/Tao*, Familienrecht, S. 137; *Yu*, Original Theory of Relative Law, S. 285; *Hu/Wang*, Ehegesetz-Interpretation, S. 73. Nach einer anderen Meinung bedeutet § 19 EheG nur, dass die Ehegatten

Vereinbarungen über ihr Vermögen treffen können; mit den Vereinbarungen im Sinne des § 19 EheG sind nach dieser Ansicht nicht unbedingt güterrechtliche Vereinbarungen gemeint, vgl. *Tian*, Law Science 2014, 71 (75).

40 Ausführliche Darstellung über die vorherigen Kodifikationsbemühungen um ein Zivilgesetzbuch in China, siehe *Sun*, ZChinR 2017, 86 (87 ff.).

Gesetzgebung, die besagt, dass nur wenn die Zeit reif für ein bestimmtes Gesetz sei, es erlassen werden solle (cheng shu yi bu, zhi ding yi bu, 成熟一部，制定一部).[41] Daher hat China viele Einzelgesetzbücher, unter anderem das Ehegesetz 1980, das Erbgesetz 1985, AGB 1986, das Vertragsgesetz 1999, das Sachenrechtsgesetz 2007 und das Deliktshaftungsgesetz 2008 erlassen.

Im Oktober 2010 hat das Zentralkomitee der Kommunistischen Partei Chinas die Aufgabe, ein Zivilgesetzbuch zu schaffen, wieder gestellt. Die Strategie der Kodifizierung ist, die Vorschriften in Einzelgesetzbüchern, die nicht mehr zur gesellschaftlichen Situation passen, zu modifizieren und danach die entsprechenden privatrechtlichen Einzelgesetzbücher in einem Zivilgesetzbuch zu integrieren.[42] Diesmal ist ein Zivilgesetzbuch tatsächlich zustande gekommen. Der allgemeine Teil des Zivilrechts als der erste Teil des Zivilgesetzbuches wurde am 15. März 2017 erlassen. Am 5. September 2018 wurde der erste Entwurf der besonderen Teile des Zivilgesetzbuches bekanntgegeben. Am 25. Juni 2019 wurde der zweite Entwurf des Ehe- und Familienrechts an den Ständigen Ausschuss des Nationalen Volkskongresses gegeben. Der dritte Entwurf des Ehe- und Familienrechts wurde durch den Ständigen Ausschuss des Nationalen Volkskongress am 21. Oktober 2019 geprüft.[43] Am 24. Dezember 2019 wurde der Entwurf des ganzen Zivilgesetzbuches bekanntgemacht. Am 28. Mai 2020 wurde das Zivilgesetzbuch durch den Nationalen Volkskongress geprüft und bekanntgemacht. Das Zivilgesetzbuch umfasst – einschließlich eines allgemeinen Teils, Sachenrecht, Vertragsrecht, Persönlichkeitsrecht, Ehe- und Familienrecht, Erbrecht und Deliktsrecht – insgesamt 1260 Paragraphen. Gemäß § 1260 ZGB ist das Zivilgesetzbuch am 1. Januar 2021 in Kraft getreten. Gleichzeitig wurden viele Einzelgesetzbücher wie das Ehegesetzbuch aufgehoben.

II. Die Rechtsquellen des Eherechts

1. Das fünfte Buch des ZGB (Ehegesetzbuch)

Wie oben erwähnt wurde, ist das chinesische Zivilgesetzbuch gemäß § 1260 ZGB am 1. Januar 2021 in Kraft getreten. Dementsprechend beruht diese Arbeit

41 *Liang*, AcP 1994, 479 (486).

42 *Wang Chen*, Eine Erläuterung über den Entwurf des Zivilgesetzbuches der VR. China, unter: http://www.gov.cn/xinwen/2020-05/22/content_5513931.htm#1 (abgerufen am 05.11.2021).

43 Der jeweilige Entwurf des ZGB, siehe 民法典各分编草案_中国人大网 (npc.gov.cn) (abgerufen am 05.11.2021).

auf dem Zivilgesetzbuch. Um eine übersichtliche Vergleichung zwischen dem ZGB und dem EheG darzustellen, werden in dieser Arbeit die Rechtsnormen des ZGB zitiert, während die entsprechenden Rechtsnomen im EheG in Klammern gesetzt werden.[44]

Das Ehe- und Familienrecht von §§ 1040 bis 1118 ZGB befindet sich im fünften Buch. Es hat fünf untergeordnete Kapitel (allgemeine Regeln, Eheschließung, Familienverhältnisse, Scheidung und Adoption). Der maßgebende Unterschied zwischen dem fünften Buch des ZGB und EheG bezieht sich auf die Integration des Adoptionsrechts in das ZGB.[45] Da die Kodifizierungsstrategie die Modifizierung der Vorschriften, nicht die Rekonstruktion des Ehe- und Familienrechts ist, bleibt der Grundgedanke und die Grundstruktur des EheG unverändert.[46] Das Ehe- und Familienrecht im ZGB hat sich nur in Einzelheiten vervollkommnet. In Bezug auf das Vermögensauseinandersetzungsrecht bei Scheidung hat das ZGB die Vorschriften des EheG grundsätzlich nicht modifiziert. Der gesetzliche Güterstand bleibt die Errungenschaftsgemeinschaft und die Ehegatten können die Auseinandersetzung des Vermögens bei der Scheidung über eine Vereinbarung regeln. Eine nicht im EheG vorhandene neue Regelung ist § 1064 ZGB, der den Umfang der gemeinsamen Verbindlichkeit klarstellt. Näheres dazu wird in Teil D. II dargestellt.

2. *Andere Bücher als das fünfte Buch im ZGB (Die Allgemeinen Grundsätze des Zivilrechts, das Vertragsgesetz, Deliktsgesetz und andere zivilrechtliche Gesetz)*

Die Meinung dazu, ob das Ehe- und Familienrecht zum Zivilrecht gehören soll bzw. ob allgemeine zivilrechtliche Regelungen auf die Ehe- und Familiensachen anwendbar sind, veränderte sich über die Zeit. Die frühere h.M. war, dass das Zivilrecht nur Tauschverhältnisse regeln sollte. Würden die Ehe- und Familienverhältnisse in das Zivilrecht einbezogen, würden Ehe und Familie

---

44 Beispielsweise § 1087 ZGB (§ 39 EheG).

45 Deshalb wird das fünfte Buch im ZGB Ehe- und Familienrecht, nicht Eherecht, genannt.

46 Da auch die wesentlichen Bestimmungen des EheG im ZGB unverändert erhalten bleiben, bleibt die Berücksichtigung der früheren Rechtsprechung sinnvoll. Daher werden auch frühere Entscheidungen in dieser Arbeit dargestellt. Siehe *Tao*, in: *Bu*, Der Besondere Teil der chinesischen Zivilrechtskodifikation, S. 153. In ihren Worten, "Das neue Familienrecht sieht dabei nach einer einfachen Zusammenfügung des alten Ehegesetzes und des Adoptionsgesetzes aus."

kommerzialisiert.[47] Außerdem war der damalige Gesetzgeber des EheG 1980 der Meinung, dass sich Ehe und Familie im sozialistischen Staat von den im kapitalistischen Staat unterscheiden sollten.[48] Daher wurde das Ehe- und Familienrecht als ein vom Zivilrecht unabhängiges Rechtsgebiet betrachtet.

Mit der Vertiefung der Kenntnisse über das Zivilrecht erkannten immer mehr Juristen, dass im kontinentaleuropäischen Recht das Zivilrecht nicht nur die Vermögensbeziehungen, sondern auch die persönlichen Beziehungen regelt.[49] Diese akademische Erkenntnis wurde erstmals durch die AGZ[50] im Jahr 1986 übernommen. Nach § 2 AGZ regelt das Zivilrecht nicht nur die Vermögensbeziehung, sondern auch die persönliche Beziehung. §§ 103 und 104 AGZ schreiben Regelungen über Ehe und Familie vor. Seit dem Inkrafttreten der AGZ ist auch in der Literatur die h.M., dass das Ehe- und Familienrecht ein Teil des Zivilrechts sei.[51] Diese Meinung wird auch vom Gesetzgeber des ZGB befürwortet.[52] So befindet sich das Familienrecht heute im ZGB.

Systematisch gesehen ist das Familienrecht im ZGB platziert worden, jedoch bedeutet dies nicht, dass alle allgemeinen Regelungen der anderen Bücher des ZGB auf Ehe- und Familiensachen Anwendung finden.[53] Bestehen im Buch des Familienrechts besondere Regelungen, verdrängen sie die allgemeinen Regelungen der anderen Bücher.[54] Beispielsweise stellt § 1062 ZGB (§ 17 EheG) eine besondere Regelung für die Zuordnung des während der Ehe erworbenen Vermögens dar;[55] somit sind die Regelungen im Buch des Sachenrechts (§§ 209 ff., §§ 224 ff. ZGB) nicht anwendbar.[56] Sind jedoch keine besondere Regelungen im Buch des Familienrechts vorhanden, kann man daraus nicht herleiten, dass die allgemeinen Regelungen der anderen Bücher selbstverständlich anwendbar

47 Vgl. *Ma*, Peking University Law Journal 1998, 85 (89 ff.).

48 Vgl. *Ma*, Peking University Law Journal 1998, 85 (89); vgl. *Yang*, Law and Social Development 2016, 137 (141).

49 Vgl. *Yu*, Original Theory of Relative Law, S. 24 ff.

50 Abkürzung für *Die Allgemeinen Grundsätze des Zivilrechts*.

51 *Nie*, Hebei Law Science, 1995, 1; *Li*, Journal of East China University of Political Science and Law, 2001, 24; *Yu*, Original Theory of Relative Law, S. 26; *Zhu*, Allgemeiner Teil, S. 5 ff.

52 *Huang (Hrsg.)*, Die Anmerkung des Ehe- und Familienrechts des ZGB, S. 6 ff.

53 *Xia*, China Legal Science, 2020, 66; *Wang*, The Jurist, 2020, 32; *Ran*, Law and Social Development, 2021, 62.

54 *Xia*, China Legal Science, 2020, 66 (69).

55 Siehe Kap. 3. D. II.

56 Vgl. *He*, Peking University Law Journal 2014, 1500 (1511); *Long*, Chinese Journal of Law 2017, 20 (25).

sind.[57] In der Literatur wird in vielen zivilrechtlichen Aufsätzen diskutiert, welche allgemeine Regelungen unter welchen Voraussetzungen auf welche Ehe- und Familiensachen anwendbar sein sollen.[58]

3. *Die gerichtliche Auslegung (sifajieshi司法解释)*

Die gerichtliche Auslegung[59] wird zusammen mit der Legislativauslegung und der Verwaltungsauslegung als die offizielle Auslegung der staatlichen Organe bezeichnet. Nach dem *Beschluss des Ständigen Ausschusses des Nationalen Kongresses über die Stärkung der Gesetzesauslegung*[60] hat die gerichtliche Auslegung die Aufgabe, die Regelungen im Gesetz, die zur Uneinigkeit der Rechtsanwendung führen können, auszulegen.[61] Nach § 2 *Die Bestimmung vom Obersten Volksgericht über Gerichtliche Auslegung*[62] (BOVGA) hat das Oberste Volksgericht[63] die Befugnis, das Gesetz auszulegen, um die

57 *Xia*, China Legal Science, 2020, 66 (69).

58 *Li/Wang*, Chinese Journal of Law 2019, 102, in diesem Aufsatz wird diskutiert, welche allgemeinen anfechtungsrechtlichen Regelungen im ersten Buch des ZGB auf die Eheanfechtung anwendbar sind. *Wang*, The Jurist, 2020, 32, in diesem Aufsatz wird diskutiert, welche allgemeine Regelungen auf persönliche Rechtsverhältnisse anwendbar sind. *Li,* Science of Law, 2021, 171, die Autorin diskutiert in diesem Aufsatz, welche Regelungen des Vertragsrechtsbuchs des ZGB auf die Verlobung anwendbar sind.

59 Siehe *Liang*, AcP 1994, 479 (482). Sifajieshi (司法解释) kann auch als „justizielle Interpretation übersetzt werden, siehe *Pissler/Zhu*, Chinesisches Zivil- und Wirtschaftsrechts, S. 270; „Justizauslegung" wird ebenfalls als Übersetzung von Sifajieshi（司法解释）benutzt, siehe *Eberl-Borges*, Einführung in das chinesische Recht, S. 149. Rn. 420.

60 *Beschluss des Ständigen Ausschusses des Nationalen Kongresses über die Stärkung der Gesetzauslegung*（全国人民代表大会常务委员会关于加强法律解释工作的决议）wurde von dem Ständigen Ausschuss des Nationalen Kongresses am 10.06.1981 erlassen.

61 *Kroymann/Xu*, Chinesisches Zivil- und Wirtschaftsrecht, S. 21 ff.

62 *Bestimmung vom Obersten Volksgericht über Gerichtliche Auslegung*（最高人民法院关于司法解释工作的规定）wurde vom Obersten Volksgericht China am 23.03.2007 erlassen und ist am 01.04. 2007 in Kraft getreten.

63 Das chinesische Gerichtssystem ist vierstufig. Das Oberste Volksgericht（最高人民法院）steht an der Spitze. 31 Höhere Volksgerichte（高级人民法院）sind auf Provinzebene eingerichtet. Es gibt die Mittleren Volksgerichte（中级人民法院）auf Bezirksebene. Schließlich stehen die Unteren Volksgerichte（基层人民法院）auf Kreisebene. Siehe *Pißler/Pelzer*, Handbuch des chinesischen Zivilprozessrechts, S.50 ff.

richtige Rechtsanwendung für spezifische Fragen zu verwirklichen. Nach § 5 BOVGA entfaltet die gerichtliche Auslegung die gleiche Rechtswirkung wie ein Gesetz. Nach § 6 BOVGA unterteilt sich die gerichtliche Auslegung in vier Formen, jeweils Erläuterung (*jieshi*, 解释), Bestimmung (*guiding*, 规定), Antwortschreiben (*pifu*, 批复) und Beschluss (*jueding*, 决定). Außer den vier beschriebenen Formen der gerichtlichen Auslegung gibt es noch andere Dokumente vom Obersten Volksgericht, die nicht als Gesetz angesehen werden, jedoch in der Rechtspraxis eine wichtige Rolle spielen.

Die gerichtliche Auslegung des Obersten Volksgerichts ist in China zwingend notwendig. Aufgrund der Leitidee der Gesetzgebung, die besagt, dass Gesetzgebung allgemein, nicht detailliert sein soll (*li fa yi cu bu yi xi*, 立法宜粗不宜细), um neue Herausforderungen anzunehmen,[64] sind nicht nur Uneinigkeiten der Rechtsnormen, sondern auch Regelungslücken vorhanden. Daher übernimmt die gerichtliche Auslegung sowohl die Aufgabe, die ungenaue Ausdrucksweise der Gesetzgeber auszulegen, als auch eine legislative Funktion, also für die Gesetzeslücken Regelungen zu schaffen.[65]

Die gerichtliche Auslegung basiert immer auf einem bestimmten Gesetz. Mit der Aufhebung des EheG und dem Inkrafttreten des ZGB müssen alle auf dem EheG beruhenden gerichtlichen Auslegungen außer Kraft gesetzt werden.[66] Daher hat das Oberste Volksgericht am 25. Dezember 2020 *Die erste Erläuterung des Obersten Volksgerichts zur Anwendung des Ehe- und Familienrechtsbuchs des ZGB* (EZGB I) verkündet. Diese Erläuterung ist am 1. Januar 2021 in Kraft getreten; gleichzeitig sind alle Erläuterungen des EheG aufgehoben worden. Bezüglich des Vermögensverhältnisses zwischen Ehegatten sind fünf Erläuterungen und ein Dokument aufgehoben worden: *Die erste Erläuterung des Obersten Volksgerichts zu einigen Fragen des Ehegesetzbuchs der VR China* (EEheG I, Inkrafttreten am 27.12.2001), *Die zweite Erläuterung des Obersten Volksgerichts zu einigen Fragen des Ehegesetzbuchs der VR China* (EEheG II, Inkrafttreten am 01.04.2004), *Die dritte Erläuterung des Obersten Volksgerichts zu einigen Fragen des Ehegesetzbuchs der VR China* (EEheG III, Inkrafttreten am 13.08.2011), *Die Erläuterung des Obersten Volksgerichts zur Rechtsanwendung bei Verhandlung der Rechtsstreitigkeiten über Verbindlichkeiten der Ehegatten*

64 *Liang*, AcP 1994, 479 (486).

65 *Wang*, Peking University Law Journal 2016, 263 (264 ff.).

66 *Das Oberste Volksgericht*, Die Mitteilung über die gewissenhafte Anwendung des ZGB, in: Die Zeitung des Volksgerichts, 19. 06. 2020, unter: http://rmfyb.chinacourt.org/paper/html/2020-06/19/content_169295.htm?div=-1 (abgerufen am 05.11.2021).

(EVV, Inkrafttreten am 18.01.2018) und *Der Richterliche Vorschlag des Obersten Volksgerichts für die Behandlung der Vermögensauseinandersetzung bei Ehescheidung* (RVV, Inkrafttreten am 03.11.1993). Da die wesentlichen Vorschriften des EheG im ZGB unverändert erhalten geblieben sind, stellen fast alle Regelungen der EZGB I eine Wiedergabe der Bestimmungen der Erläuterung des EheG dar.[67] Um eine geschichtliche Entwicklung der Rechtsnormen darzustellen, werden in dieser Arbeit die Vorschriften der EZGB I zitiert, während die entsprechenden Regelungen in den Erläuterungen des EheG in Klammern gesetzt werden.

B. Güterrecht im ZGB

I. Überblick zum Güterstand

Im ZGB existiert der Terminus „eheliches Güterrecht" bzw. „Güterstand" wörtlich nicht. Die güterrechtlichen Regelungen werden nicht in einem Abschnitt des ZGB zusammengestellt. Die Zuordnung von Vermögen, die Verwaltungs-, Nutzungs-, und Verfügungsbefugnis jedes Ehegatten befinden sich im dritten Abschnitt „Familienverhältnisse", während die vermögensrechtlichen Rechtsfolgen zwischen Ehegatten bei Scheidung ihren Platz im vierten Abschnitt „Scheidung" haben.[68] Aus dem ZGB lässt sich herleiten, dass es eine klare Unterscheidung zwischen güterrechtlichen Verhältnissen und allgemeinen vermögensrechtlichen Wirkungen der Ehe in China nicht gibt. Im Schrifttum wird jedoch der Begriff des Güterstands allgemein anerkannt.[69] Das Güterecht regelt sowohl die Vermögensbeziehungen zwischen Ehegatten während der Ehe und bei der Beendigung des Güterstands als auch die Schuldenhaftung der Ehegatten gegenüber Dritten.[70]

Im Unterschied dazu regeln §§ 1353 bis 1362 BGB in Deutschland güterrechtsunabhängige (vermögensrechtliche) Fragen, während die im sechsten Teil des vierten Buchs des BGB enthaltenen Normen das eheliche Güterrecht bestimmen.[71] Dadurch legen die Vorschriften des BGB die Inhalte der

---

67 Daher spielen die vor dem ZGB und der EZGB I vom Obersten Volksgericht geäußerten Ansichten und Meinungen auch in der Zukunft eine Rolle.

68 Die Vorschriften betreffen nur die vermögensrechtlichen Rechtsfolgen bei Scheidung. Im ZGB fehlen die Regelungen über die vermögensrechtlichen Rechtsfolgen zwischen Ehegatten beim Todesfall eines Ehegatten.

69 *Hu/Wang*, Ehegesetz-Interpretation, S. 60; *Yang (Hrsg.)/Tao*, Familienrecht, S. 127; *Yu*, Original Theory of Relative Law, S. 263.

70 *Yu*, Original Theory of Relative Law, S. 253.

71 MünchKomm/*Koch*, Einl. zu §§ 1363 – 1563, Rn. 1.

güterrechtlichen Verhältnisse fest. Vom BGB wird also eine sachliche Trennung zwischen güterrechtlichen Verhältnissen und allgemeinen vermögensrechtlichen Wirkungen der Ehe vorgesehen.[72]

1. *Der gesetzliche Güterstand*

Der gesetzliche Güterstand ist die Errungenschaftsgemeinschaft, die eine Sonderform der Gütergemeinschaft darstellt.[73] Der Natur der Errungenschaftsgemeinschaft nach gehört Vermögen, das die Ehegatten während der Ehe bzw. des Bestehens der Errungenschaftsgemeinschaft erworben haben, zum gemeinsamen Vermögen beider Ehegatten, während Vermögen, das jeder Ehegatte vor der Ehe bzw. vor dem Bestehen der Errungenschaftsgemeinschaft erzielt hat, im Eigenvermögen eines jeden Ehegatten bleibt.[74] Die Errungenschaftsgemeinschaft sieht drei verschiedene Vermögensmassen vor: das gemeinsame Vermögen und das Eigenvermögen eines jeden Ehegatten.[75]

Im Vergleich dazu ist die Zugewinngemeinschaft seit 1958 der gesetzliche Güterstand in Deutschland. Sie ist dadurch gekennzeichnet, dass die Güter der Ehegatten während der Ehe getrennt bleiben und ein Zugewinnausgleich bei der Beendigung des Güterstands durchgeführt wird. Daher wird kein gemeinsames Vermögen kraft güterrechtlicher Regelungen in der Zugewinngemeinschaft gebildet.[76]

2. *Der vertragliche Güterstand*

Nach § 1065 Abs. 1 S. 1 ZGB (§ 19 Abs. 1 S. 1 EheG) können beide Ehegatten vereinbaren, dass das vor der Ehe und während der Ehe erworbene Vermögen das Eigenvermögen oder das gemeinsame Vermögen, oder teils das Eigenvermögen und teils das gemeinsame Vermögen ist. Es wird vertreten, dass dieser Paragraph den vertraglichen Güterstand anerkennt und die Vereinbarung im Sinne von § 1065 Abs. 1 S. 1 ZGB (§ 19 Abs. 1 S. 1 EheG) ein Ehevertrag ist (*fuqi caichanzhi yueding*).[77] Die Ehegatten haben das Recht, einen vertraglichen

---

72 Staudinger/*Thiele*, Vorbem zu §§ 1408 ff., Rn. 1.

73 *Hu/Wang*, Ehegesetz-Interpretation, S. 62.

74 *Yu*, Original Theory of Relative Law, S. 264 ff.; *Hu/Wang*, Ehegesetz-Interpretation, S. 63.

75 *Yang (Hrsg.)/Tao*, Familienrecht, S. 129.

76 Staudinger/*Thiele*, § 1363, Rn. 6 ff.

77 *Hu/Wang*, Ehegesetz-Interpretation, S. 73.

Güterstand nach Wunsch im Rahmen des Gesetzes zu vereinbaren. Der gesetzliche Güterstand gilt nur subsidiär.

Die Frage, welche vertraglichen Güterstände den Ehegatten zur Verfügung stehen, wird in der Literatur unterschiedlich beantwortet. Einer Meinung nach schreibt § 1065 Abs. 1 S. 1 ZGB (§ 19 Abs. 1 S. 1 EheG) nur drei Wahlgüterstände vor, nämlich Gütergemeinschaft, begrenzte Gütergemeinschaft und Gütertrennung.[78] Wenn die Ehegatten vereinbart haben, dass das vor der Ehe und während der Ehe erworbene Vermögen das gemeinsame Vermögen beider Ehegatten ist, ist die Gütergemeinschaft der Güterstand. Wenn die Ehegatten eine Vereinbarung mit den Inhalten getroffen haben, dass manches Vermögen das Eigenvermögen und manches Vermögen das gemeinsame Vermögen ist, gilt der Güterstand der begrenzten Gütergemeinschaft. Vereinbaren die Ehegatten, dass das vor der Ehe und während der Ehe erworbene Vermögen getrennt bleibt, kommt Gütertrennung im Betracht. Die Ehegatten können nur einen Güterstand davon auswählen.[79] Dadurch können die Ehegatten heutzutage ohne besondere Schwierigkeiten einen Güterstand vereinbaren. Ein Dritter kann damit die Vermögensverhältnisse zwischen den Ehegatten besser erkennen.[80]

Der anderen Meinung nach schreibt § 1065 Abs. 1 S. 1 ZGB (§ 19 Abs. 1 S. 1 EheG) keine bestimmten Arten des Wahlgüterstands fest. § 1065 Abs. 1 S. 1 ZGB (§ 19 Abs. 1 S. 1 EheG) bietet den Ehegatten die Befugnis, beliebig einen vertraglichen Güterstand zu vereinbaren und das Vermögensverhältnis zu regulieren.[81] Das offene System ermöglicht den Ehegatten, vielfältige Vereinbarungen durch Wahlgüterstände ohne Beschränkung zu treffen.[82]

Der letzten Meinung ist zum Teil zu folgen. Diese Meinung weist zu Recht darauf hin, dass § 1065 Abs. 1 S. 1 ZGB (§ 19 Abs. 1 S. 1 EheG) den Ehegatten keinen Wahlgüterstand zur Verfügung stellt. Nach dem Wortlaut des § 1065 Abs. 1 S. 1 ZGB (§ 19 Abs. 1 S. 1 EheG) können die Ehegatten nach Wunsch die

---

78 Siehe *Eberl/Su/Wang*, ZVglRWiss 2007, 158 (168); *Xue/Shao*, Collection of Women's Studies 2006, 37 (38); *Yu*, Original Theory of Relative Law, S. 286.

79 *Xu*, China Notary 2009, 34 (34).

80 *Yu*, Original Theory of Relative Law, S. 286; *Chen*, China Legal Science 2000, 86 (91 ff.).

81 *Huang (Hrsg.)*, Die Anmerkung des Ehe- und Familienrechts des ZGB, S. 126; *Hu/Wang*, Ehegesetz-Interpretation, S. 77; *Xiong*, Judicature of China 2002, 44 (44); vgl. *Ran*, Law Science 2017, 154 (154 ff.); *Pei*, Contemporary Law Review 2016, 92 (96).

82 *Yu*, Original Theory of Relative Law, S. 286; *Ma*, China Legal Science 2001, 140 (145).

Vermögensverhältnisse selbst regulieren. Sie werden nicht gezwungen, einen Wahlgüterstand aus den drei bestimmten Wahlgüterständen zu wählen.

Es ist jedoch zu beachten, dass der Abschluss eines Ehevertrags nicht unbedingt bedeutet, dass die Ehegatten dadurch einen anderen Güterstand geschaffen oder vereinbart haben. In der Praxis kommt regelmäßig der Fall vor, dass die Ehegatten eine Vereinbarung über die Zuordnung eines bestimmten Vermögensgegenstands im Ehevertrag treffen. Beispielsweise vereinbaren die Ehegatten, dass eine ursprünglich dem Ehemann gehörende Wohnung das gemeinsame Vermögen beider Ehegatten ist. Einer Meinung nach haben die Ehegatten durch diese Vereinbarung die begrenzte Gütergemeinschaft als vertraglichen Güterstand vereinbart.[83] Meines Erachtens existiert das Rechtsinstitut „begrenzte Gütergemeinschaft" im ZGB (EheG) von Anfang an nicht. Das ZGB (EheG) sieht nicht vor, in welchem Vermögensverhältnis die in der „begrenzten Gütergemeinschaft" lebenden Ehegatten während der Ehe und bei der Scheidung stehen. Daher würde es in der Praxis zu Schwierigkeiten führen, wenn es anerkannt würde, dass die Ehegatten eine „begrenzte Gütergemeinschaft" vereinbart hätten. Diese Vereinbarung schafft keinen neuen vertraglichen Güterstand. Es ist nur eine Modifizierung des gesetzlichen Güterstands. Lediglich der Umfang des gemeinsamen Vermögens wird geändert. Die Vorschriften der Errungenschaftsgemeinschaft finden somit auch hierbei Anwendung. Man kann daher den folgenden Schluss ziehen: Zwar gibt § 1065 Abs. 1 S. 1 ZGB (§ 19 Abs. 1 S. 1 EheG) den Ehegatten die Befugnis, beliebig einen vertraglichen Güterstand zu vereinbaren, jedoch haben die Ehegatten in aller Regel Schwierigkeiten, außer der Gütertrennung und Gütergemeinschaft einen anderen Güterstand in allen Einzelheiten zu regulieren und zu vereinbaren.

Im Gegensatz dazu schreibt das BGB drei Wahlgüterstände vor: Gütertrennung, Gütergemeinschaft und Wahl-Zugewinngemeinschaft. Um die Rechtsklarheit zu garantieren, kann der Güterstand nach § 1409 BGB nicht durch Verweisung auf nicht mehr geltendes oder ausländisches Recht bestimmt werden.[84] Jedoch beseitigt dies die Möglichkeit nicht, dass die Ehegatten durch Aufnahme aller Einzelregelungen in einem Ehevertrag einen früher geltenden oder ausländischen Güterstand vereinbaren.[85]

83 Siehe *Xu*, Journal of Zhejiang Gongshang University 2015, 55 (60).
84 MünchKomm/*Münch*, § 1409, Rn. 1.
85 MünchKomm/*Münch*, § 1409, Rn. 1.

3. *Ehevertrag*

Der Terminus „Ehevertrag“ ist im ZGB (EheG) nicht vorhanden. In der Literatur wird weitgehend die Auffassung vertreten, dass § 1065 Abs. 1 S. 1 ZGB (§ 19 Abs. 1 S. 1 EheG) das Rechtsinstitut des vertraglichen Güterstandes vorschreibt und die Vereinbarung im Sinne des § 1065 Abs. 1 S. 1 ZGB (§ 19 Abs. 1 S. 1 EheG) einen Ehevertrag darstellt.[86] Nach § 1065 Abs. 1 S. 2 ZGB (§ 19 Abs. 1 S. 2) muss der Ehevertrag das Formbedürfnis der Schriftform erfüllen.[87] Der Abschlusszeitpunkt des Ehevertrags wird vom Gesetz nicht geregelt. In der Literatur ist es allgemein anerkannt, dass der Ehevertrag sowohl vor der Eheschließung der Parteien als auch während der Ehe getroffen werden kann. Seine Wirkung kann aber nur mit der wirksamen Eheschließung eintreten.[88]

Wie oben analysiert, sieht § 1065 Abs. 1 S. 1 ZGB (§ 19 Abs. 1 S. 1 EheG) keine bestimmten Arten von Wahlgüterständen vor. Die Ehegatten können vereinbaren, dass das vor der Ehe und während der Ehe erworbene Vermögen das Eigenvermögen eines Ehegatten oder das gemeinsame Vermögen beider Ehegatten, oder teils das Eigenvermögen und teils das gemeinsame Vermögen ist. Der Ehevertrag braucht keine umfassenden Regelungen über das gesamte Vermögen der Ehegatten zu enthalten. Er kann sich auf einen Gegenstand eines Ehegatten oder bestimmte Gegenstände beider Ehegatten beziehen,[89] beispielsweise können die Ehegatten vereinbaren, dass eine ursprünglich dem Ehemann gehörende Wohnung das gemeinsame Vermögen beider Ehegatten ist. Diese Vereinbarung ist als Ehevertrag, nicht als Schenkungsvertrag zu qualifizieren,

---

86 Siehe *Chen*, Familien- und Erbrecht, S.99 ff.; *Ma*, Familien- und Erbrecht, S.96 ff.; *Yu*, Original Theory of Relative Law, S. 287 ff.

87 Die schriftliche Form im chinesischen Recht unterscheidet sich deutlich von der Schriftform im BGB. Sie unterscheidet sich auch von der Textform im BGB. Nach § 469 Abs. 2 ZGB (§ 11 Vertragsgesetz) bedeutet die schriftliche Form die Form, bei der der Inhalt einen sichtbaren Ausdruck finden kann, wie Vertragsurkunden, Briefe oder elektronische Datenschriftstücke (dazu gehören Telegramme, Fernschreiben, Faxe, ausgetauschte elektronische Daten und E-Mails). Im Gegensatz dazu muss für die Schriftform in Deutschland eine Urkunde erstellt werden und von dem Aussteller eigenhändig durch Namensunterschrift oder durch notariell beglaubigtes Handzeichen unterzeichnet werden. Man kann also sagen, dass die schriftliche Form in China ein Oberbegriff für die in Deutschland sogenannte Schriftform, Textform und elektronische Form ist.

88 Siehe *Chen*, Familien- und Erbrecht, S. 99; *Huang (Hrsg.)*, Die Anmerkung des Ehe- und Familienrechts des ZGB, S. 125; *Yu*, Original Theory of Relative Law, S. 288.

89 *Huang (Hrsg.)*, Die Anmerkung des Ehe- und Familienrechts des ZGB, S. 126.

wenn die Ehegatten den Zweck haben, die Lebensgemeinschaft besser zu verwirklichen.[90]

Hinsichtlich der Wirkung des Ehevertrags wird die Auffassung vertreten, dass der Ehevertrag eine dingliche Wirkung hat.[91] Haben die Ehegatten in einem Ehevertrag vereinbart, dass eine ursprünglich dem Ehemann gehörende Wohnung das Eigenvermögen der Ehefrau werden soll, steht die Wohnung unabhängig von der Durchführung der Eintragung im Grundbuch der Ehefrau zu.[92] Dieser Eigentumserwerb durch Ehevertrag unterscheidet sich von dem Eigentumserwerb durch Rechtsgeschäft im Sachenrecht.[93] Nach § 209 ZGB (§ 9 Sachenrechtsgesetz) setzt der Eigentumserwerb unbeweglicher Sachen die rechtsgeschäftliche Einigung und die Eintragung voraus. Ein überzeugender

---

90 *Ran*, Law Science 2017, 154 (160); *Xu*, Journal of Zhejiang Gongshang University 2015, 55 (57 ff.); Das Mittlere Volksgericht in Guangzhou, 2013, Nr. 3497, (2013) 穗中法民一终字第3497号; Das Mittlere Volksgericht in Beijing, 2014, Nr. 5398, (2014) 三中民终字第5398; Das Mittlere Volksgericht in Shandong, 2015, Nr. 1307, (2015) 青民五终字第1307号.

91 Siehe *Fan*, Shandong Social Sciences 2016, 56 (58); *Shi*, Familienrecht, S. 344; *Xu*, Legal Science 2007, 48 (52); *Wang/Zhu*, People's Judicature 2015, 4 (4). Einer Mindermeinung nach entfaltet ein Ehevertrag keine dingliche Wirkung. Die Ehegatten erwerben durch gesetzliche Regelungen, nicht durch den Ehevertrag das Eigentum an unbeweglichen Sachen. Vgl. *Pei*, Contemporary Law Review 2016, 92 (95); *Tian*, Law Science 2009, 115 (121).

92 Der Ehevertrag ist der Rechtsgrund der Zuwendung des Ehemanns an die Ehefrau. Neben dem Ehevertrag kann ihre Rechtsgrundlage ein Schenkungsvertrag sein. Ist die Vereinbarung als Schenkungsvertrag qualifiziert, sind die Regelungen über den Schenkungsvertrag anwendbar. Anders als der Eigentumserwerb durch den Ehevertrag richtet sich der Eigentumserwerb aufgrund des Schenkungsvertrags nach § 209 ZGB (§ 9 SG). Die Abgrenzung zwischen dem Ehevertrag und dem Schenkungsvertrag ist in der Praxis nicht leicht. Ein besonders strenges Formbedürfnis für den Ehevertrag sieht das ZGB (EheG) nicht vor. Außerdem gibt es in China kein Güterrechtsregister. Es ist auch nicht möglich, durch die Eintragung im Güterrechtsregister die Inhalte des Ehevertrags umgekehrt zu bestimmen. *Ran*, Law Science 2017, 154 (154); *Xu*, Journal of Zhejiang Gongshang University 2015, 55 (55); *Tian*, Law Science 2014, 71 (71). Einer Mindermeinung nach ist die Abgrenzung zwischen Ehevertrag und Schenkungsvertrag in der Rechtspraxis nicht möglich. Daher braucht man die Rechtsnatur der Zuwendung nicht zu qualifizieren. Wichtig ist, dass das Volksgericht die Rechtsanwendung zu vereinheitlichen sucht. Vgl. *Pei*, Contemporary Law Review 2016, 92 (97 ff.).

93 *Fan*, Shandong Social Sciences 2016, 56 (58).

Grund dafür, weshalb der Ehevertrag eine dingliche Wirkung hat, fehlt bislang in der Literatur.

In Deutschland enthält § 1408 BGB eine Legaldefinition des Ehevertrags. Der Ehevertrag ist ein besonderes Rechtsinstitut, um die güterrechtlichen Verhältnisse zwischen Ehegatten zu regeln.[94] Allerdings hat § 1408 Abs. 2 BGB die Regelungsinhalte des Ehevertrags auf den Versorgungsausgleich erweitert. In der Praxis hat der Begriff des Ehevertrags noch einen weiteren Sinn, sodass alle ehebezogenen familienrechtlichen Vereinbarungen – sogar neben familienrechtlichen Vereinbarungen häufig auch schuldrechtliche und sachenrechtliche Vertragsbestimmungen – im Ehevertrag getroffen werden können.[95] Die Ehegatten können sowohl während der Ehe als auch vor der Eheschließung einen Ehevertrag schließen, wobei er mit der Eheschließung wirksam wird.[96] Hinsichtlich des Formerfordernisses schreibt § 1410 BGB deutlich vor, dass der Ehevertrag bei gleichzeitiger Anwesenheit beider Teile zur Niederschrift eines Notars geschlossen werden muss. Der Ehevertrag kann verfügungsgeschäftliche Anordnungen enthalten. Ein typisches Beispiel dafür ist ein Gütergemeinschaftsehevertrag. Jedoch entsteht das Gesamtgut nicht kraft Ehevertrags, sondern unmittelbar kraft Gesetzes. Dafür ist keine rechtsgeschäftliche Übertragung erforderlich.[97]

4. *Güterrechtsregister*

Nach § 1065 Abs. 3 ZGB (§ 19 Abs. 3 EheG) können sich die Ehegatten auf die getroffene Vereinbarung nur berufen, wenn ein Dritter diese Vereinbarung kannte. Ein Güterrechtsregister ist jedoch in China noch nicht aufgebaut worden. Falls die Ehegatten einen vertraglichen Güterstand vereinbart oder den gesetzlichen Güterstand modifiziert haben, kann ein Dritter von der Vereinbarung nicht durch das Güterrechtsregister wissen. Berufen sich die Ehegatten auf den Ehevertrag, müssen sie beweisen, dass der Dritte auf andere Weise die güterrechtliche Vereinbarung gekannt hat. In der Praxis ist das jedoch für die Ehegatten schwer beweisbar.[98] In China wird vorgeschlagen, ein Güterrechtsregister aufzubauen. Dadurch würde die güterrechtliche

94 MünchKomm/*Münch*, § 1408, Rn. 2.
95 *Bergschneider*, Verträge in Familiensachen, S. 2.
96 MünchKomm/*Münch*, § 1408, Rn. 2.
97 Staudinger/*Thiele*, § 1416, Rn. 17.
98 *Yu*, Original Theory of Relative Law, S. 292.

Vereinbarung zwischen den Ehegatten für Dritte leicht zugänglich.[99] Jedoch fehlt diesem Vorschlag weitere ausführliche Diskussion.

In Deutschland regelt § 1412 BGB die Rechtswirkung der Eintragung im Güterrechtsregister. §§ 1558 bis 1563 BGB schreiben die Zuständigkeit und das Eintragungsverfahren für das Güterrechtsregister vor. Die Eintragung im Güterrechtsregister ist keine Voraussetzung für das Wirksamwerden des Ehevertrags.[100] Sie dient dem Verkehrsschutz beziehungsweise „der Offenlegung der güterrechtlichen Verhältnisse zwecks Erleichterung des Rechts- und Geschäftsverkehrs".[101]

II. Errungenschaftsgemeinschaft als gesetzlicher Güterstand

1. Natur des gemeinsamen Vermögens und Eigenvermögens

Die Errungenschaftsgemeinschaft ist dadurch gekennzeichnet, dass drei Vermögensmassen, also das gemeinsame Vermögen beider Ehegatten und das Eigenvermögen jedes Ehegatten, vorliegen.[102] Im folgenden Teil wird die Natur des gemeinsamen Vermögens und des Eigenvermögens erörtert.

Die Rechtsnatur des gemeinsamen Vermögens kann man aus dem Wortlaut des § 1062 ZGB Abs. 2 (§ 17 Abs. 2 EheG) und des § 1066 ZGB (§ 4 EEheG III) herleiten.[103] Gemäß § 1062 ZGB (§ 17 EheG) haben der Ehemann und die Ehefrau das gleiche Recht, das gemeinsame Vermögen zu verwalten und darüber zu verfügen. Dies ist einerseits so zu verstehen, dass jeder Ehegatte gleichberechtigt ist, im Rahmen des Alltagslebensbedürfnisses über das gemeinsame Vermögen zu verfügen.[104] Andererseits müssen die Ehegatten miteinander Verhandlungen führen und über die Verfügung des gemeinsamen Vermögens Einigkeit erzielen, wenn sie das gemeinsame Vermögen aus anderen Gründen als um der Bedürfnisse des täglichen Lebens Willen verwalten und darüber verfügen.[105] Jeder Ehegatte hat bereits während der Ehe ein dingliches Recht an dem gemeinsamen Vermögen.[106] Ferner stellt § 1066 ZGB (§ 4 EEheG III) klar, dass eine Auseinandersetzung des gemeinsamen Vermögens während

---

99 *Eberl/Su/Wang*, ZVglRWiss 2007, 158 (169).
100 Staudinger/*Thiele*, § 1412, Rn. 7.
101 Staudinger/*Thiele*, § 1412, Rn. 2 ff.
102 *Yang (Hrsg.)/Tao*, Familienrecht, S. 129.
103 Vgl. *Yu*, Original Theory of Relative Law, S. 264.
104 *Yu*, Original Theory of Relative Law, S. 282.
105 *Huang (Hrsg.)*, Das Verstehen und die Anwendung der EEheG I, S. 62 ff.
106 Vgl. *Hu/Wang*, Ehegesetz-Interpretation, S. 63.

der Ehe grundsätzlich unzulässig ist und nur in zwei Ausnahmenfällen die Ehegatten eine Auseinandersetzung beantragen können.[107] Kein Ehegatte darf während der Ehe bzw. des Bestehens der Errungenschaftsgemeinschaft über den potentiellen Anteil am gemeinsamen Vermögen, der ihm bei Auflösung der Errungenschaftsgemeinschaft zufallen würde, verfügen. Dies indiziert die gesamthänderische Gebundenheit des gemeinsamen Vermögens.[108] Das gemeinsame Vermögen steht im Gesamthandseigentum beider Ehegatten und stellt sich als Gesamthandsgemeinschaft dar. Die Gesamthandsgemeinschaft ist anders als die Bruchteilsgemeinschaft zu bewerten.[109]

Demgegenüber gehört das Eigenvermögen gemäß § 1063 ZGB (§ 18 EheG) dem jeweiligen Ehegatten. Der gesetzliche Güterstand der Errungenschaftsgemeinschaft ändert die Zuordnung des Eigenvermögens nicht. Außerdem hat die Fortdauer der Ehe keinen Einfluss auf die Zuordnung des Eigenvermögens.[110] An dem Eigenvermögen hat jeder Ehegatte Alleineigentum. Er kann während der Ehezeit sein Vermögen selbständig verwalten und über dieses verfügen.[111] Keine besonderen güterrechtlichen Regelungen bestehen für eine unentgeltliche Verfügung über das Eigenvermögen. Es gibt auch keine Verfügungsbeschränkung an dem Eigenvermögen, auch wenn es sich um einen Haushaltsgegenstand oder eine Ehewohnung handelt.[112] Das Eigenvermögen

---

107 § 1066 ZGB (§ 4 EEheG III) besagt, dass der Auseinandersetzungsanspruch während der Ehe grundsätzlich unzulässig ist, es sei denn, einer der folgenden wesentlichen Gründe liegt vor und die Interessen des Dritten sind nicht dadurch beeinträchtigt: 1. Ein Ehegatte verbirgt, verschiebt, verkauft oder beschädigt oder zerstört gemeinsames Vermögen beider Ehegatten oder fälscht eine gemeinsame Verbindlichkeit. 2. Wenn jemand, für den ein Ehegatte die vom Recht bestimmte Unterhaltspflicht trägt, an einer schwerwiegenden Krankheit leidet, die eine Behandlung erforderlich macht, aber der andere Ehegatte mit der Zahlung damit im Zusammenhang stehender medizinischer Behandlungskosten nicht einverstand ist.

108 Vgl. *Xi (Hrsg.)*, Das Verstehen und die Anwendung der EEheG III, S. 80.

109 *Hu/Wang*, Ehegesetz-Interpretation, S. 63; *Huang (Hrsg.)*, Die Anmerkung des Ehe- und Familienrechts des ZGB, S. 102.

110 § 19 EEheG ändert die Zuordnung des Eigenvermögens in § 6 RVB komplett. Nach § 6 RVB gehen das Haus und andere hochwertige Produktionsmittel, die ursprünglich in das Eigenvermögen eines Ehegatten fallen, in das gemeinsame Vermögen über, wenn die Ehegatten dieses Vermögen während der Ehe nicht kürzer als 8 Jahren zusammen genutzt und verwaltet haben.

111 *Huang (Hrsg.)*, Die Anmerkung des Ehe- und Familienrechts des ZGB, S. 107.

112 Vgl. *Hu/Wang*, Ehegesetz-Interpretation, S. 69.

wird bei der Beendigung der Errungenschaftsgemeinschaft zwischen den Ehegatten nicht geteilt.[113]

2. *Rechtfertigung der Errungenschaftsgemeinschaft*

Die Gründe dafür, dass die Errungenschaftsgemeinschaft als gesetzlicher Güterstand vorgesehen wird, sind vielfältig. Aus der Perspektive des Gesetzgebers kann die Errungenschaftsgemeinschaft der materiellen Gleichberechtigung von Mann und Frau dienen.[114] Nach der Vorstellung des Gesetzgebers nehmen manche Frauen wegen der Kindererziehung und der Familienpflege an keiner Erwerbstätigkeit teil oder geben ihre ursprünglichen Tätigkeiten auf. Daraus folgend haben diese Frauen grundsätzlich kein selbstständiges wirtschaftliches Einkommen.[115] Auch wenn manche Frauen arbeiten, verdienen sie wegen schlechterer Berufsausbildung und weniger Beschäftigungsmöglichkeiten nicht so gut wie Männer.[116] Daher ist die Gütertrennung in China nicht angemessen und kann zu einer tatsächlichen Ungleichberechtigung führen.[117] Im Gegensatz dazu ermöglicht die Errungenschaftsgemeinschaft beiden Ehegatten eine dingliche Mitberechtigung an dem gemeinsamen Vermögen. Sie ist unabhängig davon, welcher Ehegatte die Errungenschaft erwirtschaftet. Dadurch wird die Gleichheit des Status des Ehegatten besser gewährleistet.[118]

Der Wert der Hausarbeit kann durch die Errungenschaftsgemeinschaft verwirklicht werden.[119] Da sich die Ehegatten in einer Lebensgemeinschaft befinden, sollen sie die Hausarbeiten aufteilen und Verantwortlichkeit füreinander tragen. Obwohl die Familienarbeit das gemeinsame Vermögen nicht direkt erhöhen kann, ist sie wesentlich, um eine Lebensgemeinschaft aufrechtzuerhalten und um eine harmonische Familienbeziehung zu bilden.[120] Deswegen sollen die Familienarbeit und die Erwerbsarbeit gleichwertig sein. Der Ehegatte, der die Familienarbeit auf sich nimmt, soll gleiches Recht an der Errungenschaft haben.[121]

---

113 *Hu/Wang*, Ehegesetz-Interpretation, S. 69.

114 Vgl. *Huang (Hrsg.)*, Die Anmerkung des Ehe- und Familienrechts des ZGB, S. 102.

115 *Huang (Hrsg.)*, Die Anmerkung des Ehe- und Familienrechts des ZGB, S. 102.

116 *Yu*, Original Theory of Relative Law, S. 266.

117 *Yu*, Original Theory of Relative Law, S. 266.

118 *Eberl/Su/Wang*, ZVglRWiss 2007, 158 (164 ff.); *Hu/Wang*, Ehegesetz-Interpretation, S. 63; *Huang (Hrsg.)*, Die Anmerkung des Ehe- und Familienrechts des ZGB, S. 102.

119 *Yu*, Original Theory of Relative Law, S. 265.

120 *Yu*, Original Theory of Relative Law, S. 265.

121 Vgl. *Huang (Hrsg.)*, Das Verstehen und die Anwendung der EEheG II, S. 107.

Außerdem lässt die Errungenschaftsgemeinschaft die Existenz des Eigenvermögens zu. Dies kann das Eigentumsrecht des Ehegatten schützen.[122] Das voreheliche Vermögen, das in keinem Zusammenhang mit der Lebensgemeinschaft steht, fällt in das Eigenvermögen eines Ehegatten.[123] Auch Früchte und natürliche Wertsteigerungen[124] gehören zum Eigenvermögen eines Ehegatten.[125] Jedoch ist das geerbte und geschenkte Vermögen nach § 1062 Abs. 1 ZGB (§ 17 Abs. 1 EheG) in der Regel in das gemeinsame Vermögen beider Ehegatten einzubeziehen.[126] Diese Zuordnungsregelung des geerbten und geschenkten Vermögens wird in der Literatur kritisiert. Es wird die Meinung vertreten, dass das vom Ehegatten während der Ehe unentgeltlich erworbene Vermögen dem Eigenvermögen zuzurechnen sein sollte, weil die Zusammenrechnung gegen die Natur der Errungenschaftsgemeinschaft verstoße.[127]

3. *Kritik an der Errungenschaftsgemeinschaft*

Obwohl die Errungenschaftsgemeinschaft viele Vorteile mit sich bringt, wird sie in der Literatur dafür kritisiert, dass die dingliche Beteiligung am gemeinsamen Vermögen während der Ehe zu einem mit juristischer Technik unlösbaren Problem führen kann. Die besonderen Regelungen der Eigentumsübertragung im Familienrecht können den öffentlichen Glauben des Grundbuchs erschüttern.[128]

Die Errungenschaftsgemeinschaft ist eine Sonderform der Gütergemeinschaft. Bereits während der Ehe sind die Ehegatten an dem gemeinsamen Vermögen dinglich mitberechtigt. § 1062 ZGB (§ 17 EheG) regelt einerseits, welches Vermögen das gemeinsame Vermögen ist. Andererseits gilt er als güterrechtliche besondere Regelung für den während der Ehe eintretenden Eigentumserwerb des Ehegatten.[129] Wenn ein Ehegatte während der

---

122 *Hu/Wang*, Ehegesetz-Interpretation, S. 70; *Huang (Hrsg.)*, Die Anmerkung des Ehe- und Familienrechts des ZGB, S. 109.

123 *Pei*, Legal Science 2017, 3 (11).

124 Die Bedeutungen der Begriffe "Früchte" und "natürliche Wertsteigerungen " befinden sich im Kap. 3. D. III. 5.

125 *Xi (Hrsg.)*, Das Verstehen und die Anwendung der EEheG III, S. 93.

126 Siehe Kap. 3. D. II. 2.

127 *Wang*, Journal of SUPSL 2000, 45 (46); siehe Kap. 3. D. II. 2.

128 *He*, Peking University Law Journal 2014, 1500 (1511); *Long*, Chinese Journal of Law 2017, 20 (25 ff.).

129 Vgl. *He*, Peking University Law Journal 2014, 1500 (1506).

Ehe von einem Dritten eine Wohnung gekauft hat, ist die Eintragung unter dem Namen beider Ehegatten im Grundbuch nicht die Voraussetzung für den Eigentumserwerb beider Ehegatten. Vielmehr genügt es schon, dass der handelnde Ehegatte im Grundbuch eingetragen worden ist.[130] Der Erwerb von beiden Ehegatten vollzieht sich in zwei Schritten: Der für sich allein erwerbende Ehegatte wird zuerst Alleineigentümer. Nach einer „logischen Sekunde" (juristische Sekunde) werden beide Ehegatten kraft Gesetzes Eigentümer.[131] Das daraus folgende Ergebnis ist die Unrichtigkeit des Grundbuchs.[132] Obwohl die Ehegatten einen Anspruch auf die Grundbuchberichtigung haben, machen die Ehegatten in China diesen Anspruch meistens nicht geltend.[133] Demzufolge kann das Grundbuch den richtigen Eigentümer nicht ausweisen und der öffentliche Glaube des Grundbuchs ist nicht mehr vorhanden. „Solange der Handelnde verheiratet ist, ist die Eintragung im Grundbuch höchstwahrscheinlich nicht richtig."[134]

Um dieser Situation zu begegnen, werden zwei Lösungen im rechtspolitischen Sinne in der Literatur vorgeschlagen. Einer Lösung nach sollte das Recht des Ehegatten an dem gemeinsamen Vermögen so ausgelegt werden, dass die Ehegatten keine dingliche Berechtigung an dem gemeinsamen Vermögen, sondern nur das Verwaltungsrecht hätten. Die güterrechtlichen Regelungen im Buch des Familienrechts des ZGB sollten keine dingliche Wirkung entfalten. Nur der handelnde Ehegatte sollte nach den sachenrechtlichen Regelungen Eigentümer sein. Bei Scheidung wäre die Geldsumme des gemeinsamen Vermögens zwischen den Ehegatten zu verteilen.[135] Der zweiten Lösung nach sollte das Eigentumsverhältnis zwischen den Ehegatten gemäß güterrechtlichen Regelungen im Familienrechtsbuch des ZGB (EheG) zu bestimmen sein. Im Außenverhältnis sollte das Eigentumsverhältnis jedoch gemäß den Regelungen im Sachenrechtsbuch des ZGB zu beurteilen sein. Demzufolge wäre der handelnde Ehegatte im Außenverhältnis der richtige Eigentümer, während beide Ehegatten im Innenverhältnis virtuelle Gesamthandeigentümer

---

130 Vgl. *He*, Peking University Law Journal 2014, 1500 (1506); *Long*, Chinese Journal of Law 2017, 20 (25 ff.).

131 *He*, Peking University Law Journal 2014, 1500 (1506 ff.).

132 *He*, Peking University Law Journal 2014, 1500 (1511).

133 § 220 ZGB Abs. 1 S. 1 Halten Berechtigte oder Interessierte einen im Grundbuch aufgezeichneten Gegenstand für unrichtig, können sie die Eintragung einer Berichtigung beantragen.

134 *He*, Peking University Law Journal 2014, 1500 (1513).

135 *He*, Peking University Law Journal 2014, 1500 (1513 ff.).

wären. Bei Scheidung würden nicht die Werte des gemeinsamen Vermögens zwischen den Ehegatten geteilt, sondern die in das gemeinsame Vermögen fallenden Gegenstände.[136]

C. Ehescheidung im ZGB

I. Überblick

Die Vorschriften über Ehescheidung befinden sich im vierten Kapital des fünften Buchs des ZGB (§§ 1076 bis 1092 ZGB, §§ 31 bis 42EheG). Sie regeln die Scheidungsformen, Scheidungsgründe und Rechtsfolgen der Ehescheidung. Die Scheidung löst die gültig geschlossene Ehe mit der Wirkung für die Zukunft auf. Sie unterscheidet sich von der Ehevernichtbarkeit in § 1051 ZGB (§ 10 EheG) und der Eheanfechtung in §§ 1052, 1053 ZGB (§ 11 EheG). Die Auflösung der Ehe durch die beiden letzten Rechtsinstitute hat eine Rückwirkung. Das chinesische Eherecht kennt das Institut der Eheaufhebung nicht. Stattdessen gelten die Vernichtbarkeit der Ehe und die Eheanfechtung. Anders als die Eheaufhebung im BGB, die die Wirkung nur für die Zukunft (ex nunc) entfaltet,[137] haben die Ehevernichtbarkeit und die Eheanfechtung rückwirkende Wirkung.[138] Nach § 1054 ZGB (§ 12 EheG) ist eine nichtige oder eine angefochtene Ehe von Anfang an nichtig. Jedoch gibt es bei den vermögensrechtlichen Rechtsfolgen und der Rechtsstellung des Kindes Ausnahmen: Hinsichtlich der vermögensrechtlichen Rechtsfolge findet das Bereicherungsrecht keine Anwendung. Das Volksgericht entscheidet nach dem Grundsatz, dass die Interessen des schuldlosen Ehegatten besonders berücksichtigt werden sollen; die Kinder, die während der vernichtbaren oder anfechtbaren Ehe geboren sind, sind eheliche Kinder.

Zwei Scheidungsformen werden im ZGB (EheG) vorgesehen, erstens die einverständliche Scheidung durch Scheidungseintragung beim Standesamt nach § 1076 ZGB (§ 31 EheG) und zweitens die einseitige Scheidung durch Urteil vor Gericht nach § 1079 ZGB (§ 32 EheG). Die einverständliche Scheidung beim Standesamt beruht auf den gegenseitigen Scheidungswillen beider Ehegatten und wird von den Ehegatten außergerichtlich vollzogen. Demgegenüber erzielen die Ehegatten bei der einseitigen Scheidung keine Einigung über ihre Scheidung. Daher kann die Ehe nur mit der Klage des Ehegatten durch ein gerichtliches Urteil geschieden werden.

---

136 *Long*, Chinese Journal of Law 2017, 20 (28 ff.).

137 MünchKomm/*Wellenhofer*, § 1313, Rn. 1.

138 *Huang (Hrsg.)*, Die Anmerkung des Ehe- und Familienrechts des ZGB, S. 64.

Neben diesen zwei Scheidungsformen ist in der Praxis noch eine weitere Art der Scheidung vorhanden, nämlich die Scheidung, die vor Gericht einverständlich durchzuführen ist.[139] Dies wäre der Fall, wenn ein Ehegatte auf die Scheidung geklagt und der andere Ehegatte in der Schlichtungsphase beim Gericht der Scheidung zustimmt hat. Eine gerichtliche Prüfung, ob ein Scheidungsgrund vorliegt, ist nicht mehr erforderlich. Die Ehe wird durch die Schlichtungsurkunde des Gerichts geschieden.[140] Diese Scheidungsform weist also zwei Merkmale auf: Einerseits beruht sie auf dem Einverständnis beider Ehegatten über die Ehescheidung, andererseits vollzieht sie sich vor Gericht.[141] Deshalb wird sie in der Literatur sowohl als einverständliche Scheidung als auch als gerichtliche Scheidung bezeichnet.[142]

II. Die einverständliche Scheidung beim Standesamt

Die einverständliche Scheidung beim Standesamt beruht auf dem einverständlichen Scheidungswillen der Ehegatten und wird außergerichtlich von den Ehegatten vollzogen. Es ist anerkannt, dass diese Scheidungsform die Scheidungsfreiheit reflektieren und sicherstellen kann.[143] Zugleich wird die einverständliche Scheidung beim Standesamt als eine Scheidungsform betrachtet, welche den Streit zwischen beiden Ehegatten vermeiden oder zumindest nicht verstärken kann.[144]

1. Die Voraussetzungen

a) Zustandekommen einer Scheidungsvereinbarung

Vor dem Inkrafttreten des ZGB regelte § 31 EheG die einverständliche Scheidung beim Standesamt. Demnach konnte das Standesamt den Ehegatten eine Scheidungsurkunde nur dann ausstellen, wenn die Fragen bezüglich der Kinder und des Vermögens des Ehegatten angemessen geregelt worden waren. Dieser Paragraph hatte nicht klargestellt, dass eine Scheidungsvereinbarung für die einverständliche Scheidung unentbehrlich war. Nach § 11 Eheregistrierungsverordnung sollten die Ehegatten eine von

139 *Yu*, Original Theory of Relative Law, S. 297.
140 *Yang (Hrsg.)/Tao*, Familienrecht, S. 173.
141 *Yu*, Original Theory of Relative Law, S. 297.
142 Siehe *Yang (Hrsg.)/Tao*, Familienrecht, S. 150 f; *Yu*, Original Theory of Relative Law, S. 296 ff.
143 *Huang (Hrsg.)*, Die Anmerkung des Ehe- und Familienrechts des ZGB, S. 170.
144 *Yang (Hrsg.)/Tao*, Familienrecht, S. 172.

beiden unterzeichnete Scheidungsvereinbarung dem Standesamt abgeben. Dies ist von § 1076 Abs. 1 ZGB übernommen worden.[145] Somit müssen die Ehegatten eine Scheidungsvereinbarung über die Rechtsfolgen hinsichtlich des Kindes und des Vermögens treffen. Die Rechtsfolgen hinsichtlich des Kindes enthalten die Verteilung des Sorgerechts, die Höhe des Kindesunterhalts, die Ausübung des Umgangsrecht usw.[146] Die Rechtsfolgen hinsichtlich des Vermögens beziehen sich auf die Verteilung des gemeinsamen Vermögens und der gemeinsamen Verbindlichkeiten.[147]

Nach § 31 EheG mussten diese Rechtsfolgen in einer Scheidungsvereinbarung angemessen geregelt worden sein. Über die Kriterien der Angemessenheit der Scheidungsvereinbarung gab es im EheG keine Regelungen. Nach § 13 Eheregistrierungsverordnung brauchte das Standesamt jedoch nur zu prüfen, ob die Ehegatten über die obigen Fragen überhaupt einen Konsens erreicht hatten. Die Angemessenheit der Vereinbarung war nicht zu prüfen.[148] Diese Meinung wird von § 1076 Abs. 1 ZGB vertreten.[149] Bezüglich der Form der Scheidungsvereinbarung wird die Schriftform gefordert.

Wie oben erläutert, darf das Standesamt die Scheidung der Ehegatten im Eheregister nicht eintragen, wenn eine Scheidungsvereinbarung nicht wirksam zustande gekommen ist. Ist die Scheidungseintragung aber bereits durchgeführt worden, hat die Nichtigkeit oder Anfechtbarkeit der Scheidungsvereinbarung keinen Einfluss auf die Wirksamkeit der Scheidung mehr.[150] Nach § 70 EZGB I (§ 9 EEheG II) kann ein Ehegatte innerhalb eines Jahres nach der Scheidung die Anfechtung der Abmachung über die Vermögensauseinandersetzung, die in der Scheidungsvereinbarung eingeschlossen ist, verlangen. Die Anfechtung der Abmachung über die Vermögensauseinandersetzung wirkt auf die Wirksamkeit der Scheidung nicht ein.[151]

b) Beiderseitige Scheidungswillenserklärung

Die einverständliche Scheidung beim Standesamt beruht auf dem übereinstimmenden Scheidungswillen der Ehegatten. Dieser Scheidungswille befindet sich nicht bereits in der frühzeitig geschlossenen Scheidungsvereinbarung,

---

145 *Huang (Hrsg.)*, Die Anmerkung des Ehe- und Familienrechts des ZGB, S. 173.
146 *Hu/Wang*, Ehegesetz-Interpretation, S. 127.
147 *Hu/Wang*, Ehegesetz-Interpretation, S. 127.
148 Vgl. *Hu/Wang*, Ehegesetz-Interpretation, S. 128.
149 *Huang (Hrsg.)*, Die Anmerkung des Ehe- und Familienrechts des ZGB, S. 180 ff.
150 Vgl. *Ma*, Ehe- und Familienrecht, S. 110 ff.
151 Vgl. *Huang (Hrsg.)*, Das Verstehen und die Anwendung der EEheG II, S. 81 ff.

sondern muss von den Ehegatten bei gleichzeitiger Anwesenheit persönlich vor dem Standesamt erklärt werden.[152] Zu diesem Abgabezeitpunkt der Willenserklärung müssen beide Ehegatten geschäftsfähig sein.[153] Außerdem muss die Erklärung des Scheidungswillens nach § 1078 ZGB (§ 31 EheG) von den Ehegatten freiwillig abgegeben werden. Es wird in der Literatur auch gefordert, dass ein Scheidungswillensmangel wie Irrtum, Täuschung, Drohung usw. nicht existieren darf.[154] Jedoch gibt es im ZGB (EheG) keine Regelung dazu, zu welchen Rechtsfolgen solche Scheidungswillensmängel führen können.[155]

In der Rechtspraxis wird die Frage zum Teil so gelöst, dass im Fall der Geschäftsunfähigkeit eines Ehegatten[156], der nicht gleichzeitigen Anwesenheit beider Ehegatten[157]oder der Drohung[158] die Scheidungseintragung des Standesamts als rechtswidriger Verwaltungsakt betrachtet wird. Daher kann der Ehegatte eine verwaltungsgerichtliche Anfechtungsklage erheben, so wird die Scheidung als von Anfang an nichtig angesehen.[159] Dieser verwaltungsrechtliche Lösungsweg wird in der Literatur heftig kritisiert.[160] Es wird die Meinung vertreten, dass das Standesamt lediglich eine Verwaltungsbehörde sei und keine Fähigkeit habe, die materielle Rechtsfrage der Willensmängel zu beurteilen.[161] Hätte das Standesamt seine formelle Kontrollpflicht richtig erfüllt, wäre eine Anfechtungsklage gegen die Eintragung nicht berechtigt.[162]

---

152 Vgl. *Huang (Hrsg.)*, Die Anmerkung des Ehe- und Familienrechts des ZGB, S. 173. Es ist auch zu beachten, dass, wenn ein Ehegatte nach dem Abschluss der Scheidungsvereinbarung die Mitwirkung der Scheidungseintragung beim Standesamt verweigert, der andere Ehegatte eine Leistungsklage auf Scheidungseintragung nicht erheben kann.

153 *Yu*, Original Theory of Relative Law, S. 315, S. 319.

154 Vgl. *Huang (Hrsg.)*, Die Anmerkung des Ehe- und Familienrechts des ZGB, S. 173; *Ma*, Ehe- und Familienrecht, S. 111.

155 *Yu*, Original Theory of Relative Law, S. 315, S. 318.

156 Verwaltungsgerichtliches Urteil: Das Mittlere Volksgericht in Shangrao, 2010, Nr. 29, （2010）饶中行终字第29号行政判决书.

157 Verwaltungsgerichtliche Urteil: Das Untere Volksgericht in Xinyi,（2015）茂信法行初字第29号行政判决书.

158 Verwaltungsgerichtliches Urteil: Das Untere Volksgericht in Pingwu,（1994）平行初字第1号行政判决书.

159 Vgl. *Yu*, Original Theory of Relative Law), S. 315, S. 318.

160 Siehe *Wang/Wang*, The People's Judicature 2015, 65; *Jin*, Law Science 2012, 133; Gegenmeinung *Cai*, The People's Judicature 2013, 91.

161 *Wang/Wang*, The People's Judicature 2015, 65(68).

162 *Wang/Wang*, The People's Judicature 2015, 65(67 ff.).

Demgegenüber wird ein zivilrechtlicher Lösungsvorschlag vertreten, der vorsieht, dass der Gesetzgeber die Rechtsinstitute der Scheidungsvernichtbarkeit und der Scheidungsanfechtung schaffen sollte.[163] Mangels dieser einschlägigen Vorschriften sollten Nichtigkeits- und Anfechtungsgründe der Eheschließung in der Rechtspraxis analog angewendet werden.[164]

c) Scheidungseintragung beim Standesamt

Sofern die obigen Voraussetzungen vorliegen, stellt das Standesamt den Ehegatten eine Scheidungsurkunde aus. Nach § 13 Eheregistrierungsverordnung soll das Standesamt zuerst die Scheidung ins Eheregister eintragen und dann den Ehegatten die Scheidungsurkunde ausstellen. In der Literatur ist die Meinung anerkannt, dass die Ehe zu diesem Eintragungszeitpunkt geschieden ist.[165] Die Scheidungseintragung ist als Bestandteil des Scheidungsgeschäfts anzusehen,[166] während die Ausstellung der Scheidungsurkunde bloß einen deklaratorischen Charakter hat.[167] Diese Meinung ist durch das ZGB bestätigt worden.[168] § 1080 ZGB stellt klar, dass die Eintragung der Scheidung ins Eheregister die Ehe auflöst.

Hierbei zu beachten ist die Neuregelung des § 1077 ZGB. Nach § 1077 ZGB kann ein Ehegatte, der sich nicht mehr scheiden lassen möchte, den Scheidungsantrag innerhalb von 30 Tagen ab dem Tag, an dem das Standesamt den Scheidungsantrag erhält, zurückziehen. Wenn dieser Scheidungsantrag in dieser Frist von einem Ehegatten oder beiden Ehegatten nicht zurückgenommen wird, können die Ehegatten die Ausstellung einer Scheidungsurkunde innerhalb von weiteren 30 Tagen beantragen. Andernfalls gilt der Antrag auf Scheidung als zurückgenommen. Man nennt diese Vorschrift „Vorschriften der Ruhezeit".[169] Sie ändert die Vorschrift des § 13 Eheregistrierungsverordnung, wonach das Standesamt die Scheidung vor Ort ins Eheregister eintragen sollte, wenn der Scheidungsantrag beim Standesamt eingegangen war. Mit dem

163 Vgl. *Yu*, Original Theory of Relative Law, S. 321.

164 *Yu*, Original Theory of Relative Law, S. 318.

165 *Yu*, Original Theory of Relative Law, S. 318; *Huang (Hrsg.)*, Die Anmerkung des Ehe- und Familienrechts des ZGB, S. 194. Eine andere Meinung: Die Ausstellung der Scheidungsurkunde ist als Zeitpunkt einer wirksamen Scheidung anzusehen, siehe *Ma*, Ehe- und Familienrecht, S. 111.

166 *Yu*, Original Theory of Relative Law, S. 318.

167 *Yu*, Original Theory of Relative Law, S. 318.

168 Vgl. *Huang (Hrsg.)*, Die Anmerkung des Ehe- und Familienrechts des ZGB, S. 195.

169 *Huang (Hrsg.)*, Die Anmerkung des Ehe- und Familienrechts des ZGB, S. 175.

Inkrafttreten des § 1077 ZGB müssen die Ehegatten einen Monat warten, bevor die Scheidung eingetragen werden kann. Der Hintergrund des Paragraphs ist die kontinuierliche Steigerung der Scheidungsrate in China – im Jahr 2002 wurden pro 1.000 Einwohnern 0,9 Ehen geschieden, im Jahr 2015 waren es schon 2,8.[170] Der Normzweck dieser neu eingeführten Vorschrift ist, den Ehegatten Bedenkzeit zu gewähren, damit übereilte Scheidungen nach Möglichkeit vermieden werden.[171]

2. *Die Grundzüge des Scheidungsverfahrens*

Das dritte Kapitel „Scheidungseintragung" reguliert das Scheidungsverfahren beim Standesamt (§§ 10 bis 14 Eheregistrierungsverordnung). Beide Ehegatten müssen persönlich und gleichzeitig beim Standesamt erscheinen und die Scheidungseintragung beantragen. Bei der Beantragung müssen entsprechende Unterlagen der Ehegatten abgegeben werden, die das Haushaltsregister[172], den Personalausweis, die Heiratsurkunde[173] und die Scheidungsvereinbarung einschließen. Das Standesamt des Haushaltsregistrierungsorts der Ehegatten ist zuständig. Der nächste Schritt ist, die Voraussetzungen der einverständlichen Scheidung zu prüfen. Das Standesamt hat eine formelle Prüfungsbefugnis.[174] Es prüft, ob eine wirksame Scheidungsvereinbarung vorliegt und ob beide Ehegatten geschäftsfähig sind. Wenn diese Voraussetzungen erfüllt sind, wird der letzte Schritt vom Standesamt durchgeführt, also die Eintragung der Scheidung im Eheregister.

---

170 China: Scheidungsrate steigt sprunghaft an. http://german.china.org.cn/txt/2016-07/13/content_38869857.htm (abgerufen am 05.11.2021). Siehe auch *Huang (Hrsg.)*, Die Anmerkung des Ehe- und Familienrechts des ZGB, S. 175 ff.

171 Der Gesetzgeber nennt die 30-tätige Frist auch Ruhezeit, die bezweckt, übereilte Scheidungen zu vermeiden. Dies wird in der Erklärung über den Entwurf des Zivilgesetzbuchs klar dargestellt. Die Erklärung über den Entwurf des Zivilgesetzbuchs wurde mit dem Entwurf des Zivilgesetzbuchs zusammen verkündet.

172 Jede chinesische Familie hat ein Haushaltsregister. Es umfasst wichtige Daten, wie die Geburt, den Tod, die Erschließung, die Scheidung usw.

173 Die Heiratsurkunde ist das wichtigste Mittel, das Bestehen der Ehe nachzuweisen. Nach § 17 Eheregistrierungsordnung können die Ehegatten beim Registeramt, das die Heiratsurkunde ausgestellt hat, einen Heiratsnachweis verlangen, wenn die originale Heiratsurkunde verloren gegangen ist. Ohne Heiratsurkunde oder Heiratsnachweis darf die Ehe nicht beim Standesamt geschieden werden.

174 *Wei*, Die Scheidung und ihre Folgen in China, S. 25.

III. Die einverständliche Scheidung vor Gericht

Die einverständliche Scheidung kann sich nicht nur beim Standesamt, sondern auch vor Gericht vollziehen. Nach § 1079 Abs. 2 S. 1 ZGB (§ 32 Abs. 2 S. 1 EheG) muss das Volksgericht zunächst eine Schlichtung bei der Behandlung der Scheidung durchführen. Wenn die Gefühle der Ehegatten füreinander tatsächlich zerrüttet sind und die Schlichtung erfolglos ist, muss das Gericht die Scheidung gewähren.[175] Die Ehegatten haben immer die Möglichkeit, eine Scheidungsvereinbarung in der Schlichtungsphase zu treffen. Daher nennt man die einverständliche Scheidung vor Gericht die einverständliche Scheidung mittels der Gerichtsschlichtung.[176] Sie unterscheidet sich von der einverständlichen Scheidung nach § 1566 Abs. 1 BGB in Deutschland, die das Getrenntleben von einem Jahr und einen Antrag der beiden Ehegatten oder einen Antrag eines Ehegatten mit der Zustimmung des anderen Ehegatten voraussetzt.[177]

1. Die Voraussetzungen

Die entscheidende Voraussetzung ist, dass eine Scheidungsvereinbarung in der Schlichtungsphase (Schlichtungsvereinbarung) von beiden Ehegatten vor Gericht zustande gekommen ist.[178] In der Schlichtungsvereinbarung müssen die Ehegatten über die Scheidung, die Rechtsfolgen hinsichtlich des Kindes und des Vermögens einig sein.[179] Da der Scheidungskonsens der Ehegatten bereits in der Schlichtungsvereinbarung vorhanden ist, braucht das Gericht nicht mehr zu prüfen, ob die Gefühle der Ehegatten füreinander tatsächlich zerrüttet sind.[180] Allerdings wird die Ehe zum Zeitpunkt des Zustandekommens der Schlichtungsvereinbarung noch nicht aufgelöst. Das Gericht muss nach § 97 Abs. 1 S. 1 Zivilprozessgesetz eine Schlichtungsurkunde erstellen. Diese Urkunde ist nach § 97 Abs. 2 Zivilprozessgesetz von den Richtern und Schöffen zu unterzeichnen. Nachdem die Schlichtungsurkunde von beiden Ehegatten

175 Wörtlich heißt es „muss es die Scheidung gewähren". Die Vorschrift meint eigentlich, dass das Volksgericht zuerst schlichten muss, bevor es ein Scheidungsurteil erlässt. Siehe *Pißler/Pelzer*, Handbuch des chinesischen Zivilprozessrechts, S. 215.

176 Siehe *Yu*, Original Theory of Relative Law, S.330 ff.

177 Siehe *Wellenhofer*, Familienrecht, S. 170, Rn. 9.

178 *Yu*, Original Theory of Relative Law, S. 332.

179 *Huang (Hrsg.)*, Die Anmerkung des Ehe- und Familienrechts des ZGB, S. 185.

180 *Yu*, Original Theory of Relative Law, S. 331.

gegen Unterschrift in Empfang genommen worden ist, hat sie Rechtskraft.[181] Mit diesem Punkt wird die Ehe wirksam geschieden.[182]

Nicht jede Schlichtung führt zu einer Scheidungsvereinbarung. Noch sind zwei Resultate möglich: Die erste Möglichkeit ist, dass die Ehegatten zur guten Beziehung zurückkehren und der Kläger oder die Klägerin die Scheidungsklage zurücknimmt. In diesem Fall wird eine vom Kläger oder von der Klägerin innerhalb von 6 Monaten nochmals erhobene Klage nicht mehr angenommen, wenn keine neuen Umstände oder Gründe vorliegen (§ 124 Nr. 7 Zivilprozessgesetz). Zweite Möglichkeit ist, dass die Ehegatten sich über die Scheidung, die Rechtsfolgen hinsichtlich des Kindes und des Vermögens nicht einig sind. Dann ist ein Urteil des Gerichts erforderlich. Das Gericht wird nach § 1079 ZGB (§ 32 EheG) ausführlich prüfen, ob die Beziehung der Ehegatten zerrüttet ist.

2. *Die Grundzüge des Schlichtungsverfahrens*

In China gibt es bislang noch kein besonderes Verfahrensgesetz für Familiensachen. Die Vorschriften im Zivilprozessgesetz und der entsprechenden Erläuterung des Zivilprozessgesetzes finden im Schlichtungsverfahren der Scheidung Anwendung.[183]

Wie oben erläutert muss das Volksgericht vor einem Scheidungsurteil zuerst den entsprechenden Streit schlichten. Das Gericht kann ohne Antrag der Ehegatten von Amts wegen das Schlichtungsverfahren einleiten. Nach § 133 Zivilprozessgesetz kann eine Schlichtung bei der Versammlung vor der Sitzung durchgeführt werden. Erst wenn diese Vor-Verhandlungs-Schlichtung scheitert, kommt es zur Anberaumung einer mündlichen Verhandlung.[184] Dies durchbricht den Grundsatz der Freiwilligkeit der Schlichtung nach § 93 Zivilprozessgesetz nicht. Jeder Ehegatte kann während der Schlichtung beantragen, das Schlichtungsverfahren abzubrechen.[185] Während der Verhandlung ist eine Schlichtung noch möglich, solange die Ehegatten einverständlich erklären, dass sie eine Schlichtung wollen.[186] Nach § 142 Zivilprozessgesetz kann das Gericht auch nach der Verhandlung und vor Erlass des Urteils den Streit weiter schlichten.

181 *Pißler/Pelzer*, Handbuch des chinesischen Zivilprozessrechts, S. 223.
182 *Huang (Hrsg.)*, Die Anmerkung des Ehe- und Familienrechts des ZGB, S. 185.
183 *Pißler/Pelzer*, Handbuch des chinesischen Zivilprozessrechts, S. 214.
184 *Pißler/Pelzer*, Handbuch des chinesischen Zivilprozessrechts, S. 215.
185 *Pißler/Pelzer*, Handbuch des chinesischen Zivilprozessrechts, S. 215.
186 *Pißler/Pelzer*, Handbuch des chinesischen Zivilprozessrechts, S.215 ff.

Der Schlichter kann ein Einzelrichter oder das Kollegium sein (§ 94 Zivilprozessgesetz). Von der Schlichtung betroffene Einheiten und Einzelne müssen das Volksgericht bei der Schlichtung unterstützen, wenn das Gericht sie um Unterstützung gebeten hat (§ 95 Zivilprozessgesetz). Kommt eine Schlichtungsvereinbarung zustande, erstellt das Gericht eine Schlichtungsurkunde. Mit Unterschrift beider Ehegatten tritt die Wirksamkeit der Schlichtungsurkunde ein (§ 97 Zivilprozessgesetz). Danach können die Ehegatten nicht mehr beim nächsthöheren Volksgericht Berufung einlegen. Außerdem können die Ehegatten die Wiederaufnahme eines Falls nicht beantragen, wenn die rechtskräftige Schlichtungsurkunde die Ehe aufgelöst hat (§ 202 Zivilprozessgesetz).[187]

IV. Die einseitige Scheidung durch Urteil

Will nur ein Ehegatte die Scheidung, der andere aber nicht, kann die Ehe nur unter den Voraussetzungen des § 1079 ZGB (§ 32 EheG) durch Gerichtsurteil geschieden werden. Die zentrale Voraussetzung der einseitigen Scheidung durch Urteil ist die Zerrüttung der Gefühle der Ehegatten.[188] Die einseitige Scheidung durch Urteil ist vom Verschulden der Ehegatten unabhängig.[189] Das Verschuldensprinzip gilt im chinesischen Scheidungsrecht nicht.[190]

---

187 § 94 Das Volksgericht kann durch einen Einzelrichter oder durch das Kollegium schlichten und führt die Schlichtung möglichst an Ort und Stelle durch. Zur Schlichtung kann das Volksgericht Parteien und Zeugen in vereinfachter Form auffordern, vor Gericht zu erscheinen. § 95 Das Volksgericht kann bei Schlichtung betroffene Einheiten und Einzelne um Unterstützung bitten. Die gebetenen Einheiten und Einzelnen müssen das Volksgericht bei der Schlichtung unterstützen. § 97 Über eine mit der Schlichtung erzielte Vereinbarung muss das Volksgericht eine Schlichtungsurkunde erstellen. Die Schlichtungsurkunde muss die Klageforderung, die Tatsachen des Falles und das Ergebnis der Schlichtung angeben. Die Schlichtungsurkunde wird von den Richtern und Schöffen und dem Urkundsbeamten unterzeichnet, mit dem Siegel des Volksgerichts gesiegelt und den Parteien beider Seiten zugestellt. Nachdem die Schlichtungsurkunde von den Parteien beider Seiten gegen Unterschrift in Empfang genommen worden ist, hat sie Rechtskraft. § 202 Die Wiederaufnahme eines Falls, bei dem durch rechtskräftiges Urteil oder rechtskräftige Schlichtungsurkunde eine Ehe aufgelöst wurde, können die Parteien nicht beantragen. Siehe *Pißler*, Handbuch des chinesischen Zivilprozessrechts, Anhang-Zivilprozessgesetz der Volksrepublik China, S. 537 ff.

188 *Ma*, Ehe- und Familienrecht, S. 118; *Yu*, Original Theory of Relative Law, S. 335.

189 *Yu*, Original Theory of Relative Law, S. 335.

190 *Chen*, Familien- und Erbrecht, S. 165; *Yu*, Original Theory of Relative Law, S. 335. Nach dem Wortlaut des § 1079 Abs. 2 S. 1 ZGB (§ 32 Abs. 2 S. 1 EheG)

1. Voraussetzungen

Die einseitige Scheidung durch Urteil setzt eine wirksam bestehende Ehe voraus. Außerdem muss ein Ehegatte aufgrund der Zerrüttung der Gefühle gegen den anderen Ehegatten die Klage auf Ehescheidung wirksam erhoben haben und eine Schlichtung vor dem Urteil gescheitert sein.[191] Beide Ehegatten können unabhängig vom Verschulden die Scheidungsklage erheben. Um die Interessen des Kindes und der Frau zu schützen, sieht § 1082 Halbs. 1 ZGB (§ 34 S. 1 EheG) jedoch Einschränkungen des Rechts des Ehemanns vor.[192] Demnach darf der Ehemann während einer Schwangerschaft der Frau und innerhalb eines Jahres ab der Geburt sowie innerhalb eines halben Jahres ab einem Schwangerschaftsabbruch die Scheidung nicht verlangen. Dies gilt nicht, wenn die Frau die Scheidung will, oder das Volksgericht der Ansicht ist, dass es wirklich erforderlich ist, das Scheidungsverlangen des Mannes anzunehmen (§ 1082 Halbs. 2 ZGB, § 34 S. 2 EheG). Wann die Scheidungsklage des Ehemanns erforderlich ist, entscheidet das Volksgericht im Einzelfall. Das kann etwa dann der Fall sein, wenn die Schwangerschaft der Ehefrau durch den Geschlechtsverkehr mit einem Dritten entstanden ist oder wenn die Ehefrau gegenüber dem Ehemann Gewalt geübt hat usw.[193] Diese Beschränkung wirkt sich als Verfahrenshindernis für den Ehemann aus.[194] Dies unterscheidet sich von § 1565 BGB in Deutschland, wo eine besondere Härte die Scheidung verhindern kann.[195]

Die zentrale Voraussetzung der Zerrüttung der Gefühle der Ehegatten unterscheidet sich von der Zerrüttung der Ehe in Deutschland.[196] Nach der Meinung des chinesischen Gesetzgebers soll die Ehe auf gegenseitiger Liebe, Achtung und

---

ist die Zerrüttung der Gefühle der einzige Scheidungsgrund. Jedoch sind die Zerrüttungsvermutungen nach § 1079 Abs. 3 ZGB (§ 32 Abs. 3 EheG) von Schulden abhängig. Außerdem wird die Frage, ob ein Ehegatte die Scheidung verschuldet, bei der Vermögensauseinandersetzung berücksichtigt. Daher wird auch die Meinung vertreten, dass das Zerrüttungs- und das Verschuldensprinzip in China gleichzeitig existieren, siehe *Fan*, Science of Law 2005, 82 (83).

191 *Yu*, Original Theory of Relative Law, S. 333.

192 *Hu/Wang*, Ehegesetz-Interpretation, S. 147; *Huang (Hrsg.)*, Die Anmerkung des Ehe- und Familienrechts des ZGB, S. 202.

193 *Wei*, Die Scheidung und ihre Folgen in China, S. 51; vgl. *Huang (Hrsg.)*, Die Anmerkung des Ehe- und Familienrechts des ZGB, S. 203.

194 *Huang (Hrsg.)*, Die Anmerkung des Ehe- und Familienrechts des ZGB, S. 203.

195 Siehe *Wellenhofer*, Familienrecht, S. 174, Rn. 14.

196 *Fan*, Science of Law, 2005, 82 (86).

Gleichberechtigung der Ehegatten beruhen.[197] Die Gefühle der Ehegatten füreinander sind die Voraussetzungen der Aufrechterhaltung der Ehe. Daher ist die Zerrüttung der Gefühle der Ehegatten füreinander der Kern der Ehescheidung. Das Kriterium der Zerrüttung der Ehe bleibt oberflächlich.[198] In der Literatur wird jedoch vertreten, dass die Zerrüttung der Ehe das Scheidungskriterium sein soll.[199] Nach dieser Meinung sind die Gefühle der Ehegatten füreinander für die Ehe nicht unbedingt erforderlich. Nicht alle Ehen in der Gesellschaft sind gefühlsbasierte Ehen.[200] Außerdem sind die Gefühle der Ehegatten füreinander als Scheidungskriterium zu abstrakt und subjektiv.[201]

Die Prüfung der tatsächlichen Zerrüttung ist in der Praxis nicht leicht. Dabei hilft das Gesetz mit Vermutungen. § 1079 Abs. 3 ZGB (§ 32 Abs. 3 EheG) zählt fünf Zerrüttungsvermutungen auf. Sie lauten folgendermaßen: (1) Wenn ein Ehegatte eine weitere Ehe eingeht, bevor die schon bestehende Ehe noch nicht aufgelöst worden ist (sogenannte Bigamie), oder wenn ein Ehegatte mit jemand anderem zusammenlebt; (2) wenn Gewalt in der Familie ausgeübt oder ein Familienangehöriger misshandelt oder im Stich gelassen worden ist; (3) wenn ein Ehegatte Glücksspiel, Rauschgift oder andere üble Gewohnheiten trotz wiederholter Ermahnungen nicht aufgibt; (4) wenn die Ehegatten wegen unharmonischer Gefühle für mindestens zwei Jahre getrennt gelebt haben; (5) bei anderen Umständen, die zur Zerrüttung der gegenseitigen Gefühle der Ehegatten geführt haben.[202] In diesen Fällen wird die Zerrüttung der Gefühle der Ehegatten unwiderlegbar vermutet.

Liegen die obigen genannten Gründe nicht vor, muss das Gericht nach dem allgemeinen Zerrüttungsprinzip urteilen. Dafür ist *Die Stellungnahme des Obersten Volksgerichts über die Festlegung der Zerrüttung der Gefühle der*

---

197 *Wei,* Die Scheidung und ihre Folgen in China, S. 18.

198 *Hu/Wang*, Ehegesetz-Interpretation, S. 137.

199 Siehe *Yu*, Original Theory of Relative Law, S.336 ff.; *Fan*, Science of Law, 2005, 82 (86).

200 *Yu*, Original Theory of Relative Law, S. 337.

201 *Fan*, Science of Law, 2005, 82 (86).

202 § 32 Abs. 3 EheG kennt nur die ersten vier Vermutungen. § 1079 Abs. 3 ZGB hat die fünfte Zerrüttungsvermutung hinzugefügt. Dies gilt als allgemeine Ergänzung der Zerrüttungsvermutung. Außerdem ist ein neuer Absatz geschaffen worden, nämlich § 1079 Abs. 5. ZGB: Wenn beide Ehegatten, nachdem das Volksgericht die Scheidung durch Urteil nicht erlaubt hat, für mindestens ein Jahr weiter getrennt gelebt haben, muss die Scheidung gewährt werden.

Ehegatten füreinander[203] entscheidend. Die Stellungnahme enthält vier abstrakte Maßstäbe dafür, inwieweit die Gefühle zwischen den Ehegatten zerrüttet sind, nämlich die Grundlage der Ehe, den Scheidungsgrund, die aktuelle Beziehung und die Versöhnungsmöglichkeit der Ehegatten. Das Volksgericht muss diese Einzelheiten im Rahmen einer Gesamtwürdigung überprüfen.[204]

2. *Die Grundzüge des Scheidungsverfahrens*

Für Familiensachen gibt es in China noch kein besonderes Verfahrensgesetz. Das Zivilprozessgesetz findet entsprechende Anwendung. Grundlegend kann man sagen, dass sich das Familienverfahrensrecht nicht von anderem Zivil- und Handelsverfahrensrecht unterscheidet.[205] In Bezug auf die sachliche und örtliche Zuständigkeit des Gerichts haben Familiensachen im Vergleich zu anderen Zivilsachen keine Besonderheiten. Es ist kein ausschließlicher Gerichtsstand vorgesehen.[206] Der Instanzenzug ist grundsätzlich zweistufig, also ein „System der zweiten Instanz als Schlussinstanz". Das Untere Volksgericht ist in erster Instanz zuständig.[207] Bezüglich der örtlichen Zuständigkeit ist das Volksgericht des Haushaltsregistrierungsorts des Beklagten im Regelfall zuständig (§ 21 Zivilprozessgesetz i.V.m. § 3 Erläuterung des Zivilprozessgesetzes). Die Vorschriften über das gewöhnliche Verfahren finden auch bei Familiensachen Anwendung.[208] Man erhebt im Scheidungsverfahren eine Klage, und die Ehegatten heißen Kläger und Beklagter. Der Grundsatz der streitigen Verhandlung gilt auch in Familiensachen. Für die Ehegatten besteht kein Anwaltszwang. Das Gericht scheidet die Ehe durch Urteil.[209] An einzelnen Punkten gibt es bei Familiensachen Besonderheiten, z.B. setzt bei Familiensachen eine Gerichtsschlichtung ein Urteil voraus.[210]

---

203 Die Stellungnahme des obersten Volksgerichts über die Festlegung der Zerrüttung der Gefühle der Ehegatten füreinander（最高人民法院关于人民法院审理离婚案件如何认定夫妻感情确已破裂的若干具体意见）wurde von dem Obersten Volksgericht am 21.11.1989 verkündet und ist an demselben Tag in Kraft getreten.

204 *Hu/Wang*, Ehegesetz-Interpretation, S. 134 ff.; Wei, Die Scheidung und ihre Folgen in China, S. 39 ff.

205 *Pißler/Pelzer*, Handbuch des chinesischen Zivilprozessrechts, S. 214.

206 *Fu*, Journal of Law Aplication 2011, 81 (81).

207 *Pißler/Pelzer*, Handbuch des chinesischen Zivilprozessrechts, S. 51.

208 Vgl. *Zhang*, Political Science and Law 2007, 157.

209 Vgl. *Wang*, Die neuen Entwicklungen in Ehesachen, S. 762.

210 Eine ausführliche Darstellung der Unterschiede zwischen dem Zivilprozess in Familiensachen und dem in anderen zivilrechtlichen Sachen siehe *Wang*, Die neuen Entwicklungen in Ehesachen, S. 789 ff.

Für den Verbund von Scheidungs- und Folgesachen sieht das Zivilprozessgesetz keine speziellen Vorschriften vor. Es wird nicht klargestellt, welche Scheidungsfolgesachen zusammen mit der Scheidung in einem Scheidungsverfahren verhandelt werden können.[211] In der Praxis ist der Verbund der Scheidungs- und Folgesachen in aller Regeln anerkannt. Der Kläger oder die Klägerin kann immer in der Scheidungsklage beantragen, dass die Vermögensauseinandersetzung und das Sorgerecht des Kindes zusammen mit der Scheidung in demselben Verfahren behandelt werden.[212] Auch nach der Verfahrenseröffnung können die Ehegatten den Verbund verlangen. Das Hinzufügen einer neuen Klageforderung ist bis zum Schluss der mündlichen streitigen Verhandlung möglich (§ 140 Zivilprozessgesetz i.V.m. § 232 Erläuterung des Zivilprozessgesetzes).[213]

D. Vermögensauseinandersetzung nach § 1087 Abs. 1 Halbs. 2 ZGB

I. Grundlage

1. *Allgemeine Voraussetzungen*

Eine von den Ehegatten geschlossene Vereinbarung über die Vermögensauseinandersetzung gilt immer vorrangig. Kommt keine Vereinbarung zustande, kann jeder Ehegatte vor Gericht beantragen, das gemeinsame Vermögen nach § 1087 Abs. 1 Halbs. 2 ZGB (§ 39 Abs. 1 Halbs. 2 EheG) zwischen den Ehegatten zu verteilen. Werden die drei folgenden Voraussetzungen erfüllt, entscheidet das Volksgericht über die Abwicklung der Errungenschaftsgemeinschaft und die daraus folgende Vermögensauseinandersetzung.

Erstens muss eine wirksame Ehe vorhanden sein. Sie setzt beiderseitige wirksame Erklärungen des Ehewillens der Ehegatten und eine Eintragung im Eheregister durch ein Standesamt voraus. Ohne Eintragung im Eheregister handelt es sich nicht um eine Ehe.[214] Für die Beendigung der nichtehelichen Lebensgemeinschaft findet § 1087 ZGB (§ 39 EheG) keine Anwendung.

---

211 Vgl. *Wang*, Die neuen Entwicklungen in Ehesachen, S. 791

212 *Wang*, Die neuen Entwicklungen in Ehesachen, S. 790.

213 *Wang*, Die neuen Entwicklungen in Ehesachen, S. 790.

214 *Yu*, Original Theory of Relative Law, S. 143 ff. Ausnahmsweise wird eine durch formlose Einigung der Verlobten geschlossene Ehe, die vor dem 1. Februar 1994

Zweitens ist die Errungenschaftsgemeinschaft der Güterstand. Nach § 1065 Abs. 1 ZGB (§ 19 Abs. 1 EheG) können die Ehegatten vereinbaren, dass das Vermögen, das während der Ehe erlangt wird oder vor der Ehe schon erzielt wurde, in das Eigenvermögen eines Ehegatten, in das gemeinsame Vermögen beider Ehegatten oder teils in das Eigenvermögen, teils in das gemeinsame Vermögen fällt. Wenn kein gemeinsames Vermögen vorhanden ist, handelt es sich um Gütertrennung. Im Gegensatz dazu ist Gütergemeinschaft vereinbart, wenn es kein Eigenvermögen gibt. Nur wenn die Ehegatten keinen anderen Güterstand vereinbart haben, ist § 1087 Abs. 1 Halbs. 2 ZGB (§ 39 Abs. 1 Halbs. 2 EheG) anwendbar.[215]

Drittens soll die Errungenschaftsgemeinschaft durch Scheidung beendet werden. Wenn die Ehe geschieden wird, löst sich die Lebensgemeinschaft sowie die Errungenschaftsgemeinschaft auf. Zwei Scheidungsformen, also die einverständliche Scheidung und die einseitige Scheidung durch Urteil, stehen den Ehegatten zur Verfügung. Ist die einseitige Scheidung durch Urteil durchzuführen, können die Ehegatten bereits im Scheidungsverfahren die Vermögensauseinandersetzung nach § 1087 Abs. 1 Halbs. 2 ZGB (§ 39 Abs. 1 Halbs. 2 EheG) vor Gericht beantragen. Die einverständliche Scheidung setzt jedoch eine Scheidungsvereinbarung mit Bestimmungen über die Vermögensauseinandersetzung voraus.[216]

2. *Die grundlegenden Schritte der Vermögensauseinandersetzung*

Nach § 1087 Abs. 1 Halbs. 2 ZGB (§ 39 Abs. 1 Halbs. 2 EheG) entscheidet das Volksgericht über die Vermögensauseinandersetzung nach den konkreten Umständen des Vermögens und nach dem Grundsatz besonderer Berücksichtigung der Interessen von Kind und Frau sowie der Interessen des schuldlosen Ehegatten.[217] Der Wortlaut schreibt nur die Grundprinzipien

---

geschlossen worden ist, unter den Voraussetzungen des § 7 EZGB I (§ 5 EEheG I) als eine wirksame Ehe anerkannt.

215 Es ist unklar, ob § 1087 Abs. 1 Halbs. 2 ZGB (§ 39 Abs. 1 Halbs. 2 EheG) bei der Gütergemeinschaft anwendbar ist. Meines Erachtens soll er auch bei der Gütergemeinschaft Anwendung finden, weil die Errungenschaftsgemeinschaft nur eine Sonderform der Gütergemeinschaft darstellt.

216 *Hu/Wang*, Ehegesetz-Interpretation, S. 128.

217 Im Vergleich mit § 39 Abs. 1 Halbs. 2 EheG berücksichtigt § 1087 ZGB auch die Interessen der schuldlosen Ehegatten. § 39 Abs. 1 Halbs. 2 EheG: „Kommt keine Vereinbarung zustande, so entscheidet das Volksgericht nach den konkreten Umständen des Vermögens und nach dem Grundsatz besonderer Berücksichtigung der Interessen von Kind und Frau."

der Auseinandersetzung vor. Die Fragen, ob nur das gemeinsame Vermögen zwischen den Ehegatten zu verteilen ist, und ob diese Grundprinzipien als Kriterien für die Zuweisung des Vermögensgegenstandes oder als Maßstab für die Beteiligungsquote des Ehegatten an dem gemeinsamen Vermögen angesehen werden, werden nicht beantwortet. In der Literatur ist allgemein anerkannt, dass die Grundprinzipien in § 1087 Abs. 1 Halbs. 2 ZGB (§ 39 Abs. 1 Halbs. 2 EheG) für die Verteilung des gemeinsamen Vermögens gelten. Sowohl der Anteil jedes Ehegatten am gemeinsamen Vermögen als auch die Art und Weise der Teilung des gemeinsamen Vermögens werden nach diesen Grundprinzipien vom Gericht entschieden.[218] Das Eigenvermögen jedes Ehegatten bleibt im Scheidungsfall unberührt.

Zuerst ist das gemeinsame Vermögen zu ermitteln. § 1062 Abs. 1 ZGB (§ 17 Abs. 1 EheG)[219] schreibt das gemeinsame Vermögen unterschiedlicher Art vor. §§ 25, 80 EZGB I (§ 11 EEhG II und § 13 EEheG III)[220] funktionieren als Ergänzung des § 1062 Abs. 1 ZGB (§ 17 Abs. 1 EheG).[221] Das gemeinsame Vermögen ist eine selbständige Vermögensmasse, an der beide Ehegatten während der Ehezeit gleiche Rechte haben. Im Scheidungsfall ist das gemeinsame Vermögen zwischen den Ehegatten zu verteilen.

Dann ist das jeweilige Eigenvermögen des Ehegatten festzustellen. Außerhalb des gemeinsamen Vermögens ist das restliche Vermögen Eigenvermögen.[222] Darauf findet § 1063 Abs. 1 ZGB (§ 18 Abs. 1 EheG)[223] Anwendung. Als Ergänzung zu dieser Regelung gilt § 26 EZGB I (§ 5 EEheG III).[224] Hier ist zu ermitteln, welches Eigenvermögen während der Ehe welchem Ehegatten gehört. Diese Zuordnung des Eigenvermögens bleibt im Fall der Scheidung unverändert.

Zuletzt sind der Anteil jedes Ehegatten am gemeinsamen Vermögen und die Teilungsweise des gemeinsamen Vermögens zu bestimmen. Dafür sind nicht nur § 1087 Abs. 1 Halbs. 2 ZGB (§ 39 Abs. 1 Halbs. 2 EheG)[225] und § 1092 ZGB

---

218 *Ma*, Familien- und Erbrecht, S. 129; *Yang* (Hrsg.), Familienrecht, S. 189 ff.; *Yu*, Original Theory of Relative Law, S. 347 ff.
219 Siehe Kap. 3. D. II.
220 Siehe Kap. 3. D. II. 3.
221 Vgl. *Huang (Hrsg.)*, Das Verstehen und die Anwendung der EEheG II, S. 108.
222 *Hu/Wang*, Ehegesetz-Interpretation, S. 69.
223 Siehe Kap. 3. D. III.
224 *Das Oberste Volksgericht (Hrsg.)*, Das Verstehen und die Anwendung der EEheG III, S. 91, 101. Siehe Kap. 3. D. III. 5.
225 Siehe Kap. 3. D. IV. 1.

(§ 47 Abs. 1 EheG)[226] entscheidend, sondern auch §§ 72 bis 77 EZGB I (§§ 15 bis 21 EEheG II).[227] Die Regelungen im ZGB (EheG) schreiben die Grundsätze der Verteilung vor, während die Vorschriften in der EZGB I (EEheG II) die konkreten Verteilungsweisen bezüglich unterschiedlicher Vermögensgegenstände festsetzen.

Es ist zu beachten, dass Verbindlichkeiten einschließlich gemeinsamer Verbindlichkeiten beider Ehegatten und eigener Verbindlichkeiten jedes der beiden Ehegatten nicht im Rahmen des Vermögens behandelt werden.[228] § 1089 ZGB (§ 41 EheG)[229] regelt die Rechtslage der gemeinsamen Verbindlichkeiten im Scheidungsfall. Demnach können die Ehegatten im Innenverhältnis vereinbaren, welcher Ehegatte zu welchen Anteilen für die gemeinsamen Verbindlichkeiten aufkommen soll. Kommt keine Vereinbarung darüber zustande, beurteilt das Gericht die Art und Weise der Teilung der gemeinsamen Verbindlichkeiten zwischen beiden Ehegatten. Es wird nicht geregelt, nach welchen Kriterien die gemeinsamen Verbindlichkeiten zwischen den Ehegatten zu verteilen sind. Nach der h.M. gelten die Grundsätze der Verteilung des gemeinsamen Vermögens nach § 1087 Abs. 1 Halbs. 2 ZGB (§ 39 Abs. 1 Halbs. 2 EheG) auch bei der Verteilung der gemeinsamen Verbindlichkeiten.[230]

3. *Vermögensauseinandersetzungsverfahren*

Normalerweise klagen die Ehegatten in der Praxis im Scheidungsverfahren zugleich auf die Vermögensauseinandersetzung. Dann verhandelt das Volksgericht in einem Verfahren die Scheidung und die Vermögensauseinandersetzung. Die Entscheidung erfolgt durch Urteil.[231] Allerdings wird eine Auseinandersetzung des gesamten gemeinsamen Vermögens im Scheidungsverfahren vom Gesetz nicht erzwungen.[232] Die Ehegatten können vereinbaren, dass ein bestimmter Vermögensgegenstand nach der Scheidung den Ehegatten weiter gemeinschaftlich gehört. Außerdem kann das gemeinsame Vermögen auch kraft Gesetzes weiterbestehen. Nach

---

226 Siehe Kap. 3. D. IV. 1. d).
227 Vgl. *Yu*, Original Theory of Relative Law, S. 347 ff.
228 Vgl. *Li*, Die Vervollkommnung des chinesischen ehelichen Güterrechts, S. 31, 45.
229 Siehe Kap. 3. D. V. 1.
230 *Li*, Die Vervollkommnung des chinesischen ehelichen Güterrechts, S. 47; *Ma*, Ehe- und Familienrecht, S. 139; *Yu*, Original Theory of Relative Law, S. 357. Siehe auch Kap. 3. D. V. 3.
231 *Xi (Hrsg.)*, Das Verstehen und die Anwendung der EEheG III, S. 256.
232 *Xi (Hrsg.)*, Das Verstehen und die Anwendung der EEheG III, S. 257.

§ 77 EZGB I (§ 21 EEheG II) soll das Volksgericht kein Urteil zur Zugehörigkeit des Gebäudes treffen, an welchem die Ehegatten bei der Scheidung noch kein oder nicht vollständiges Eigentum erlangt haben.[233] In diesem Fall können die Ehegatten erst nach der Scheidung die Vermögensauseinandersetzung des Gebäudes beantragen, wenn sie an diesem Gebäude das vollständige Eigentum erlangt haben.[234] Darüber hinaus regelt § 1092 ZGB (§ 47 EheG) den Fall, dass ein Ehegatte illoyale Handlungen wie Verbergen, Verschieben oder Beschädigen des gemeinsamen Vermögens getätigt hat und der andere Ehegatte vor der Ehescheidung diese illoyalen Handlungen nicht gekannt hat. Dann kann der andere Ehegatte nach der Scheidung nochmalige Aufteilung des gemeinsamen Vermögens verlangen.[235]

Es ist zu beachten, dass die Vermögensauseinandersetzungsklage eine Gestaltungsklage ist.[236] Das Gericht entscheidet nach § 1087 Abs. 1 Halbs. 2 ZGB (§ 39 Abs. 1 Halbs. 2 EheG), wie das gemeinsame Vermögen zu verteilen ist. Das Volksgericht kann urteilen, welchem Ehegatten ein ursprünglich zum gemeinsamen Vermögen gehörende Gegenstand zufließen soll. Ein rechtskräftiges Urteil über die Vermögensauseinandersetzung kann die Zugehörigkeit des in das gemeinsame Vermögen fallenden Vermögensgegenstandes unmittelbar verändern.[237]

---

233 Es handelt sich um öffentlich geförderte Wohnungen, an welchen die Ehegatten erst nach bestimmten Zeiten das Eigentum erwerben können, siehe *Huang (Hrsg.)*, Das Verstehen und die Anwendung der EEheG II, S. 190.

234 *Huang (Hrsg.)*, Das Verstehen und die Anwendung der EEheG II, S. 190.

235 Es ist unklar, nach welchen Regelungen die Ehegatten das noch nicht geteilte gemeinsame Vermögen verwalten und darüber verfügen. In der Literatur fehlt die Diskussion, in welchem Verhältnis die Ehegatten miteinander in der Zwischenzeit, also nach der Beendigung der Errungenschaftsgemeinschaft und vor der Auseinandersetzung der Errungenschaftsgemeinschaft, stehen.

236 Zur Gegenmeinung, dass § 1087 ZGB (§ 39 EheG) eine Anspruchsgrundlage darstellt, siehe *Li*, Die Vervollkommnung des chinesischen ehelichen Güterrechts, S. 116.

237 § 28 Sachenrecht (§ 229 ZGB): „Bestellung, Übertragung oder Erlöschen von Sachenrechten, die durch Rechtsurkunden eines Volksgerichts oder eines Schiedsorgans, Einziehungsbeschlüsse einer Volksregierung und dergleichen herbeigeführt werden, werden zu dem Zeitpunkt wirksam, zu dem die Rechtsurkunde, der Einziehungsbeschluss oder dergleichen wirksam wird."

II. Ermittlung des gemeinsamen Vermögens

Was zum gemeinsamen Vermögen gehört, wird in § 1062 Abs. 1 ZGB (§ 17 Abs. 1 EheG) geregelt. In aufzählender Art und Weise stellt die Vorschrift klar, dass folgendes Vermögen, das die Ehegatten während der Ehe erlangt haben, das gemeinsame Vermögen beider Ehegatten ist: (1) Lohn, Prämie und Arbeitsentgelt, (2) Einkommen aus Produktion, Betrieb und Investition, (3) Einkommen aus geistigen Eigentumsrechten, (4) geerbtes und geschenktes Vermögen, solange es in einem Testament oder Schenkungsvertrag nicht feststellbar ist, dass es nur in das Eigenvermögen eines Ehegatten fallen soll, (5) anderes Vermögen, das in das gemeinsame Vermögen fallen soll.[238]

1. Arbeitseinkommen

Das Arbeitseinkommen, das die Ehegatten während der Ehezeit durch Arbeit erworben haben, ist gemeinsames Vermögen. Das entspricht der Natur der Errungenschaftsgemeinschaft. § 1062 Abs. 1 ZGB (§ 17 Abs. 1 EheG) unterscheidet das Arbeitseinkommen nach dem Beruf der Ehegatten.[239]

Lohn und Prämie sind die wiederkehrenden Verdienste, die ein Ehegatte als Arbeitsnehmer während der Ehezeit aus körperlicher oder geistlicher Arbeit erlangt hat. § 1062 Abs. 1 ZGB (§ 17 Abs. 1 EheG) stellt das Arbeitsentgelt dem Lohn und der Prämie gleich. Im Vergleich zu dem Lohn und der Prämie ist das Arbeitsentgelt der Verdienst, den ein Ehegatte als Selbständiger durch körperliche oder geistige Tätigkeiten erworben hat.[240]

Das Einkommen aus Produktion bedeutet die Ernten durch die landwirtschaftliche Produktion eines Bauers, während das Einkommen aus Betrieb die Unternehmensgewinne darstellt.[241] Hinsichtlich der Unternehmensgewinne ist es nicht entscheidend, ob das Unternehmen zum Eigenvermögen eines

238 Im Vergleich dazu sind in § 17 Abs. 1 EheG Arbeitsentgelt und Einkommen aus Investition nicht eingeschlossen. § 17 Abs. 1 EheG: „Folgendes Vermögen, das Ehemann und Ehefrau während der Ehe verlangt haben, fällt in ihr gemeinsames Vermögen: (1) Lohn und Prämien; (2) Einkommen aus Produktion und Betrieb; (3) Einkommen aus geistigen Eigentumsrechten; (4) geerbtes und geschenktes Vermögen, außer im Fall des § 18 Nr. 3; (5) anderes Vermögen, das in das gemeinsame Vermögen fallen soll."

239 *Li*, Die Vervollkommnung des chinesischen ehelichen Güterrechts, S. 35.

240 Circular of the State Taxation Administration on Issuing the Regulations on Some Issues Concerning the Levy of Individual Income Tax.

241 *Hu/Wang*, Ehegesetz-Interpretation, S. 65.

Ehegatten oder zum gemeinsamen Vermögen beider Ehegatten gehört.[242] § 1062 Abs. 1 ZGB (§ 17 Abs. 1 EheG) regelt nicht, welche Zuordnungskriterien für das Unternehmen gelten. § 1062 Abs. 1 Nr. 3 ZGB schreibt auch den Investitionsertrag als gemeinsames Vermögen vor. Der Investitionsertrag ist das Einkommen, das ein Ehegatte als Investor durch eine Investitionstätigkeit, wie Verwalten der Aktien und des als Kapitalanlage gekauften Gebäudes, Golds oder anderen Gegenstandes, erlangt hat.[243] § 25 Nr. 1 EZGB (§ 11 EEheG II) hebt besonders vor, dass der Ertrag, den ein Ehegatte während der Ehe durch die Investition seines Eigenvermögens erlangt hat, das gemeinsame Vermögen beider Ehegatten ist. „Während der Ehe" ist so zu verstehen, dass die Durchführung der Investition in einer laufenden Ehe passiert. Der Erwerbszeitpunkt des Investitionsertrags ist irrelevant.[244] Nach § 26 EZGB (§ 5 EEheG III) ist der Investitionsertrag von der natürlichen Wertsteigerung zu unterscheiden. Die natürliche Wertsteigerung ist die Wertsteigerung, die durch veränderte Marktbedingungen oder Inflation verursacht wird. Sie hat mit der Zusammenarbeit beider Ehegatten oder der Tätigkeit eines Ehegatten nichts zu tun.[245]

Einkommen aus geistigen Eigentumsrechten bezieht sich hauptsächlich auf das Entgelt nach der Veröffentlichung, Aufführung und Ausstrahlung eines Werkes eines Künstlers, das Entgelt nach der Übertragung eines Patentrechts vom Erfinder oder das Entgelt für die Übertragung einer Marke vom Markeninhaber.[246] Einkommen aus geistigen Eigentumsrechten ist von einem geistigen Eigentumsrecht als solchem, also Urheberrecht, Patentrecht und Markenrecht zu unterscheiden. Das geistige Eigentumsrecht selbst wird wegen seiner Höchstpersönlichkeit als persönliches Recht des entsprechenden Ehegatten betrachtet,[247] während das Einkommen aus diesem Recht nach § 1062 ZGB (§ 17 Abs. 1 EheG) als gemeinsames Vermögen gilt. Es kommt in der Praxis vor, dass der Erwerbszeitpunkt des geistigen Eigentumsrechts während der Ehe ist, aber dass das Einkommen aus diesem geistigen Eigentumsrecht während der Ehe noch nicht eintritt. Nach § 24 EZGB I (§ 12 EEheG II) ist der

242 *Li*, Die Vervollkommnung des chinesischen ehelichen Güterrechts, S. 65.

243 *Huang (Hrsg.)*, Die Anmerkung des Ehe- und Familienrechts des ZGB, S. 103.

244 *Wu*, China Trial und Guide 2014, 144 (146). Der Gegenmeinung nach ist nur der Investitionsertrag, der während der Ehe erworben wird, das gemeinsame Vermögen beider Ehegatten, siehe *Cheng/Wu*, Journal of Law Application 2013, 113 (115).

245 *Cheng/Wu*, Journal of Law Application 2013, 113 (115 ff.).

246 *Hu/Wang*, Ehegesetz-Interpretation, S. 66.

247 *Huang (Hrsg.)*, Das Verstehen und die Anwendung der EEheG II, S. 122 ff.

Erwerbszeitpunkt des Einkommens irrelevant. Solange es während der Ehezeit erkennbar ist, dass die während der Ehe erworbenen geistigen Eigentumsrechte Einkommen abwerfen können, ist das Einkommen das gemeinsame Vermögen beider Ehegatten. Demgegenüber ist das während der Ehe von einem Ehegatten aus geistigen Eigentumsrechten erlangte Einkommen Eigenvermögen, wenn es bereits vor der Ehe vorausberechenbar ist, dass die vor der Ehe von einem Ehegatten erworbenen geistigen Eigentumsrechte Einkommen nach der Eheschließung einbringen können.[248]

Ist ein Ehegatte Militärangehöriger, kann er nach der Demobilisierung einmaliges Demobilisierungs- und Selbstbeschäftigungseinkommen erhalten. Nach § 71 EZGB I (§ 14 EEheG II) fällt dieses Einkommen „anteilig und gestaffelt nach der Ehedauer“ dem gemeinsamen Vermögen beider Ehegatten zu.[249] Um den Betrag des zum gemeinsamen Vermögen gehörenden Demobilisierungs- und Selbstbeschäftigungseinkommens zu ermitteln, ist zunächst ein Jahresdurchschnittswert zu berechnen, indem das gesamte Demobilisierungs- und Selbstbeschäftigungseinkommen auf jedes Jahr der Militärkarriere verteilt wird. „Dann wird dieser Jahresdurchschnittswert mit der Anzahl der Ehejahre multipliziert.“[250]

Zusammenfassend lässt sich also festhalten, dass § 1062 Abs. 1 Nr. 1, 2 und 3 ZGB (§ 17 Abs. 1 Nr. 1, 2 und 3 EheG) unterschiedliche Arten von Arbeitseinkommen nach dem Beruf der Ehegatten erfassen. Das Arbeitseinkommen, das während der Ehe von den Ehegatten erworben wird, fällt in das gemeinsame Vermögen. Der Erwerbszeitpunkt, also „während der Ehe“, ist entscheidend.

2. *Das geerbte und geschenkte Vermögen*

Das geerbte und geschenkte Vermögen kann sowohl dem Eigenvermögen eines Ehegatten als auch dem gemeinsamen Vermögen beider Ehegatten zugerechnet werden. Wenn ein Testament oder Schenkungsvertrag festgelegt hat, dass das Erbe oder der Schenkungsgegenstand nur einem Ehegatten zufließen soll, ist das geerbte oder geschenkte Vermögen dem Eigenvermögen dieses Ehegatten zuzurechnen. Dafür ist eine ausdrückliche Willenserklärung erforderlich.[251] Fehlt

248 *Ma*, Familien- und Erbrecht, S. 90. Vgl. *Yu*, Original Theory of Relative Law, S. 269.
249 *Wei*, Die Scheidung und Ihre Folgen in China, S. 68.
250 *Wei*, Die Scheidung und Ihre Folgen in China, S. 68.
251 *Hu/Wang*, Ehegesetz-Interpretation, S. 66 ff.; *Yu*, Original Theory of Relative Law, S. 277.

eine solche Willenserklärung, fällt das Erbe oder der Schenkungsgegenstand in das gemeinsame Vermögen. Bei der gesetzlichen Erbschaft gehört das von einem Ehegatten geerbte Vermögen immer zum gemeinsamen Vermögen, da eine ausdrückliche Willenserklärung nicht vorhanden ist. Nur bei gewillkürter Erbschaft ist es möglich, dass das geerbte Vermögen dem Eigenvermögen eines Ehegatten zugerechnet wird.[252]

Um den heftigen Streit über die Schenkung durch Eltern des Ehegatten in der Praxis zu beseitigen, stellt das Oberste Volksgericht in § 29 Abs. 2 EZGB I (§ 22 Abs. 2 EEheG II)[253] die Zuordnung des Schenkungsgegenstands bei Schenkung durch die Eltern des Ehegatten klar. Demnach ist das von den Eltern des Ehegatten geschenkte Geld, das während der Ehe für die Ehegatten zum Kauf eines Gebäudes bestimmt ist, nach § 1062 Abs. 1 Nr. 4 ZGB (§ 18 Abs. 1 Nr. 4 EheG) zu behandeln, wenn keine ausdrückliche Bestimmung der Eltern vorliegt oder die Bestimmung der Eltern nicht klar gewesen ist. § 29 Abs. 2 EZGB I (§ 22 Abs. 2 EEheG II) stellt lediglich eine Wiederholung des 1062 Abs. 1 Nr. 4 ZGB (§ 18 Abs. 1 Nr. 4 EheG) dar, sodass das geschenkte Vermögen der Eltern als gemeinsames Vermögen beider Ehegatten betrachtet wird, wenn die Eltern nicht klargestellt haben, dass es einem Ehegatten zufließen soll. Diese Regelung regelt die Zuordnung des zugewandten Kapitalbetrags und nicht die Zuordnung des mit diesem Geldbetrag gekauften Gebäudes.[254]

Diese Rechtslage bezüglich des geerbten und geschenkten Vermögens wird in der Literatur kritisiert. Der Gegenmeinung nach soll das geerbte und geschenkte Vermögen in der Regel dem Eigenvermögen des entsprechenden Ehegatten zufallen. Nur das den beiden Ehegatten gemeinsam geschenkte oder von beiden Ehegatten gemeinsam geerbte Vermögen ist dem gemeinsamen Vermögen zuzurechnen. Dies begründet sich damit, dass das durch die Schenkung oder

---

252 *Yu*, Original Theory of Relative Law, S. 271; *Yang (Hrsg.)/Tao*, Familienrecht, S. 130.

253 § 29 Abs. 2 EZGB I hat die wörtliche Darstellung des § 22 Abs. 2 EEheG II verändert, aber der inhaltliche Regelungsinhalt bleibt unberührt. § 29 Abs. 2 EZGB I: Wenn die Eltern nach der Eheschließung ihres Kindes einen Kapitalbetrag zum Kauf eines Gebäudes des Ehegatten zugewandt haben, ist diese Zuwendung im Fall, in denen keine ausdrückliche Bestimmung der Eltern vorliegt oder die Bestimmung der Eltern nicht klar gewesen ist, nach § 1062 Abs. 1 Nr. 4 ZGB zu behandeln. § 22 Abs. 2 EEheG II: Wenn die Eltern nach der Eheschließung ihres Kindes einen Kapitalbetrag zum Kauf eines Gebäudes des Ehegatten zugewandt haben, ist diese Zuwendung als an beiden Ehegatten gemachten Schenkung anzusehen, wenn die Eltern nicht klargestellt haben, dass nur ein Ehegatte der Leistungsempfänger ist.

254 *Huang (Hrsg.)*, Das Verstehen und die Anwendung der EEheG II, S. 201.

Erbschaft von einem Ehegatten erworbene Vermögen nicht von der Arbeit des Ehegatten abhängig ist. Vielmehr kommt es beim Erwerb dieses Vermögens nur auf das Erbrecht eines Ehegatten oder auf die persönliche Beziehung zwischen Beschenktem und Schenker an.[255] Diese Auffassung, dass die Errungenschaftsgemeinschaft eine bloße Erwerbsgemeinschaft ist, wird jedoch vom Gesetzgeber nicht anerkannt.[256] Neben dem Vermögenserwerb durch Schenkung und Erbschaft auf Seiten eines Ehegatten ist auch der Lottogewinn in das gemeinsame Vermögen einzubeziehen, wenn der Lottoschein von einem Ehegatten oder beiden Ehegatten während der Ehe gekauft wird.[257] Dies weist darauf hin, dass das gemeinsame Vermögen beider Ehegatten nicht unbedingt von der Arbeit eines Ehegatten oder beider Ehegatten abhängig ist. Die Errungenschaftsgemeinschaft ist keine absolute Erwerbsgemeinschaft.[258]

3. *Anderes Vermögen*

Nach der Vorstellung des Gesetzgebers würden neue Arten von Vermögen mit der Entwicklung der Wirtschaft entstehen. Daher können auch neue Arten von gemeinsamem Vermögen gebildet werden. § 1062 Abs. 1 Nr. 4 ZGB (§ 17 Abs. 1 Nr. 4 EheG) als ergänzende Regelung ermöglicht, dass das Gesetz auch in neuen Situationen anwendbar ist.[259] Leider werden keine klaren Kriterien für die Feststellung des „anderen Vermögens" als gemeinsames Vermögen festgelegt. Die Regelungen im EZGB I (EEheG II, III) haben § 1062 Abs. 1 Nr. 4 ZGB (§ 17 Abs. 1 Nr. 4 EheG) in gewisser Weise spezifiziert. Nach § 25 EZGB I (§ 11 EEheG II) gehört folgendes Vermögen zum „anderen Vermögen" im Sinne des § 1062 Abs. 1 Nr. 4 ZGB (§ 17 Abs. 1 Nr. 4 EheG): (1) Erträge, die ein Ehegatte während der Ehe durch Investition seines Eigenvermögens erlangt hat; (2) Wohnungszuschüsse und Wohnungsrücklagen, welche die Ehegatten während der Ehe erlangt haben oder erlangen sollen; (3) Altersversorgungen und Konkurs-Unterbringungszuschüsse, welche die Ehegatten während der Ehe erlangt haben oder erlangen sollen.

Wie im obigen Teil „Arbeitseinkommen" schon ausgeführt wird, ist der Regelungsinhalt hinsichtlich des Investitionsertrags von § 1062 Abs. 1 ZGB (§ 17

---

255 *Wang*, Journal of SUPSL 2000, 45 (46).

256 *Hu/Wang*, Ehegesetz-Interpretation, S. 67.

257 Das Untere Volksgericht in Shanghai, 2000, Nr. 2507, (2000) K民一初字第2507号民事判决书.

258 *He*, Law and Social Development 2014, 132 (141).

259 *Hu/Wang*, Ehegesetz-Interpretation, S. 67.

Abs. 1 EheG) aufgenommen worden. Der Investitionsertrag ist unabhängig von der Herkunft des für die Investition verwendeten Vermögens dem gemeinsamen Vermögen beider Ehegatten zuzurechnen. Dies wird damit gerechtfertigt, dass der Investitionsertrag das Einkommen ist, das ein Ehegatte als Investor durch Investitionstätigkeit, die eine Art von Arbeit ist, erworben hat.[260]

Wohnungszuschüsse sind einmalige oder monatliche Unterstützungen vom Unternehmen oder Staat, die den Arbeitsnehmer mit einem Niedriglohn begünstigen.[261] Wohnungsrücklagen sind die Wohnungssparfonds, welche Arbeitnehmer und Arbeitgeber auf einem Konto des Arbeitsnehmers einlegen und nur für den Wohnungsverbrauch verwendet werden können.[262] Wohnungszuschüsse und Wohnungsrücklagen sind in der Tat eine Form des Arbeitseinkommens.[263] Daher sind sie nach der Natur der Errungenschaftsgemeinschaft dem gemeinsamen Vermögen beider Ehegatten zuzurechnen.

Die Altersversorgung, die die Ehegatten während der Ehe erlangt haben oder sollen, fällt in das gemeinsame Vermögen. Eine Trennung zwischen den güterrechtlichen und den versorgungsrechtlichen Rechtsfolgen sieht das Gesetz nicht vor. Einen vom Güterrecht unabhängigen Anspruch auf Versorgungsausgleich gibt es in China nicht. Die Verteilung der Altersversorgungen ist im Rahmen der Vermögensauseinandersetzung durchzuführen. Bevor ein Arbeitnehmer in den Ruhestand geht, müssen sowohl der Arbeitnehmer als auch der Arbeitgeber monatliche Beiträge in die gesetzliche Rentenversicherung einzahlen. Die Höhe der monatlichen Altersversorgungsbeiträge hängt von der Höhe des Gehalts des Arbeitnehmers ab. Tritt ein Ehegatte während der Ehe in den Ruhestand[264], so tritt der Altersversorgungsfall ein und erwerbt dieser Ehegatte monatlich eine Rente, die in das gemeinsame Vermögen fällt. Tritt ein Ehegatte bei der Scheidung noch nicht in den Ruhestand, erwerbt er während der Ehe nur die

---

260 *Huang (Hrsg.)*, Die Anmerkung des Ehe- und Familienrechts des ZGB, S. 103.

261 § 6 Circular of the State Council on Promoting the Continuous and Healthy Development of the Real Estate Markets.

262 § 2 Regulation on the Administration of Housing Accumulation Funds.

263 *Huang (Hrsg.)*, Das Verstehen und die Anwendung der EEheG II, S. 112; *Yu*, Original Theory of Relative Law, S. 272.

264 Die Voraussetzungen für das Verlangen der Renten werden in § 16 Sozialversicherungsgesetz geregelt. Zwei Voraussetzungen sind entscheidend. Zum einen muss der Arbeitnehmer mindestens 15 Jahre lang Beiträge in die Rentenkasse in China gezahlt haben. Zum anderen muss der Arbeitnehmer das gesetzliche Rentenalter erreichen.

Altersversorgungsanwartschaft. Gemäß § 80 EZGB I (§ 13 EEheG III) ist die Verteilung der Altersversorgungsanwartschaft abzulehnen. Bei Scheidung der Ehegatten sind nur die Altersversorgungsbeiträge, die die Ehegatten als Arbeitnehmer während der Ehe in die gesetzliche Rentenversicherung eingezahlt haben, und die entsprechenden Zinsen[265], zu verteilen. Dies rechtfertigt sich damit, dass die von den Ehegatten während der Ehe gezahlten Altersversorgungsbeiträge tatsächlich das gemeinsame Vermögen beider Ehegatten sind.[266] Die Vorgehensweise des § 80 EZGB I (§ 13 EEheG III) wird jedoch in der Literatur kritisiert. Der h.M. in der Literatur nach sollen die Altersversorgungsanwartschaften, die während der Ehe von einem Ehegatten erworben werden, in das gemeinsame Vermögen beider Ehegatten einzubeziehen sein und bei Scheidung zwischen den Ehegatten zu verteilen sein.[267] Da der Wert der von dem Arbeitnehmer gezahlten Altersversorgungsbeiträge weit niedriger als der Wert der Altersversorgungsanwartschaften ist,[268] beeinträchtigt § 80 EZGB I (§ 13 EEheG III) den der Familie viel Zeit widmenden und haushaltsführenden Ehegatten erheblich.[269]

Konkurs-Unterbringungszuschüsse werden für die Arbeitnehmer eines Staatsunternehmens gestaltet. Geht ein Staatsunternehmen in Konkurs, erhält der Arbeitnehmer einen einmaligen Zuschuss vom Unternehmen oder Staat.[270] Nach der Meinung des Obersten Volksgerichts müssen die während der Ehe von einem Ehegatten erworbenen Konkurs-Unterbringungszuschüsse als gemeinsames Vermögen im Scheidungsfall zwischen den Ehegatten verteilt werden, um Gerechtigkeit zu verwirklichen.[271] Jedoch hat es diese Behauptung nicht begründet. Demgegenüber hat das Obere Volksgericht in Shanghai eine andere

265 § 13 Halbs. 2 EEheG III schreibt demgegenüber nicht vor, dass die Ehegatten den Anspruch auch auf Zinsen haben.

266 *Xi (Hrsg.)*, Das Verstehen und die Anwendung der EEheG III, S. 209.

267 *Wang*, Journal of Dalian University of Technology (Social Sciences) 2016, 108 (109); *Wei*, Journal of Chongqing University of Science and Technology (Social Sciences Edition) 2015, 31 (33); *Yang*, Journal of Yunnan University Law Edition 2008, 123 (127); *Zhang*, Law Review 2018, 66 (70 ff.).

268 Nicht nur Arbeitnehmer, sondern auch Arbeitgeber sind verpflichtet monatliche Beiträge für die Rentenkassen zu zahlen. Außerdem ist der Beitragssatz des Arbeitgebers absolut höher als der Beitragssatz des Arbeitnehmers. Vgl. *Xi (Hrsg.)*, Das Verstehen und die Anwendung der EEheG III, S. 208 ff.

269 *Zhang*, Law Review 2018, 66 (68).

270 Notice of the State Council on the Relevant Issues concerning the Pilot Implementation of Bankruptcy of a State-Owned Enterprise in Some Cities.

271 *Huang (Hrsg.)*, Das Verstehen und die Anwendung der EEheG II, S. 114.

Ansicht. Es meint, nur wenn die Ehedauer nicht kürzer als die Berufsjahresdauer ist, sind die gesamten Konkurs-Unterbringungszuschüsse dem gemeinsamen Vermögen beider Ehegatten zuzurechnen. Falls der Ehemann 10 Jahre in einem Staatsunternehmen gearbeitet hat und 5 Jahre mit der Ehefrau verheiratet war, soll nur die Hälfte der Konkurs-Unterbringungszuschüsse ins gemeinsame Vermögen beider Ehegatten einbezogen werden.[272] Meines Erachtens ist die zweite Meinung richtig. Man muss bedenken, dass die Konkurs-Unterbringungszuschüsse als zusätzliche Belohnung für die vorherige Arbeit des Ehegatten ausgestaltet werden. Daher kann nur der entsprechende Teil der Konkurs-Unterbringungszuschüsse, die von der während der Ehe geleisteten Arbeit eines Ehegatten abhängig sind, dem gemeinsamen Vermögen zugeordnet werden.

4. *Die während der Ehe entgeltlich erworbenen Vermögensgegenstände*

Wie oben dargestellt wurde, legt § 1062 Abs. 1 ZGB (§ 17 Abs. 1 EheG) im Wesentlichen zwei Arten des Vermögens als gemeinsames Vermögen beider Ehegatten fest: Erstens sind alle Arten des Arbeitseinkommens, das während der Ehe von den Ehegatten erworben wird, das gemeinsame Vermögen beider Ehegatten. Sie schließen sowohl Lohn, Prämie, Einkommen aus Produktion, aus Betrieb und aus Investition und Einkommen aus geistigem Eigentumsrecht als auch Wohnungszuschuss, Wohnungsrücklage, Altersversorgung und Konkurs-Unterbringungszuschuss ein. Zweitens ist das während der Ehe geerbte und geschenkte Vermögen das gemeinsame Vermögen beider Ehegatten, solange keine ausdrückliche Willenserklärung vorliegt, dass das Geschenk oder Erbe nur einem Ehegatten zufließen soll.

Es stellt sich dann die Frage, wem die während der Ehe angeschafften Haushaltsgegenstände und Gebäude[273] usw. gehören. Einer Meinung nach sind die während der Ehe von einem Ehegatten entgeltlich erworbenen Vermögensgegenstände dem „anderen Vermögen" im Sinne des § 1062 Abs. 1 Nr. 5 ZGB (§ 17 Abs. 1 Nr. 5 EheG) zuzurechnen.[274] Nach dieser Meinung ist nur

---

272 Das Obere Volksgericht in Shanghai, Antwort zu den Fragen der Rechtsanwendung des EEheG II.

273 In China gehört das Grundstück entweder zum Staat oder zum Kollektiv. Eine natürliche Person – hier ein Ehegatte – darf kein Eigentum am Grundstück haben. Er ist nur Eigentümer eines Gebäudes (einer Wohnung/eines Hauses), siehe §§ 249, 260 ZGB.

274 *Ma*, Familien- und Erbrecht, S. 91.

der Erwerbszeitpunkt für die Zuordnung der währende der Ehe entgeltlichen erworbenen Vermögensgegenstände ausschlaggebend. So kommt es nicht darauf an, ob die Vermögensgegenstände auf Kosten des gemeinsamen Vermögens oder des Eigenvermögens gekauft werden. Es scheint so zu sein, dass § 1062 Abs. 1 ZGB (§ 17 Abs. 1 EheG) die Zuordnung der während der Ehe angeschafften Vermögensgegenstände geregelt hätte.

Jedoch ist diese Meinung augenfällig unrichtig. Einerseits stellt § 31 EZGB I (§ 19 EEheG I) klar, dass das Eigenvermögen durch die Fortdauer der Ehebeziehung nicht zum gemeinsamen Vermögen der Ehegatten wird. Dies kann nur garantiert werden, wenn die Vermögensgegenstände, die auf Kosten des Eigenvermögens gekauft wurden, die Natur des Eigenvermögens teilen, unabhängig davon, dass die Vermögensgegenstände während der Ehe angeschafft wurden.[275] Andererseits wird die Herkunft des für die Anschaffung der Vermögensgegenstände ausgegebenen Geldes in der Rechtspraxis vom Volksgericht berücksichtigt. Beispielsweise hat das Mittlere Volksgericht in Jiamusi in einem Urteil dargestellt, dass das während der Ehe auf Kosten des Eigenvermögens eines Ehegatten angeschaffte Gebäude das Eigenvermögen dieses Ehegatten ist. Das Gebäude ist das Surrogat des Eigenvermögens.[276] Dadurch ist das Surrogationsprinzip in der Rechtsprechung anerkannt worden.

Den Fall, dass die Ehegatten nicht beweisen können, mit welchen Geldmitteln ein Vermögensgegenstand angeschafft wurde, beurteilte das Volksgericht vor dem Inkrafttreten der EZGB I nach § 8 RVV. Demnach waren Vermögensgegenstände dem gemeinsamen Vermögen beider Ehegatten hinzuzurechnen, soweit nicht nachgewiesen werden konnte, dass die Vermögensgegenstände nur einem Ehegatten gehörten. Diese Vermutungsregelung ergänzte das Surrogationsprinzip. Die Vermutungsregelung war in vielen Fällen, besonders bei Haushaltsgegenständen, wichtiger als Surrogationsprinzip, weil die Herkunft des für die Anschaffung der Vermögensgegenstände ausgegebenen Geldes nach einer langen Zeit in der Regel schwierig beweisbar war. Die EZGB I hat diese Regelung nicht übernommen; aufgrund der im Wesentlichen unveränderten Regelungen der Errungenschaftsgemeinschaft ist aber zu erkennen, dass diese Vermutungsregelung auch in der Zukunft von der Rechtsprechung anerkannt wird.

275 *Huang (Hrsg.)*, Das Verstehen und die Anwendung der EEheG I, S. 69.

276 Das Mittlere Volksgericht in Jiamusi in der Provinz Heilongjiang, 2016, Nr. 370, (2016) 黑08民终第370号民事判决书.

Allerdings ist es in der Praxis nicht selten, dass manche Vermögensgegenstände sowohl auf Kosten des Eigenvermögens eines Ehegatten als auch mit dem gemeinsamen Vermögen beider Ehegatten bezahlt werden. Dabei stellt sich die Frage, ob an diesen Vermögensgegenständen nach dem Surrogationsprinzip Miteigentum der Ehegatten und der Gemeinschaft entsteht. Für diese Frage gibt es im ZGB (EheG) keine Regelung. Bezüglich des gemischten Erwerbs eines Gebäudes schreibt jedoch § 78 EZGB I (§ 10 EEheG III) eine Regelung vor. Der Hintergrund ist, dass aufgrund des steigenden Immobilienpreises viele junge Menschen vor ihrer Eheschließung ein Gebäude mittels Hypothekendarlehen kaufen. Sie verheiraten sich während der Kreditlaufzeit und während der Ehe wird das Abzahlungsdarlehen mit dem gemeinsamen Vermögen beider Ehegatten getilgt. Die Ehegatten streiten sich im Scheidungsfall heftig über die Zuordnung des Gebäudes.[277] Das Oberste Volksgericht ist der Ansicht, dass das Gebäude weder das Eigenvermögen des Ehegatten, der vor der Eheschließung den Kaufvertrag abgeschlossen und die erste Rate gezahlt hat, noch das gemeinsame Vermögen beider Ehegatten ist. In solchen Fällen entsteht eine Bruchteilsgemeinschaft an diesem Gebäude. Der Miteigentumsanteil des Ehegatten, der mit dem Eigenvermögen die Raten bezahlt hat, und der Errungenschaftsgemeinschaft entspricht dem jeweiligen Beteiligen an der Kaufpreiszahlung.[278] Die Meinung, dass der Ehegatte, der vor der Eheschließung den Kaufvertrag des Gebäudes abschlossen hat, der Alleineigentümer des Gebäudes ist,[279] wird vom Obersten Volksgericht nicht akzeptiert. Vom Obersten Volksgericht wird auch die Meinung verneint, dass dem Ehegatten, der die erste Rate gezahlt hat und vor der Eheschließung als Eigentümer ins Grundbuch eingetragen worden ist, das Gebäude gehört.[280] Zusammenfassend lässt sich also feststellen, dass die Zuordnung des sowohl auf Kosten des Eigenvermögens eines Ehegatten als auch mit dem gemeinsamen Vermögen beider Ehegatten erworbenen Gebäudes nach dem Surrogationsprinzip zu beurteilen ist.[281]

---

277 *Xi (Hrsg.)*, Das Verstehen und die Anwendung der EEheG III, S. 160.

278 *Xi (Hrsg.)*, Das Verstehen und die Anwendung der EEheG III, S. 161.

279 Das Untere Volksgericht in Beijing, 2006, Nr. 16569, (2006) 朝民初字第16569号; Das Untere Volksgericht in Beijing, 2011, Nr. 08331, (2011) 丰民初字第08331号.

280 *Sun*, The Jurist 2009, 135 (139 ff.); Vgl. *Chen/Zhang*, Journal of Hubei University of Police 2014, 126 (128); siehe auch Art. 13 in der Diskussion über Rechtsanwendung des EheG in der Provinz Jiangsu.

281 *Xi (Hrsg.)*, Das Verstehen und die Anwendung der EEheG III, S. 161 ff.; *Zhou*, Journal of China Women's University 2011, 21 (25).

Zu beachten ist, dass sich § 78 EZGB I (§ 10 EEheG III) nur auf die Zuordnung des Gebäudes bezieht. Es ist unklar, ob der grundlegende Gedanke des § 78 EZGB I (§ 10 EEheG III) auch für den gemischten Erwerb anderer beweglichen Sachen wie Automobilen und Haushaltsgegenstände gilt. In einem Urteil ist das Erste Mittlere Volksgericht in Beijing jedoch beim gemischten Erwerb eines Autos der Idee des § 78 EZGB I (§ 10 EEheG III) nicht gefolgt. Das Volksgericht hat entschieden, dass sich die Zuordnung des vor der Eheschließung auf Abzahlung gekauften Autos danach richtet, wer die erste Rate bezahlt hat. In diesem Fall hat die Ehefrau die erste Rate des Autos bezahlt, aber alle anderen Raten werden mit Mitteln des gemeinsamen Vermögens bezahlt. Das Auto wird dann als das Eigenvermögen der Ehefrau betrachtet. Der andere Ehegatte hat jedoch einen Ausgleichsanspruch.[282]

Zusammenfassend lässt sich also feststellen, dass der Erwerbszeitpunkt der während der Ehe angeschafften Vermögensgenstände für ihre Zuordnung keine Rolle spielt. Ein Stichtagsprinzip gibt es nicht. Entscheidend ist die Herkunft des für die Anschaffung der Vermögensgegenstände ausgegebenen Geldes, sog. Surrogationsprinzip. Solange es besondere Regelungen nicht gibt, gehören die während der Ehe auf Kosten des gemeinsamen Vermögens entgeltlich erworbenen Vermögensgegenstände zum gemeinsamen Vermögen beider Ehegatten.

III. Ermittlung des Eigenvermögens

Das Eigenvermögen ist Privatgut eines Ehegatten. Im Scheidungsfall wird das Eigenvermögen zwischen den Ehegatten nicht geteilt. Ein Ehegatte kann die Auseinandersetzung des Eigenvermögens des anderen Ehegatten nicht verlangen. Nach § 1063 Abs. 1 ZGB (§ 18 Abs. 1 EheG) werden die folgenden Vermögensarten dem Eigenvermögen eines Ehegatten zugeordnet: (1) Voreheliches Vermögen; (2) der Schadensersatz und Ausgleich, den ein Ehegatte wegen körperlicher Verletzungen erlangt;[283] (3) Schenkungen und Erbschaften, wenn es im Schenkungsvertrag oder Testament ausdrücklich festgelegt wird, dass nur ein Ehegatte die Schenkung oder das Erbe erhalten soll; (4) die

---

282 Das Erste Mittlere Volksgericht in Beijing, 2020, Nr. 2664, (2020) 京01民终2664号民事判决书.

283 Der Wortlaut des § 18 Abs. 1 Nr. 2 EheG lautet „Behandlungskosten, Existenzbeihilfen für Behinderte und andere Kosten, die eine Seite wegen erlittener körperlicher Verletzungen erlangt". § 1063 Abs. 1 Nr. 2 ZGB hat die Formulierung verbessert, § 1063 Abs. 1 Nr. 2 ZGB lautet „Schadensersatz oder Ausgleich, den eine Seite für erlittene persönliche Schäden erhalten hat".

persönlichen alltäglichen Gebrauchsgegenstände; (5) anderes Vermögen, das in das Eigenvermögen fallen soll.

1. Das voreheliche Vermögen

Das voreheliche Vermögen eines Ehegatten wird seinem Eigenvermögen zugeordnet. Entscheidend ist der Zeitpunkt des Erwerbs. Der Erwerbsgrund und das Erwerbsmotiv sind dagegen unbeachtlich. Von einem Ehegatten vor der Ehe bereits erlangte Schenkungen und Erbschaften sind selbstverständlich das Eigenvermögen eines Ehegatten. Dies entspricht der Rechtsnatur der Errungenschaftsgemeinschaft.[284] Um Klarheit zu schaffen, betont § 29 Abs. 1 EZGB I (§ 22 Abs. 1 EEheG II), dass das von den Eltern eines Ehegatten gegebene Geld zum Kauf eines Gebäudes als Schenkung an ihren Sohn bzw. ihre Tochter angesehen wird, soweit sich die Unterstützung vor der Ehe vollzieht. Die in das voreheliche Vermögen fallenden Vermögensgegenstände können durch den alltäglichen Gebrauch beider Ehegatten während der Ehe im Wert herabgesetzt werden. Dafür sieht das Familienrecht keine besondere Regelung vor, nach welcher der Ehegatte, dem die Vermögensgegenstände gehören, einen Ausgleichsanspruch gegen den anderen Ehegatten oder die Errungenschaftsgemeinschaft geltend machen könnte.[285]

Es stellt sich noch die Frage, ob das voreheliche Vermögen in das gemeinsame Vermögen übergehen kann. Früher war § 6 RVV ausschlaggebend. Demzufolge gingen Gebäude und andere hochwertige Produktionsmittel, die ursprünglich in das Eigenvermögen eines Ehegatten fielen, in das gemeinsame Vermögen über, soweit die Ehegatten dieses Vermögen während der Ehe 8 Jahre lang zusammen genutzt und verwaltet hatten. § 6 RVV basierte auf dem traditionellen Familienbild, dass nach der Heirat die Frau ihre eigene Familie verließ und mit der großen Familie des Mannes zusammenlebte. Die Ehewohnung war immer bereits vor der Ehe von der Familie des Mannes vorbereitet worden. Während der Ehe arbeitete die Frau in der Regel als Hausfrau zu Hause und bei der Scheidung wäre die Frau höchstwahrscheinlich in Armut gefallen. Um die Interessen der Frau im Scheidungsfall zu schützen, hatte das Volksgericht § 6 RVV geschaffen.[286] Mit dem Inkrafttreten der EEheG I hat sich die Rechtslage verändert.[287] § 19 EEheG I (§ 31 EZGB I) besagt, dass das Vermögen, das nach

284 *Hu/Wang*, Ehegesetz-Interpretation, S. 71.
285 *Li*, Die Vervollkommnung des chinesischen ehelichen Güterrechts, S. 121.
286 *Wang/Sun*, Gesetzgebungsmaterialien bei Revidierung des EheG, S. 34.
287 *Huang (Hrsg.)*, Das Verstehen und die Anwendung der EEheG I, S. 69 ff.

§ 1063 ZGB (§ 18 EheG) dem Mann oder der Frau zusteht, durch die Fortdauer der Ehebeziehung nicht zum gemeinsamen Vermögen wird, soweit die Ehegatten nichts anderes vereinbart haben. Dahinter steht der Rechtsgedanke des Marktwirtschaftssystems, nämlich der Schutz des privaten Vermögens.[288] Außerdem spielt die Veränderung der Lebenswirklichkeit im Bereich der Ehe und Familie eine wichtige Rolle. Heute begründen die Ehegatten nach der Heirat eine Kleinfamilie, anstatt in einer Großfamilie des Mannes zu leben. Darüber hinaus ist die wirtschaftliche Lage der Frau besser geworden.[289]

2. *Schadensersatz und Ausgleich bei Körperverletzung*

Der Schadensersatz und der Ausgleich für die Körperverletzung eines Ehegatten gehören zum Eigenvermögen dieses Ehegatten. Dies rechtfertigt sich damit, dass das Vermögen dieser Art mit dem Leben und der Gesundheit des verletzten Ehegatten eng verbunden ist. Nur wenn dieses in das Eigenvermögen des verletzten Ehegatten fällt, kann garantiert werden, dass der Schadensersatz für die Behandlung des verletzen Ehegatten verwendet wird.[290] Fälle von Militärangehörigen werden besonders geregelt. Nach § 30 EZGB I (§ 13 EEheG II) sind die Unfallversicherungssummen und die Existenzhilfen der Militärangehörigen dem Eigenvermögen des Militärangehörigen-Ehegatten zuzurechnen. Zu beachten ist, dass in der Rechtsprechung das Volksgericht einen Teil des Schadensersatzes als gemeinsames Vermögen beider Ehegatten anerkennen kann, falls der körperlich verletzte Ehegatte für den Ausfall seiner Arbeitskraft entschädigt wird. Das Volksgericht nimmt den Zahlungszweck des Schadensersatzes in Berücksichtigung.[291]

3. *Das geerbte und geschenkte Vermögen*

Nur wenn der Erblasser oder der Schenker festgelegt hat, dass das Erbe oder der Schenkungsgegenstand einem Ehegatten gehören soll, fällt dieses Vermögen in das Eigenvermögen des entsprechenden Ehegatten. Dies dient der Privatautonomie des Erblassers und des Schenkers.[292] Nach allgemeiner Meinung muss eine ausdrückliche Willenserklärung, dass nur ein Ehegatte der

---

288 *Huang (Hrsg.)*, Das Verstehen und die Anwendung der EEheG I, S. 69 ff.

289 *Wu (Hrsg.)*, Die Anmerkung und Rechtsanwendung des EheG, S. 41.

290 *Hu/Wang*, Ehegesetz-Interpretation, S. 72.

291 Urteil: Das Untere Volksgericht in Shanxi, Nr. 5333, (2020), (2020) 晋0107民初5333号民事判决书.

292 *Yang (Hrsg.)/Tao*, Familienrecht, S. 134.

Erbe oder der Beschenkte ist, in dem Testament oder dem Schenkungsvertrag enthalten sein.[293]

Vor dem Inkrafttreten des EZGB I machte § 7 Abs. 1 EEheG III bei der Schenkung durch die Eltern der Ehegatten eine Ausnahme. Die während der Ehe von den Eltern eines Ehegatten ausgeführte Unterstützung zum Kauf eines Hauses wurde als Schenkung an ihr Kind angesehen, wenn ihr Kind im Grundbuch eingetragen wurde. Eine ausdrückliche Willenserklärung, dass nur ihr Kind der Beschenkte war, war entbehrlich. Die Tatsache der Eintragung im Grundbuch genügte für die Bestimmung des Beschenkten.[294] Das Oberste Volksgericht begründete § 7 Abs. 1 EEheG III damit, dass die Eltern in der chinesischen Gesellschaft selten klar ausdrückten, dass nur ihr Kind der Beschenkte war.[295] Der echte Wille der Eltern war jedoch, nur ihren eigenen Sohn bzw. ihre Tochter zu unterstützen. Diese Lebenswirklichkeit stellte das Volksgericht vor die Herausforderung, ein objektives Kriterium zu finden, welches auf den Willen der Eltern hinweisen konnte. Die Tatsache der Eintragung eines Ehegatten im Grundbuch wurde als dieses Kriterium angesehen, da die Eintragung im Grundbuch nach sachenrechtlichen Regelungen eine Voraussetzung für den Eigentumserwerb der unbeweglichen Sachen war und die Ehegatten die Wichtigkeit der Eintragung kennen sollten.[296]

Diese für die Eltern großzügige Ansicht wurde jedoch von der Literatur kritisiert. Es wurde angeführt, dass § 7 Abs. 1 EEheG III im Widerspruch zu § 1062 ZGB (§ 17 EheG) und § 29 Abs. 2 EZGB (§ 22 Abs. 2 EEheG II) stand. Die Eintragung im Grundbuch konnte die ausdrückliche Willenserklärung nicht ersetzen und aus der Eintragung konnte man auf den echten subjektiven Willen der Eltern nicht schließen.[297] Besonders in Fällen, in denen nur der Schwiegersohn oder die Schwiegertochter im Grundbuch eingetragen wurde, war das Ergebnis, dass nur der Schwiegersohn oder die Schwiegertochter der oder die Beschenkte war, offensichtlich unangemessen.[298]

Aufgrund dieser Kritik wurde § 7 Abs. 1 EEheG III vom Volksgericht eng ausgelegt, sodass § 7 Abs. 1 EEheG III nur Anwendung fand, wenn die Eltern den Kaufpreis des Gebäudes vollständig bezahlt hatten und der Name ihres

---

293 *Hu/Wang*, Ehegesetz-Interpretation, S. 66 ff.

294 *Xi (Hrsg.)*, Das Verstehen und die Anwendung der EEheG III, S. 118 ff.

295 *Xi (Hrsg.)*, Das Verstehen und die Anwendung der EEheG III, S. 115.

296 *Xi (Hrsg.)*, Das Verstehen und die Anwendung der EEheG III, S. 118 ff.

297 *Liang*, Journal of Hubei University of Police 2013, 87 (88); *Lv*, Journal of Guangxi Admistrative Cadre Institute of Politics and Law 2012, 43 (44).

298 *Liang*, Journal of Hubei University of Police 2013, 87 (88).

Sohnes oder ihrer Tochter im Grundbuch eingetragen worden war. In diesem Fall war das Volksgericht der Meinung, dass der Schenkungsgegenstand nicht mehr der Geldbetrag, sondern das Gebäude als solches war. In anderen Fällen, in denen die Eltern während der Ehe den Kaufpreis des Gebäudes nur teilweise gezahlt hatten und nur ihr Sohn bzw. ihre Tochter im Grundbuch eingetragen worden war, wurde der entsprechende zugewandte Geldbetrag nach § 1062 ZGB (§ 17 EheG) und § 29 Abs. 2 EZGB I (§ 22 Abs. 2 EEheG II) dem gemeinsamen Vermögen beider Ehegatten zugeordnet. Die Zuordnung des während der Ehe von den Ehegatten gekauften Gebäudes war trotz der Eintragung eines Ehegatten im Grundbuch nach dem Surrogationsprinzip zu beurteilen.[299]

Das Dritte Mittlere Volksgericht in Beijing hatte in einem Urteil die enge Anwendungsmöglichkeit des § 7 Abs. 1 EEheG III gebilligt.[300] In diesem Fall heirateten die beteiligten Eheleute am 13.12.2004. Am 09.08.2005 schloss der Ehemann mit einem Verkäufer einen Kaufvertrag über das Gebäude 702 für 1.067.616,00 CNY[301]. 1.017.616,00 CNY wurde dann vom Konto der Ehefrau abgebucht. Ein großer Teil des Geldbetrags auf dem Konto der Ehefrau (821,000 CNY) wurde am 7. und 8. August von der Mutter des Ehemanns überwiesen. Am 24.04.2006 überwies die Mutter des Ehemanns weitere 100.000,00 CNY auf das Konto des Ehemanns. Am 13.05.2006 zahlte der Ehemann den restlichen Betrag. Nur der Ehemann war im Grundbuch eingetragen worden. Im Jahr 2014 verlangte die Ehefrau die Scheidung und die Teilung des Gebäudes 702. Das Dritte Mittlere Volksgericht in Beijing hat im Urteil ausgesprochen, dass das Gebäude das gemeinsame Vermögen beider Ehegatten sei. Die Eltern des Ehemanns haben den Kaufpreis des Gebäudes nicht voll, sondern größtenteils bezahlt, daher finde § 7 Abs. 1 EEheG III keine Anwendung. Nach § 17 EheG und § 22 Abs. 2 EEheG II sei die während der Ehe ausgeführte Zuwendung durch die Eltern des Ehemanns als Schenkung an beide Ehegatten anzusehen. Daher sei das Gebäude 702 zwischen den Ehegatten zu verteilen. Jedoch sei die Zuwendung der Eltern des Ehemanns bei der Verteilung zu berücksichtigen. Das Gebäude 702 wurde dem Ehemann zugewiesen und die Ehefrau hatte gegen den Ehemann einen Ausgleichsanspruch. Der Wert des Gebäudes 702 betrug bei Scheidung 5.900.000,00 CNY. Die Höhe des Ausgleichsanspruchs

299 *Du/Cheng/Wu*, People's Judicature 2011, 22 (24 ff.); *Wu*, Journal of Law Application 2014, 70 (70); *Fälle-Forschungsinstitut der Nationalen Richter-Hochschule (Hrsg.)*, Fälle des Jahres 2018, S. 52.

300 Urteil: Das Dritte Mittlere Volksgericht in Beijing, 2015, Nr. 5333, (2015) 三中民终字第5333号民事判决书.

301 CNY ist die Abkürzung für die chinesische Währung (Chinesischer Yuan).

der Ehefrau lag bei 2.000.000,00 CNY. Im Urteil fehlt jedoch eine Erläuterung dazu, wie die Höhe des Ausgleichsanspruchs bestimmt worden ist.[302]

In der EZGB I kann man § 7 EEheG III jetzt nicht mehr finden. Diese kontroverse Regelung wurde abgeschafft. Es ist zu erwarten, dass zukünftig, auch wenn die Eltern eines Ehegatten den Kaufpreis eines Gebäudes vollständig bezahlt haben und nur der Name ihres Sohnes oder ihre Tochter im Grundbuch eingetragen worden ist, diese Zuwendung ohne ausdrückliche Bestimmung der Eltern nach § 1062 ZGB (§ 17 EheG) und § 29 Abs. 2 EZGB I (§ 22 Abs. 2 EEheG II) in das gemeinsame Vermögen beider Ehegatten fallen wird.

4. *Die persönlichen alltäglichen Gebrauchsgegenstände*

Die von einem Ehegatten im Alltagsleben genutzten Gegenstände fallen in das Eigenvermögen dieses Ehegatten. Das liegt daran, dass die Gegenstände mit ihrem Benutzer eng verbunden sind. Es kommt nicht darauf an, ob die Gegenstände vor der Ehe oder während der Ehe sowie mit dem Eigenvermögen eines Ehegatten oder dem gemeinsamen Vermögen erworben werden.[303] Darunter fallen hauptsächlich Kleidung, Kosmetikprodukte und Medikamente usw. Haushaltsgegenstände gehören nicht dazu, da sie nicht dem persönlichen Gebrauch, sondern dem Zusammenleben dienen.[304] Außerdem ist es anerkannt, dass die Gegenstände im Sinne von § 1063 Abs. 1 Nr. 4 ZGB (§ 18 Abs. 1 Nr. 4 EheG) nur bewegliche Sachen sein können. Unbewegliche Sachen, Rechte und Bargeld sind nicht darin eingeschlossen.[305]

Es ist jedoch in der Literatur umstritten, ob die Gegenstände im Sinne von § 1063 Abs. 1 Nr. 4 ZGB (§ 18 Abs. 1 Nr. 4 EheG) besonders wertvoll sein dürfen. Befürworter sind der Meinung, dass sich die Ehegatten beim Kauf der wertvollen Gegenstände einig darüber seien, dass diese Gegenstände nur von einem Ehegatten benutzt würden. Der Ehegatte, der diese Gegenstände nicht benutzt, könne damit rechnen, dass der andere Ehegatte diese Gegenstände im Scheidungsfall bekommen soll.[306] Der Gegenmeinung nach sollen die wertvollen Gegenstände dem Eigenvermögen nicht zufallen.[307] Ob ein

302 Urteil: Das Untere Volksgericht in Beijing, 2014, Nr. 21259, (2014) 朝民初字第21259号民事判决书; Das Dritte Mittlere Volksgericht in Beijing, 2015, Nr. 5333, (2015) 三中民终字第5333号民事判决书.

303 *Yu*, Original Theory of Relative Law, S. 277.

304 *Yang (Hrsg.)/Tao*, Familienrecht, S. 134.

305 *Yu*, Original Theory of Relative Law, S. 277.

306 *Guo*, Die Rechtsfrage des Eherechts in der Praxis, S. 128.

307 *Wei*, Die Scheidung und ihre Folgen in China, S. 69.

Gegenstand wertvoll ist, ist nach dieser Ansicht von dem Gesamtwert des gemeinsamen Vermögens abhängig. Wenn der Wert der persönlichen alltäglichen Gegenstände einen bestimmten Prozentsatz des Gesamtwerts des gemeinsamen Vermögens erreiche, , sollen sie nicht dem Eigenvermögen, sondern dem gemeinsamen Vermögen zufließen.[308] Dazu fehlt eine maßgebliche Rechtsprechung. Meines Erachtens ist der ersten Meinung zu folgen. Es kommt nicht auf den Wert der Gegenstände an, sondern auf die Tatsache, dass diese Gegenstände dem Ehegatten, der sie im Alltagsleben benutzt, wichtiger sind und sie Ihren maximalen Wert bei diesem Ehegatten erreichen können.

5. Anderes Vermögen: Die Früchte und die natürlichen Wertsteigerungen des Eigenvermögens

Nach § 26 EZGB I (§ 5 EEheG III) sind die Früchte und die natürlichen Wertsteigerungen des Eigenvermögens dem Eigenvermögen zuzuordnen. Über Früchte gibt es im ZGB (EheG) keine Legaldefinition. Nach dem Obersten Volksgericht soll der Begriff der Früchte im Sinne des § 26 EZGB I (§ 5 EEheG III) eng ausgelegt werden. Das Einkommen aus Produktion, aus Betrieb und aus Investition stellt keine Früchte im Sinne des § 26 EZGB I (§ 5 EEheG III) dar. Beispielsweise sind die Erträge (im faktischen, nicht im rechtlichen Sinne) der Obstbäume, welche ein Ehegatte oder beide Ehegatten während der Ehe bewirtschaftet und verwaltet haben, keine Früchte im Sinne des § 26 EZGB I (§ 5 EEheG III), sondern Einkommen aus Produktion bzw. gemeinsames Vermögen.[309] Des Weiteren werden Einkünfte aus Immobilienvermietung während der Ehe nicht als Früchte im Sinne des § 26 EZGB I (§ 5 EEheG III) betrachtet, sondern als Einkommen aus Betrieb. Das liegt daran, dass die Miete mit der Verwaltung des Hauses beziehungsweise der Arbeit eines Ehegatten oder beider Ehegatten eng verbunden ist. Daher soll die Miete als gemeinsames Vermögen angesehen werden.[310] Das Investitionseinkommen wird bereits über § 1062 Abs. 1 ZGB (§ 11 EEheG II) als gemeinsames Vermögen geregelt. Demgegenüber sind Zinsen Früchte im Sinne des § 26 EZGB I (§ 5 EEheG III). Zinsen sind die Vermögensvorteile aus Bankeinlage. In der Rechtspraxis werden bisher nur Zinsen als Früchte im Sinne des § 26 EZGB I (§ 5 EEheG III) ausgelegt.

---

308 Vgl., *Huang (Hrsg.)*, Fälle-Anmerkung im Familienrecht, S. 154.
309 *Xi (Hrsg.)*, Das Verstehen und die Anwendung der EEheG III, S. 96.
310 *Cheng/Wu*, Journal of Law Application 2013, 113 (115 ff.).

Natürliche Wertsteigerungen sind die Wertsteigerungen, die durch veränderte Marktbedingungen oder Inflation verursacht werden. Sie haben mit der Zusammenarbeit beider Ehegatten oder der Arbeitskraft eines Ehegatten nichts zu tun. Typische Fälle natürlicher Wertsteigerungen sind die Wertsteigerungen der einem Ehegatten gehörenden Gebäude, Kunstgegenstände und Goldvermögen, die aufgrund der Erhöhung der Marktpreise entstanden sind.[311] Davon sind aktive Wertsteigerungen zu unterscheiden. Soweit die Wertsteigerungen durch die Mitwirkung beider Ehegatten oder die Aufwendung des gemeinsamen Vermögens entstehen, sind sie aktive Wertsteigerungen. Die aktiven Wertsteigerungen sind dem gemeinsamen Vermögen zuzuordnen.[312] In der Praxis ist jedoch die Unterscheidung zwischen natürlichen und aktiven Wertsteigerungen nicht leicht. Außerdem sind solche Fälle besonders schwierig zu lösen, in denen die Wertsteigerungen sowohl aus veränderten Marktbedingungen als auch aus der Mitwirkung beider Ehegatten resultieren.

IV. Anteilsbestimmung und Verteilung des gemeinsamen Vermögens

1. Grundprinzipien der Anteilsbestimmung und Teilung

In der Errungenschaftsgemeinschaft sind die Ehegatten Gesamthandseigentümer des gemeinsamen Vermögens. Kommt es zu einer scheidungsbedingten Auseinandersetzung, ist zu bestimmen, wie viele Anteile jeder Ehegatte an dem gemeinsamen Vermögen hat und wie die in das gemeinsame Vermögen fallenden Vermögensgegenstände zu teilen sind. Nach § 1087 Abs. 1 Halbs. 2 ZGB (§ 39 Abs. 1 Halbs. 2 EheG) sollen bei der Vermögensauseinandersetzung die Interessen des Kindes, der Frau und des Ehegatten, der die Scheidung nicht verschuldet hat, berücksichtigt werden. Außerdem kann sich der Anteil am gemeinsamen Vermögen eines Ehegatten wegen seiner illoyalen Handlungen nach 1092 ZGB (§ 47 Abs. 1 EheG) verkleinern. Ein Halbteilungsprinzip wird vom ZGB (EheG) nicht wörtlich festgeschrieben. Jedoch ist in Rechtsprechung und Schrifttum allgemein anerkannt, dass ohne besondere Umstände eine Halbteilung durchzuführen ist.[313] Darüber hinaus wird in der Literatur

311 *Cheng/Wu*, Journal of Law Application 2013, 113 (116).

312 *Xi (Hrsg.)*, Das Verstehen und die Anwendung der EEheG III, S. 97 ff.

313 *Ma*, Ehe- und Familienrecht, S. 130; *Yang (Hrsg.)/Tao*, Familienrecht, S. 190; *Yu*, Original Theory of Relative Law, S. 347. Urteil: Das Mittlere Volksgericht in Gansu, 2013, Nr. 30, (2013) 庆中民终字第30号; Das Mittlere Volksgericht in Gansu, 2014, Nr. 270, (2014) 庆中民终字第270号.

vorgeschlagen, dass bei der Vermögensauseinandersetzung alle Umstände des Einzelfalls unter Billigkeitserwägungen berücksichtigt werden sollten (sog. Billigkeitsprinzip).

a) Halbteilungsprinzip

Vor dem ZGB und dem EheG befand sich die Regelung über die Halbteilung im RVV. Nach § 8 S. 1 RVV sollte das gemeinsame Vermögen in der Regel hälftig auf die Ehegatten verteilt werden. Diese Vorschrift wurde vom ZGB und der EZGB I nicht übernommen. Allerdings bleiben die Argumentationen für das Halbteilungsprinzip in der Literatur weiter überzeugend. Das Halbteilungsprinzip kann aus §§ 1055, 1062 Abs. 2 ZGB (§§ 13, 17 Abs. 2 EheG) hergeleitet werden. Nach § 1055 ZGB (§ 13 EheG) sind der Ehemann und die Ehefrau gleichberechtigt. Nach § 1062 Abs. 2 ZGB (§ 17 Abs. 1 EheG) haben der Ehemann und die Ehefrau während der Ehe das gleiche Recht, über das gemeinsame Vermögen zu verfügen. Dementsprechend sollen sie auch bei der Scheidung grundsätzlich gleich große Anteile an dem gemeinsamen Vermögen haben.[314] Es ist irrelevant, wie viel jeder Ehegatte zu dem Familienleben beigetragen hat.[315] Außerdem wurde das Halbteilungsprinzip sowohl vor als auch nach dem Inkrafttreten des ZGB stets von der Rechtsprechung anerkannt. Das Volksgericht sieht die Halbteilung des gemeinsamen Vermögens als Ausgangspunkt an.[316]

b) Prinzip der Berücksichtigung der Interessen des Kindes und der Frau

Das Prinzip der Berücksichtigung der Interessen des Kindes und der Frau wird in § 1087 Abs. 1 Halbs. 2 ZGB (§ 39 Abs. 1 Halbs. 2 EheG) festgeschrieben. Im Vergleich mit § 31 EheG (1981) setzt § 1087 Halbs. 2 ZGB (§ 39 Abs. 1 Halbs. 2 EheG) „die Interessen des Kindes" auf den ersten Platz.[317] Nach der Vorstellung

---

314 *Ma*, Ehe- und Familienrecht, S. 130; *Yang (Hrsg.)/Tao*, Familienrecht, S. 190; *Yu*, Original Theory of Relative Law, S. 347.

315 *Hu/Wang*, Ehegesetz-Interpretation, S. 68.

316 Urteil: Das Mittlere Volksgericht in Gansu, 2013, Nr. 30, (2013) 庆中民终字第30号; Das Mittlere Volksgericht in Gansu, 2014, Nr. 270, (2014) 庆中民终字第270号; Das Untere Volksgericht in Guizhou, 2021, Nr. 755, (2021) 黔0103民初第755号; Das Mittlere Volksgericht in Hunan, 2021, Nr. 5384, (2021) 湘01民终第5384号.

317 § 31 EheG (1981): „Das gemeinsame Vermögen der Ehegatten wird bei der Scheidung durch Vereinbarung beider Seiten geregelt; kommt keine Vereinbarung zustande, so entscheidet das Volksgericht nach den konkreten Umständen des Vermögens und nach dem Grundsatz besonderer Berücksichtigung der Interessen von Frau, Kind und Ehegatten, der die Scheidung nicht verschuldet hat, durch Urteil."

des Gesetzgebers schadet die Scheidung den minderjährigen Kindern am meisten, daher sollen die Interessen des Kindes zuerst berücksichtigt werden.[318] Jedoch stellt das Gesetz nicht dar, wie die Interessen des Kindes im Rahmen der Verteilung des gemeinsamen Vermögens berücksichtigt und gewährleistet werden sollen. Nach Rechtsprechung und Literatur verwirklicht sich dies einerseits dadurch, dass der Ehegatte, bei dem das gemeinsame Kind nach der Scheidung lebt, einen höheren Anteil des gemeinsamen Vermögens bekommen könnte.[319] Andererseits sollen auch bei der Ermittlung der Verteilungsweise die Interessen des Kindes berücksichtigt werden, indem die wichtigsten in das gemeinsame Vermögen fallenden Haushaltsgegenstände dem das Kind betreuenden Ehegatten zugewiesen werden sollen.[320] Neben den Interessen des Kindes sollen die Interessen der Frau geschützt werden. Eine Gesamtwürdigung der Einzelheiten, einschließlich der wirtschaftlichen Situation, der beruflichen Selbständigkeit und der Einkommens- und Vermögensverhältnisse der Ehefrau, ist erforderlich.[321] Falls sich die Ehefrau in einer wirtschaftlich schwachen Position befindet, könnte sie daher einen höheren Anteil am gemeinsamen Vermögen bekommen.[322]

Die wirtschaftliche Position der Ehefrau wird nicht nur bei der Verteilung des gemeinsamen Vermögens, sondern auch im Rahmen des nachehelichen Unterhalts berücksichtigt. Nach § 1090 ZGB[323] (§ 42 EheG[324]) kann ein Ehegatte von dem anderen leistungsfähigen Ehegatten finanzielle Unterstützung verlangen, wenn er bei der Scheidung in Existenzschwierigkeiten ist. Wenn ein Ehegatte mit seinem Eigenvermögen und dem ihm bei der Scheidung zugeteilten Vermögen das örtliche Mindestlebenshaltungsniveau nicht

318 *Hu/Wang*, Ehegesetz-Interpretation, S. 162; *Huang (Hrsg.)*, Die Anmerkung des Ehe- und Familienrechts des ZGB, S. 225.

319 Vgl. *Wei*, Die Scheidung und ihre Folgen in China, S. 71.

320 *Li*, Die Vervollkommnung des chinesischen ehelichen Güterrechts, S. 42.

321 *Ma*, Ehe- und Familienrecht, S. 130.

322 Urteil: Das Mittlere Volksgericht in Shenzhen, 2015, Nr. 135, (2015) 深中法民终字第135号民事判决书.

323 § 1090 ZGB: „Ist bei der Scheidung ein Ehegatte in Existenzschwierigkeiten, muss der andere leistungsfähige Ehegatte eine angemessene Hilfe leisten. Wie das konkret geschieht, wird von den Ehegatten vereinbart; kommt keine Vereinbarung zustande, so entscheidet das Volksgericht durch Urteil."

324 § 42 EheG: „Ist bei der Scheidung ein Ehegatte in Existenzschwierigkeiten, so muss der andere ihm aus seiner Wohnung und anderem Eigenvermögen eine angemessene Hilfe leisten. Wie das konkret geschieht, wird von den Ehegatten vereinbart; kommt keine Vereinbarung zustande, so entscheidet das Volksgericht durch Urteil."

aufrechterhalten kann, gerät er nach der Meinung des Obersten Volksgerichts in Existenzschwierigkeiten.[325] Besonders betont wird der Fall, dass ein Ehegatte in eine wohnungslose Lage gelangt. Hierbei handelt es sich zweifellos um eine Existenzschwierigkeit.[326] Für den Anspruch auf finanzielle Unterstützung eines Ehegatten kommt es auch darauf an, ob der andere Ehegatte leistungsfähig ist. Zu prüfen ist, ob er nach Befriedigung seiner eigenen Bedürfnisse noch einen Überschuss an Vermögen hat.[327] Die Form der finanziellen Unterstützung kann sehr unterschiedlich sein. Beispielsweise kann der leistungsfähige Ehegatte dem in finanziellen Existenzschwierigkeiten geratenen Ehegatten einen einmaligen Geldbetrag zuwenden.[328] In manchen Fällen kann das Volksgericht sogar anordnen, dass der leistungsfähige Ehegatte, der mehrere Wohnungen hat, das Nutzungsrecht an einer seiner Wohnung dem wohnungslosen Ehegatten zu verschaffen hat.[329]

Zwar berücksichtigt § 1090 ZGB (§ 42 EheG) die wirtschaftliche Lage eines Ehegatten, jedoch muss die wirtschaftliche Position eines Ehegatten so schwach sein, dass dies zu seinen Existenzschwierigkeiten führt. Infolgedessen richtet sich das Maß der finanziellen Unterstützung nicht nach den früheren ehelichen Lebensverhältnissen der Ehegatten[330], sondern nach dem örtlichen Mindestlebenshaltungsniveau.[331] Diese enge Voraussetzung beschränkt den Anwendungsraum des § 1090 ZGB (§ 42 EheG). Außer dem Anspruch auf finanzielle Unterstützung gibt es in China keine anderen nachehelichen Unterhaltsansprüche. § 1090 ZGB (§ 42 EheG) ist die einzige Regelung, die den nachehelichen Unterhalt regelt. Somit können die Interessen der Frau über

---

325 *Huang (Hrsg.)*, Das Verstehen und die Anwendung der EEheG I, S. 95. Nach einer anderen Ansicht ist das Kriterium für „Existenzschwierigkeiten" nach dem Inkrafttreten des ZGB noch offen, siehe *Yang/Duan*, Journal of Chinese Women's Studies, 95 (98).

326 *Huang (Hrsg.)*, Die Anmerkung des Ehe- und Familienrechts des ZGB, S. 233.

327 Kommentar des Familiengesetzbuches des ZGB/*Miao*, § 1090, S. 446.

328 Kommentar des Familiengesetzbuches des ZGB/*Miao*, § 1090, S. 448.

329 Urteil: Das Mittlere Volksgericht in Guangzhou, 2014, Nr. 2727, (2014) 穗中法民五终字第2727号民事判决书.

330 In Deutschland richtet sich das Maß des nachehelichen Unterhalts nach den ehelichen Lebensverhältnissen. Es gibt in Deutschland eine Reihe an Regelungen über den nachehelichen Unterhalt, somit wird die Versorgungslage der Frau im Rahmen des nachehelichen Unterhaltsrechts ausreichend berücksichtigt. Siehe auch Kap. 2. B. III. 1. c).

331 *Huang (Hrsg.)*, Das Verstehen und die Anwendung der EEheG I, S. 95; Kommentar des Familiengesetzbuches des ZGB/*Miao*, § 1090, S. 445.

das nacheheliche Unterhaltsrecht bzw. über § 1090 ZGB (§ 42 EheG) nicht ausreichend geschützt werden.[332] Demgegenüber wird die Berücksichtigung der Interessen der Frau bei der Verteilung des gemeinsamen Vermögens nicht auf die Fälle der Existenzschwierigkeiten eines Ehegatten beschränkt. Ist die wirtschaftliche Position der Frau schlechter als die des Mannes, könnte die Frau einen höheren Anteil am gemeinsamen Vermögen zugesprochen bekommen. Falls die wirtschaftliche Schwäche der Frau über die Verteilung des gemeinsamen Vermögens genügend ausgeglichen wird, gibt es für § 1090 ZGB (§ 42 EheG) keine Anwendungsmöglichkeit.[333] Bei der Anteilsbestimmung hat das Volksgericht einen großen Spielraum. Der Anteil am gemeinsamen Vermögen, den die Frau bei der Verteilung mehr erhält als der Mann, beschränkt sich nicht auf die Deckung des örtlichen Mindestlebensstandards.[334]

c) Prinzip der Berücksichtigung der Interessen des Ehegatten, der die Scheidung nicht verschuldet hat

Vor dem ZGB war dieses Prinzip zwar nicht in § 39 Abs. 1 Halbs. 2 EheG vorgegeben, jedoch hatte § 13 RVV es klargestellt. Auch in Rechtsprechung[335] und Schrifttum[336] wurde dieses Prinzip bei der Anteilsbestimmung herangezogen. Auf Basis davon hat der Gesetzgeber des ZGB die Berücksichtigung der Interessen des unschuldigen Ehegatten bei der Verteilung des gemeinsamen Vermögens als unentbehrliches Grundprinzip anerkannt. Dieser Grundsatz wird von § 1087 Abs. 1 Halbs. 2 ZGB übernommen.[337] Demzufolge kann dem unschuldigen Ehegatten ein höherer Anteil des gemeinsamen Vermögens zugewiesen werden, falls der andere Ehegatte schuldhaft die Ehe zerrüttet hat, also wenn der andere Ehegatte eine eheliche Pflicht schuldhaft verletzt hat.[338]

Die Berücksichtigung der Schuld bei der Vermögensauseinandersetzung unterscheidet sich vom scheidungsbedingten Schadensersatzanspruch.[339] Nach

---

332 Kommentar des Familiengesetzbuches des ZGB/*Miao*, § 1090, S. 445.

333 *Huang (Hrsg.)*, Die Anmerkung des Ehe- und Familienrechts des ZGB, S. 225, 233.

334 Urteil: Das Untere Volksgericht in Sichuan, 2020, Nr. 823, (2020) 川0923民初823号民事判决书; Das Mittlere Volksgericht in Beijing, 2021, Nr. 7963, (2021) 京02民终7936号民事判决书.

335 Zehn typische familienrechtliche Fälle in Jiangsu im Jahr 2019, unter: http://www.jsfy.gov.cn/art/2020/03/10/66_99718.html (abgerufen am 05.11.2021).

336 *Ma*, Ehe- und Familienrecht, S. 130; *Wei*, Die Scheidung und ihre Folgen in China, S. 71.

337 *Huang (Hrsg.)*, Die Anmerkung des Ehe- und Familienrechts des ZGB, S. 225, 226.

338 *Ma*, Ehe- und Familienrecht, S. 130.

339 Vgl. *Huang (Hrsg.)*, Die Anmerkung des Ehe- und Familienrechts des ZGB, S. 234.

§ 1091 ZGB (§ 46 EheG) hat der unschuldige Ehegatte unter den folgenden Umständen einen Schadensersatzanspruch: (1) Wenn ein Ehegatte eine weitere Ehe eingeht, bevor die schon bestehende Ehe aufgelöst worden ist; (2) wenn ein Ehegatte mit einem Dritten zusammenlebt; (3) wenn Gewalt in der Familie ausgeübt wird; (4) wenn ein Ehegatte von dem anderen Ehegatten misshandelt oder im Stich gelassen wird; (5) wenn ein Ehegatte andere eheliche Pflichten schwer verletzt hat. Einer Ansicht nach soll das schuldhafte Verhalten eines Ehegatten nicht doppelt bewertet werden. Bei der Anteilsbestimmung im Rahmen der Vermögensauseinandersetzung soll nur das schuldhafte Verhalten, das nicht im Sinne des § 1091 ZGB (§ 46 EheG) ist, beispielsweise der Ehebruch durch einen Ehegatten, mit in die Erwägungen einbezogen werden.[340] Das Obere Volksgericht in Shanghai hat diese Meinung befürwortet.[341]

d) *Ausschluss oder Reduzierung des Anteils wegen illoyaler Handlungen*

Im Vergleich mit den oben dargestellten Grundprinzipien ist die hier genannte illoyale Handlung eines Ehegatten nicht von Amts wegen zu prüfen. Vielmehr hat der Ehegatte, dessen Recht durch die illoyale Handlung des anderen Ehegatten verletzt wird, einen Antrag auf Ausschluss oder Reduzierung des Anteils des anderen Ehegatten am gemeinsamen Vermögen zu stellen. Benachteiligt ein Ehegatte den anderen Ehegatten durch Verbergen, Verschieben, Verkaufen, Beschädigen oder Zerstören des gemeinsamen Vermögens, oder sogar durch die bewusste Übernahme von überhöhten Verbindlichkeiten, wird er bei der Teilung des gemeinsamen Vermögens nach § 1092 ZGB (§ 47 EheG) weniger oder nichts erhalten. Dabei ist auch zu beachten, dass sich der verkleinerte Anteil nur auf den Teil des gemeinsamen Vermögens bezieht, das von einem Ehegatten versteckt, verschoben, verkauft oder beschädigt wird, nicht auf das gesamte gemeinsame Vermögen.[342]

§ 1092 ZGB legt keinen Zeitraum fest, in welchem die Benachteiligungshandlung eines Ehegatten stattgefunden haben muss. Dies verändert die frühere Rechtslage des § 47 EheG. Demnach war eine solche illoyale Handlung nur relevant, wenn sie im Zeitraum zwischen der Rechtshängigkeit der Scheidung und dem Ende der Vollstreckung durchgeführt wurde.[343] Diese

340 *Yu*, Original Theory of Relative Law, S. 347.

341 Leitfaden für die Behandlung von Ehe- und Familienstreitigkeiten von dem Oberen Volksgericht in Shanghai, unter: http://www.divorcelawyers.cn/show.aspx?id=1395&cid=2 (abgerufen am 05.11.2021).

342 *Hu/Wang*, Ehegesetz-Interpretation, S. 184.

343 *Hu/Wang*, Ehegesetz-Interpretation, S. 184.

Begrenzung wurde vor dem Inkrafttreten des ZGB als unbillig betrachtet und in der Rechtspraxis nicht durchgeführt. Das Volksgericht kam in einem Urteil zu dem Schluss, dass auch die vor der Rechtshängigkeit begangene illoyale Handlung zum Ausschluss oder zur Reduzierung des Anteils führte. In diesem Fall war die Ehe im ersten Halbjahr 2013 in eine Krise geraten. Seit Februar 2013 lebten die Ehegatten getrennt. Am 30. April 2013 hatte die Ehefrau das auf ihrem Bankkonto stehende Guthaben von 195.000,00 CNY zu einem Dritten verschoben. Dieses Guthaben war dem gemeinsamen Vermögen zuzuordnen. Die Ehefrau hatte den Ehemann im März 2014 und im Januar 2015 durch zwei Instanzen auf eine Scheidung verklagt. In der ersten Instanz hatte die Ehefrau die Verschiebung des Guthabens erfolgreich versteckt. In der zweiten Instanz wurde die illoyale Handlung aufgedeckt. Das Gericht entschied, dass dieses Guthaben geteilt werden und der Ehemann 120.000,00 CNY bekommen sollte.[344]

e) *Billigkeitsprinzip in der Literatur*

In der Literatur wird das Billigkeitsprinzip als Grundprinzip der Verteilung des gemeinsamen Vermögens mehrmals vorgeschlagen. Nach dieser Meinung ist das Prinzip der Berücksichtigung der Interessen des Kindes und der Frau einseitig, denn es betrifft nur das Kind und die Frau. Weitere Fälle, in denen der Mann in eine schwierige Position gerät, werden nicht erfasst.[345] Darüber hinaus ist der Anspruch auf finanzielle Unterstützung nach § 1090 ZGB (§ 42 EheG) von bestimmten Voraussetzungen abhängig,[346] weswegen eine Billigkeitserwägung nicht im Allgemeinen durchgeführt werden kann.[347] Im Rahmen der Billigkeitserwägung bei der Verteilung des gemeinsamen Vermögens soll das Volksgericht die spezifischen Umstände und tatsächlichen Bedürfnisse beider Ehegatten berücksichtigen, um substanzielle Gerechtigkeit zu erreichen. Faktoren wie Arbeitsfähigkeit, Geschäftsmöglichkeit, Bildungsstand, wirtschaftlicher Status, körperliche Verfassung und Altersunterschied der Ehegatten, die Dauer der Ehe und der jeweilige Beitrag zur Familie sollen einbezogen werden.[348] Weitere Diskussionen und Kritiken an dem Billigkeitsprinzip fehlen in der Literatur.

---

344 Urteil: Das Mittlere Volksgericht in Beijing, 2015, Nr. 08205, (2015) 三中民终字第08205号.

345 *Liu*, Journal of China Women's University 2018, 24 (25 ff.).

346 Siehe Kap. 3. D. IV. 1. b).

347 *Ma/Tong/Pan/Wang*, Collection of Women's Studies 2006, 42 (43).

348 *Xia*, Global Law Review 2005, 45 (47).

2. *Konkrete Verteilung bezüglich unterschiedlicher Vermögensgegenstände*

Eine Regelung über die Art und Weise der Teilung, wie z.B. eine Teilung in Natur oder eine Teilung durch Verkauf, findet sich im ZGB (EheG) nicht. Über die Teilung bestimmter Vermögensgegenstände streiten die Ehegatten im Scheidungsfall besonders heftig. Um Rechtsklarheit zu schaffen und einen zu großen Beurteilungsspielraum des Volksgerichts zu begrenzen, hat das Oberste Volksgericht folglich in der EEheG II konkrete Regelengen vorgesehen. Diese Regelungen hat die EZGB I übernommen.

a) Teilung der Aktien, Schuldverschreibungen, Wertpapiere und AG-Anteile

Nach § 72 EZGB I (§ 15 EEheG II) sollen die Ehegatten zuerst versuchen, eine Vereinbarung über die Teilung zu treffen. Kommt keine Vereinbarung zustande, beurteilt das Volksgericht, wie viele Aktien, Schuldverschreibungen oder AG-Anteile jeder Ehegatte erhalten soll.[349] Besteht das gemeinsame Vermögen beispielsweise aus 100 gleichwertigen Wertpapieren, werden jedem Ehegatten nach dem Halbteilungsgrundsatz 50 Wertpapiere zugeteilt. Jedoch wird die hälftige Teilung problematisch, wenn es z.B. 99 Wertpapiere gibt. In der Rechtspraxis wäre es meines Erachtens möglich so vorzugehen, dass jedem Ehegatten 49 Wertpapiere zugewiesen werden; das restliche Wertpapier wäre zu verkaufen und der Erlös wäre zwischen den Ehegatten zu verteilen.[350]

b) Teilung der GmbH-Anteile

Im Vergleich mit der Teilung von AG-Anteilen ist die Teilung der GmbH-Anteile komplizierter. Eine Gesellschaft mit beschränkter Haftung (GmbH) ist mit personalistischem Charakter verbunden, deshalb ist eine beliebige Übertragung der Anteile der GmbH vom Gesetz verboten.[351] Nach § 71 Gesellschaftsgesetz können Gesellschafter einer GmbH untereinander alle oder einen Teil ihrer Anteile übertragen. Wenn jedoch ein Gesellschafter einem Nichtgesellschafter einen Anteil übertragen will, müssen mehr als die Hälfte der anderen Gesellschafter diesem zustimmen. Wenn mindestens die Hälfte der anderen Gesellschafter ihr Einverständnis zu der Übertragung verweigert, müssen die nicht einverstandenen Gesellschafter die zu übertragenden Anteile

---

349 *Huang (Hrsg.)*, Das Verstehen und die Anwendung der EEheG II, S. 136.
350 Vgl. *Huang (Hrsg.)*, Das Verstehen und die Anwendung der EEheG II, S. 135.
351 *Huang (Hrsg.)*, Das Verstehen und die Anwendung der EEheG II, S. 146.

kaufen. Falls sie die Anteile nicht kaufen, gilt dies als Einverständnis mit der Übertragung.

Eine durch Scheidung verursachte Übertragung der GmbH-Anteile soll den Grundsatz aus § 71 Gesellschaftsgesetz beibehalten. Demnach regelt § 73 EZGB I (§ 16 EEheG II) den Fall, dass ein Ehegatte Gesellschafter der GmbH und der andere Ehegatte Nichtgesellschafter ist. Hierbei kann der Nichtgesellschafter-Ehegatte die Hälfte der GmbH-Anteile des Gesellschafter-Ehegatten nur bekommen, wenn mehr als die Hälfte der Gesellschafter der Übertragung zustimmt und auf ihr Vorkaufsrecht verzichtet. Üben die Gesellschafter das Vorkaufsrecht aus, bekommt der Nichtgesellschafter-Ehegatte die entsprechenden Erlöse. Wenn weder die Zustimmung noch das Vorkaufsrecht von den Gesellschaftern ausgeübt wird, wird dies als Zustimmung zur Übertragung angesehen. Daher werden dem Nichtgesellschafter-Ehegatten die entsprechenden GmbH-Anteile zugewiesen und dieser Ehegatte erwirbt die Gesellschafterstellung der GmbH.[352]

Die von § 73 EZGB I (§ 16 EEheG II) nicht geregelte Konstellation ist die Teilung der Anteile einer Ein-Mann-GmbH[353]. Dabei ist die scheidungsbedingte Übertragung der GmbH-Anteile nicht von der Zustimmung anderer Gesellschafter abhängig. Nach einer Ansicht soll der Nichtgesellschafter-Ehegatte ein Entscheidungsrecht haben, ob er die GmbH-Anteile oder den entsprechenden Erlös bekommen möchte.[354] Meines Erachtens sollte nicht der Nichtgesellschafter-Ehegatte, sondern der Gesellschafter-Ehegatte das Entscheidungsrecht haben. Nur mit der Zustimmung des Gesellschafter-Ehegatten darf der Anteil der Einmann-GmbH dem anderen Ehegatten zugewiesen werden. Andernfalls könnte die Gesellschaft in geschäftliche Schwierigkeiten geraten.

c) *Teilung der Partnerschaftsunternehmensanteile*

Die Teilung der Partnerschaftsunternehmensanteile ist der Teilung der GmbH-Anteile grundsätzlich ähnlich. Als Partnerschaftsunternehmen[355]

---

352 *Huang (Hrsg.)*, Das Verstehen und die Anwendung der EEheG II, S. 146.

353 Nach § 57 Abs. 2 Gesellschaftsgesetz werden Gesellschaften mit beschränkter Haftung, deren Gesellschafter nur eine natürliche oder juristische Person ist, als Ein-Mann-Gesellschaften bezeichnet.

354 *Wang/Yang/Zhao*, Judicial Opinions and Application Rules, S. 98.

355 § 2 Partnerschaftsunternehmensgesetz enthält die Legaldefinition von Partnerschaftsunternehmen. Als Partnerschaftsunternehmen bezeichnet dieses Gesetz von natürlichen Personen, juristischen Personen und sonstigen Organisationen nach diesem Gesetz in chinesischem Gebiet errichtete gewöhnliche Partnerschaftsunternehmen und beschränkte Partnerschaftsunternehmen.

bezeichnete gewöhnliche Partnerschaftsunternehmen und beschränkte Partnerschaftsunternehmen sind wie die GmbH mit einem personalistischen Charakter verbunden. Demzufolge ist die Zustimmung der Partner für die Übertragung der Partnerschaftsunternehmensanteile erforderlich.[356] Dies wird von § 22 Partnerschaftsunternehmensgesetz vorgeschrieben. Für die scheidungsbedingte Übertragung der Partnerschaftsunternehmensanteile sieht § 74 EZGB I (§ 17 EEheG II) eine spezifische Regelung vor. Demnach ist die Übertragung der Anteile zum Nichtpartner-Ehegatten von der Zustimmung der anderen Partner abhängig. Stimmen die anderen Partner der Übertragung zu, so tritt auch dieser Ehegatte als Partner in das Partnerschaftsunternehmen ein; stimmen die anderen Partner der Übertragung nicht zu, können sie ihr Vorkaufsrecht ausüben. Der entsprechende Erlös wird dem Nichtpartner-Ehegatten zugeteilt. Wird die Zustimmung nicht gegeben und das Vorkaufsrecht nicht ausgeübt, sind die anderen Partner aber damit einverstanden, dass der Partner-Ehegatte aus dem Partnerschaftsunternehmen ausscheiden kann, erlangt der Nichtpartner-Ehegatte die Hälfte der Einlage und der Gewinne. Stimmen schließlich die anderen Partner der Übertragung nicht zu, üben sie ihr Vorkaufsrecht nicht aus und sind sie mit dem Ausscheiden des Partner-Ehegatten nicht einverstanden, so wird fingiert, dass sie der Übertragung zugestimmt haben. Der ursprüngliche Nichtpartner-Ehegatte wird als neuer Gesellschafter aufgenommen.

d) Teilung der Einzelunternehmensanteile

Ein Einzelunternehmen ist von einer Ein-Mann-GmbH zu unterscheiden. Nach § 102 Abs. 2 ZGB ist ein Einzelunternehmen keine juristische Person. Jedoch kann es in eigenem Namen zivilrechtliche Tätigkeiten ausüben. Ein Einzelunternehmen wird von einer einzelnen natürlichen Person gegründet und diese Person haftet mit ihrem gesamten Vermögen.[357] Die Teilung der

---

Gewöhnliche Partnerschaftsunternehmen werden von gewöhnlichen Partnern gebildet, die Partner haften als Gesamtschuldner unbeschränkt für die Verbindlichkeiten des Unternehmens. Soweit dieses Gesetz für die Form der Haftung gewöhnlicher Partner als Gesamtschuldner besondere Bestimmungen trifft, gelten diese vorrangig. Beschränkte Partnerschaftsunternehmen werden von gewöhnlichen Partnern und beschränkten Partnern gebildet, die gewöhnlichen Partner haften als Gesamtschuldner unbeschränkt für die Verbindlichkeiten des Unternehmens, die beschränkten Partner haften für die Verbindlichkeiten des Unternehmens nur bis zur Höhe der von ihnen übernommenen Einlage.

356 *Huang (Hrsg.)*, Das Verstehen und die Anwendung der EEheG II, S. 153.

357 *Huang (Hrsg.)*, Das Verstehen und die Anwendung der EEheG II, S. 162.

Einzelunternehmensanteile wird in § 75 EZGB I (§ 18 EEheG II) besonders geregelt. Wenn nur ein Ehegatte das Unternehmen führen möchte, bekommt er infolgedessen alle Einzelunternehmensanteile. Der andere Ehegatte kann eine entsprechende Abfindung verlangen. Haben beide Ehegatten keine Absicht, das Einzelunternehmen weiterzuführen, löst sich das Einzelunternehmen gemäß §§ 100 ff. Einzelunternehmensgesetz auf. Falls beide Ehegatten das Unternehmen weiterführen möchten, prüft das Volksgericht die Fähigkeiten der Ehegatten, die für die Führung des Unternehmens erforderlich sind. Dem Ehegatten, der das Unternehmen besser betreiben kann, wird das Unternehmen zugewiesen. Dementsprechend hat der andere Ehegatte einen Abfindungsanspruch. Nur wenn das Fähigkeits-Kriterium kein Ergebnis brächte, wäre der Weg zur Versteigerung zwischen beiden Ehegatten frei.[358] Der Ehegatte, der ein höheres Gebot abgibt, erwirbt dann das Unternehmen, während der andere Ehegatte einen Abfindungsanspruch hat.

e) Teilung der Wohnung

aa) Allgemeine Regeln

Das ZGB (EheG) kennt keine Unterschiede zwischen Ehewohnung und Wohnung. Nur die Wohnung, die zum gemeinsamen Vermögen gehört, wird zwischen den Ehegatten geteilt. Der primär entscheidende Maßstab für die Teilung der Wohnung ist der Grundsatz der „Berücksichtigung der Interessen des Kindes und der Frau“ aus § 1087 Abs. 1 Halbs. 1 ZGB (§ 39 Abs. 1 Halbs. 1 EheG).[359] So hat die Frau, bei der das gemeinsame Kind lebt, bei der Verteilung der in das gemeinsame Vermögen fallenden Wohnung ein Privileg.[360]

Liegen keine Indizien für die Berücksichtigung der Interessen des Kindes und der Frau vor, findet § 76 EZGB I (§ 20 EEheG II) Anwendung.[361] § 76 EZGB I (§ 20 EEheG II) wird in drei Fallkonstellationen untergliedert. Erstens, wenn beide Ehegatten das Eigentum an der Wohnung haben wollen und einverstanden sind, dass der Meistbietende sie erhalten soll, muss dies gestattet werden. Zweitens, wenn nur ein Ehegatte das Eigentum an der Wohnung haben

---

358 *Huang (Hrsg.)*, Das Verstehen und die Anwendung der EEheG II, S. 169 ff.

359 *Huang (Hrsg.)*, Das Verstehen und die Anwendung der EEheG II, S. 183.

360 Urteil: Das Untere Volksgericht in Jiyang, 2012, Nr. 1666, (2012) 济阳民初字第1666号民事判决书; Das Erste Mittlere Volksgericht in Beijing, 2013, Nr. 14328, (2013) 一中民终字第14328号民事判决书; Das Mittlere Volksgericht in Qingyang, 2014, Nr. 162, (2014) 庆中民终字第162号民事判决书.

361 *Huang (Hrsg.)*, Das Verstehen und die Anwendung der EEheG II, S. 183.

will, muss er dem anderen Ehegatten einen entsprechenden Ausgleich leisten. Drittens, wenn kein Ehegatte das Eigentum an der Wohnung haben will, wird sie auf Antrag der Ehegatten versteigert. Der Betrag ist zwischen den Ehegatten zu verteilen. Demnach steht die Versteigerung nur zur Verfügung, wenn sich die Ehegatten darüber einig sind. Wenn diese Voraussetzung nicht erfüllt wird, schreibt § 76 EZGB I (§ 20 EEheG II) nicht fest, wie das Volksgericht entscheiden soll. In der Rechtsprechung berücksichtigt das Volksgericht bei der Zuweisung der Wohnung die Herkunft des für den Hauskauf gegebenen Geldes. Wenn ein Ehegatte mit dem Eigenvermögen einen großen Anteil des Kaufpreises der Wohnung bezahlt hat, wird das Haus bei der Scheidung ihm zugewiesen.[362]

bb) Besondere Regelung des § 78 Abs. 2 EZGB I

Neben den oben dargestellten Vorschriften regelt auch § 78 Abs. 2 EZGB I (§ 10 Abs. 2 EEheG III) die Teilung der Wohnung. Anders als § 76 EZGB I (§ 20 EEheG II) regelt § 78 Abs. 2 EZGB I (§ 10 Abs. 2 EEheG III) nur eine bestimmte Konstellation, in der ein Ehegatte vor der Eheschließung einen Kaufvertrag über eine Wohnung abgeschlossen hat, mit dem Eigenvermögen die erste Rate bezahlt hat und im Grundbuch eingetragen worden ist, aber die folgenden Raten während der Ehe mit dem gemeinsamen Vermögen bezahlt worden sind. Zwar haben beide Ehegatten unabhängig von der Eintragung im Grundbuch Miteigentum an dem Haus,[363] aber die Eintragung spielt bei der Teilung der Wohnung eine Rolle. § 78 Abs. 2 EZGB I (§ 10 Abs. 2 EEheG III) stellt klar, dass das Volksgericht dem Ehegatten, der im Grundbuch steht, die Wohnung zuteilen kann. Nach der Ansicht des Obersten Volksgericht ist der Wortlaut „kann" von „soll" grundlegend zu unterscheiden.[364] Daher ist § 78 Abs. 2 EZGB I (§ 10 Abs. 2 EEheG III) keine zwingende Regelung. Das Volksgericht kann die Teilung der Wohnung auch anders beurteilen, insbesondere dann, wenn die Interessen des Kindes und der Frau bei der Teilung der Wohnung berücksichtigt werden sollen.[365] Insofern bleibt der Grundsatz „Berücksichtigung der Interessen des Kindes und der Frau" der zentrale Maßstab. Die Teilung durch Versteigerung ist in dieser Konstellation nicht vorgesehen.

---

362 Urteil: Das Untere Volksgericht in Beijing, 2013, Nr. 11117, (2013) 朝民初字第11117号民事判决书.

363 Siehe oben Kap. 3. D. II. 4

364 *Xi (Hrsg.)*, Das Verstehen und die Anwendung der EEheG III, S. 167.

365 *Xi (Hrsg.)*, Das Verstehen und die Anwendung der EEheG III, S. 165 ff.

f) Teilung der Haushaltsgegenstände

Eine besondere Regelung für die Teilung der Haushaltsgegenstände gibt es nicht. Das Volksgericht kann die in das gemeinsame Vermögen fallenden Haushaltsgegenstände einem Ehegatten zuweisen, je nach den tatsächlichen Bedürfnissen des Ehegatten. Der andere Ehegatte, der das Miteigentum verliert, erlangt daher einen angemessenen Geldbetrag als Ersatz.[366] Wenn zwei Wohnungen in das gemeinsame Vermögen fallen und jedem Ehegatten eine Wohnung bei der Vermögensauseinandersetzung zugewiesen wird, kann das Volksgericht entscheiden, dass jeder Ehegatte die Haushaltsgegenstände, die sich in seiner zugewiesenen Wohnung befinden, bekommen soll.[367]

3. Fallbeispiel

a) Zum Sachverhalt

Die beteiligten Eheleute, Wang und Li, streiten nach der Scheidung um die Vermögensauseinandersetzung. Sie heirateten im Dezember 1997 und trennten sich am 22.10.2005. Die Ehe wurde am 13.11.2007 rechtskräftig geschieden. Während der Ehe hatten die Eheleute folgendes Vermögen erworben:

1) Im Jahr 2000 hatte Wang einen Kaufvertrag über das Wohnhaus 14-2-601 mit einem Immobilienunternehmen abgeschlossen. Wang hatte dafür 294.591,30 CNY bezahlt. Im Jahr 2003 war Wang als Eigentümer des Wohnhauses im Grundbuch eingetragen worden. Der Wert des Wohnhauses wird nach Rechtshängigkeit der Klage auf 1.450.000,00 CNY geschätzt. Inzwischen bewohnt Wangs Mutter das Haus.
2) Im Jahr 2000 hatte Wang das Geschäftshaus 74 gekauft und Wang war als Eigentümer im Grundbuch eingetragen worden. Nach der Rechtshängigkeit der Klage wird der Wert des Geschäftshauses auf 100.000,00 CNY geschätzt. Im Verfahren sind beide Ehegatten am Eigentum an dem Haus interessiert. Li bietet auf das Haus 100.000,00 CNY, während Wang 124.000,00 CNY bietet.
3) Im Jahr 2005 hatten Wang und Li das Wohn- und Geschäftshaus 76-B3 gekauft. Sie beide waren als Eigentümer im Grundbuch eingetragen worden.

---

366 Urteil: Das Mittlere Volksgericht in Shanxi, 2017, Nr. 2207, (2017) 陕05民终2207号; Das Mittlere Volksgericht in Shanxi, 2017, Nr. 2369, (2017) 陕05民终2369号.

367 Urteil: Das Mittlere Volksgericht in Guangzhou, 2017, Nr. 6159, (2017) 粤01民终6159号.

Das Wohn- und Geschäftshaus 76-B3 wird nach der Rechtshängigkeit mit 480.000,00 CNY bewertet.

4) Im Jahr 2005 hatte Li einen Kaufvertrag über das öffentlich geförderte Haus 1302[368] abgeschlossen. Wang hatte dafür 80.000,00 CNY bezahlt. Bei Rechtshängigkeit der Klage haben die Eheleute das Eigentumsrecht an dem öffentlich geförderten Haus 1302 noch nicht erworben.
5) Am 28.12.2000 war das Technologieunternehmen Moyi GmbH gegründet worden. Gesellschafter des Unternehmens sind Li (Gesellschaftsanteil: 30 %), Wang (Gesellschaftsanteil: 30 %) und Miao (Gesellschaftsanteil: 40 %). Nach der Rechtshängigkeit der Klage möchte Li aus dem Unternehmen ausscheiden.
6) Li arbeitet als Professor an der Zhejiang Universität. Während der Trennungszeit vom Oktober 2005 bis November 2007 hatte Li einen Lohn in Höhe von 127.379,82 CNY erlangt. In diesem Zeitraum hatte er auch Unterrichtseinkommen, Prämie und Honorar als Experte, die insgesamt 47.689,25 CNY betrugen, erworben.
7) Während der Ehe hatte Li an vielen Forschungsprojekten teilgenommen. Dafür hatte Li Forschungsverdienste im Wert von 4.160,00 CNY erhalten. Die noch nicht bezahlten Forschungsverdienste betragen 15.360,00 CNY.
8) Lis Wohnungssparfondskonto enthält Wohnungsrücklagen im Wert von 67.160,65 CNY.
9) Im November 2007 betrug Lis Kontostand 727,73 CNY.
10) Am 15.9.2005 betrug Wangs Kontostand 238.632,96 CNY. Am 2.11.2005 wurde 120.000,00 CNY von Wangs Konto auf das Konto der Moyi GmbH überwiesen. In demselben Jahr hob Wang 80.000,00 CNY vom Konto ab, um das öffentlich geförderte Haus 1302 zu bezahlen. Jetzt hat Wang noch 38.632,96 CNY auf dem Konto.[369]

b) Urteilungsgründe

1) Das Wohnhaus 14-2-601 fällt in das gemeinsame Vermögen beider Ehegatten, da Wang es während der Ehe erworben hat und nicht beweisen kann, dass das Haus mit ihrem Eigenvermögen bezahlt worden ist. Das

368 Das öffentlich geförderte Haus wird von der Regierung unterstützt, somit können die Menschen aus bestimmten Personenkreisen ein Wohnhaus unter Marktpreis kaufen.

369 Das Fallbeispiel beruht auf einer Entscheidung: Urteil: Das Obere Volksgericht in Zhejiang, 2008, Nr. 302, (2008) 浙民一终字第302号.

Haus und die Haushaltsgegenstände darin darf Wang haben. Li hat einen Ausgleichsanspruch in Höhe von 725.000,00 CNY (1.450.000,00 CNY geteilt durch 2).

2) Das Geschäftshaus 74 fällt in das gemeinsame Vermögen beider Ehegatten, da Wang es während der Ehe erworben hat und nicht beweisen kann, dass das Haus mit ihrem Eigenvermögen bezahlt worden ist. Wang hat auf das Haus mehr als Li geboten, deshalb darf Wang das Geschäftshaus erwerben. Li hat einen Ausgleichsanspruch in Höhe von 62.000,00 CNY (124.000,00 CNY geteilt durch 2).
3) Das Wohn- und Geschäftshaus 76-B3 fällt in das gemeinsame Vermögen beider Ehegatten. Weder Wang noch Li können beweisen, dass das Haus mit dem Eigenvermögen eines Ehegatten bezahlt worden ist. Das Wohn- und Geschäftshaus 76-B3 und die Haushaltsgegenstände darin erhält Li. Wang hat einen Ausgleichsanspruch in Höhe von 240.000,00 CNY (480.000,00 CNY geteilt durch 2).
4) Da die Eheleute das Eigentumsrecht an dem öffentlich geförderten Haus 1302 noch nicht erworben haben, beurteilt das Volksgericht hier die Zugehörigkeit des Hauses nicht. Wenn die Eheleute das vollständige Eigentum erlangt haben, können sie eine Klage bezüglich der Verteilung des Hauses erheben.
5) Die Gesellschaftsanteile von Li und von Wang fallen in das gemeinsame Vermögen. Da Li und Wang beide Gesellschafter sind, sind beider Gesellschaftsanteile (60 %) hälftig zwischen den Ehegatten zu verteilen, also jeweils 30 %. Der Ausscheidensanspruch von Li wird hier nicht beurteilt, da er die Interessen eines Dritten beeinflussen könnte.
6) Das während der Trennungszeit erworbene Vermögen, einschließlich des Lohnes (127.379,82 CNY), des Unterrichtseinkommens, der Prämie und des Expertenhonorars (47.689,25 CNY) sowie des Forschungsverdienstes (4.160,00 CNY und 15.360,00 CNY), gehört zum gemeinsamen Vermögen beider Ehegatten. Auf Grundlage des örtlichen durchschnittlichen Lebensstandards und Lis eigenen Lebensumständen wird festgestellt, dass Lis monatliche angemessene Lebenskosten bei 2.000,00 CNY liegen. Vom Oktober 2005 bis November 2007 hat Li für den angemessenen Lebensbedarf 50.000 CNY ausgegeben. Daher beträgt der während der Trennungszeit erlangte Überschuss 144.589,07 CNY. Darüber hinaus sind die Wohnungsrücklagen (67.160,65 CNY) und die Einlagen auf Lis Konto (727,73 CNY) dem gemeinsamen Vermögen zuzuordnen. Insgesamt beträgt das von Li erworbene gemeinsame Vermögen 212.477,45 CNY. Wang soll 106.238,73 CNY bekommen (212.477,45 CNY geteilt durch 2).

7) Die Anlagen von 38.632,96 CNY auf Wangs Konto fallen in das gemeinsame Vermögen. Li soll 19.316,48 CNY bekommen (38.632,96 CNY geteilt durch 2).

c) Anmerkung

Die Entscheidung betrifft die Verteilung des gemeinsamen Vermögens bei Scheidung. Das Volksgericht ermittelt zuerst die Zuordnung des Vermögens. Danach war das gemeinsame Vermögen nach den Grundprinzipien des EheG (§ 39 EheG)[370] zu verteilen. Für unterschiedliche Vermögensgegenstände gelten unterschiedliche Verteilungsweisen.

Bei der Ermittlung des gemeinsamen Vermögens hat das Volksgericht zwar den Begriff des Surrogationsprinzips nicht angesprochen, jedoch wird die Herkunft des ausgegebenen Geldes vom Volksgericht berücksichtigt. Die während der Ehe entgeltlich erworbenen Häuser gehören nach dem Volksgericht zum gemeinsamen Vermögen, wenn die Ehegatten nicht beweisen können, dass die Häuser auf Kosten des Eigenvermögens eines Ehegatten erworben worden sind. Bei der Zuordnung der während der Ehe entgeltlich erworbenen Häuser kommt es nicht darauf an, welcher Ehegatte als Eigentümer im Grundbuch eingetragen worden ist.

Bei der Verteilung des gemeinsamen Vermögens beurteilt das Volksgericht, welcher Ehegatte welchen in das gemeinsame Vermögen fallenden Vermögensgegenstand bekommen soll. Der Ehegatte, dem der Vermögensgegenstand nicht zugewiesen wird, hat gegenüber dem anderen Ehegatten einen Ausgleichsanspruch. In dieser Entscheidung fehlt jedoch hinsichtlich der Zuweisung der Häuser eine vollständige Argumentation. Nur § 39 EheG wird in der Entscheidung angesprochen. In dem Rechtspraxis ist im Fall üblich, in dem zwei oder mehrere Häuser in das gemeinsame Vermögen fallen, dass jedem von beiden Ehegatten zumindest ein Haus zugewiesen wird.

V. Behandlung der gemeinsamen Verbindlichkeiten und der eigenen Verbindlichkeiten

1. *Unabhängigkeit der Behandlung der Verbindlichkeiten*

§ 1089 ZGB (§ 41 EheG) regelt die Behandlung der Verbindlichkeiten im Scheidungsfall. Demnach sind eigene Verbindlichkeiten von gemeinsamen Verbindlichkeiten zu unterscheiden; das Volksgericht beurteilt die Verteilung

370 Diese Entscheidung basierte auf dem EheG.

der gemeinsamen Verbindlichkeiten zwischen den Ehegatten, wenn die Ehegatten darüber keine Vereinbarung getroffen haben. Diese Regelung ist ein Gegenstück zum § 1087 Abs. 1 Halbs. 2 ZGB (§ 39 Abs. 1 Halbs. 2 EheG), der die Verteilung des gemeinsamen Vermögens regelt. In der Rechtsprechung beurteilt das Volksgericht zuerst die Verteilung des gemeinsamen Vermögens und dann die Verteilung der gemeinsamen Verbindlichkeiten; die gemeinsamen Verbindlichkeiten werden nicht im Rahmen des gemeinsamen Vermögens behandelt.[371] In der Literatur wird die Verteilung des gemeinsamen Vermögens ebenfalls zuerst erläutert und darauf folgt die Behandlung der Verbindlichkeiten.[372] Die Behandlung der Verbindlichkeiten ist infolgedessen als „ein besonderer Teil“[373] zu berücksichtigen, der von der Verteilung des gemeinsamen Vermögens unabhängig ist.[374]

Die Ehegatten brauchen bei der scheidungsbedingten Abwicklung der Errungenschaftsgemeinschaft keinen Teilungsplan, der die Teilung des gemeinsamen Vermögens und der gemeinsamen Verbindlichkeiten regelt, zu erstellen.[375] Wie bei der Verteilung des gemeinsamen Vermögens hat das Volksgericht auch bei der Verteilung der gemeinsamen Verbindlichkeiten zwischen den Ehegatten eine große Gestaltungsfreiheit.[376] Das entsprechende Urteil kann sich jedoch nur auf die Innenverhältnisse der Ehegatten auswirken. Es beeinflusst das Recht des außenstehenden Gläubigers nicht.[377] Es ist nicht zwingend, dass die gemeinsamen Verbindlichkeiten vor der Teilung des gemeinsamen Vermögens getilgt sein müssen.[378] Nach der Vorstellung

---

371 Urteil: Das Untere Volksgericht in Cixi, 2008, Nr. 8, (2008) 慈民一再抗字第8号; Das Mittlere Volksgericht in Qingyang, 2014, Nr. 469, (2014) 庆中民终字第469号; Das Mittlere Volksgericht in Qingyang, 2014, Nr. 639, (2014) 庆中民终字第639号.

372 Siehe *Ma*, Familien- und Erbrecht, S. 138; *Yu*, Original Theory of Relative Law, S. 356.

373 *Li*, Die Vervollkommnung des chinesischen ehelichen Güterrechts, S. 45.

374 Die Vermögensauseinandersetzung im chinesischen Familienrecht bezeichnet folglich nur die Verteilung des gemeinsamen Vermögens. Jedoch sind die Verbindlichkeiten nach allgemeinem Rechtsverständnis als Passivvermögen anzusehen. Außerdem ist die Behandlung der Verbindlichkeiten, insbesondere die Verteilung der gemeinsamen Verbindlichkeiten, auch ein wichtiges Thema bei der Scheidung. Daher ist es unentbehrlich, die Behandlung der Verbindlichkeiten in dieser Arbeit zu erörtern. Die Behandlung der Verbindlichkeiten wird als Inhalt der Vermögensauseinandersetzung im weiteren Sinn betrachtet.

375 Vgl. *Yu*, Original Theory of Relative Law, S. 357.

376 Vgl. *Yu*, Original Theory of Relative Law, S. 357.

377 *Yu*, Original Theory of Relative Law, S. 357.

378 Vgl. *Yu*, Original Theory of Relative Law, S. 357.

des Gesetzgebers berührt die Verteilung des gemeinsamen Vermögens ohnedies die gesamtschuldnerische Haftung beider Ehegatten für die gemeinsamen Verbindlichkeiten dem Gläubiger gegenüber nicht.[379]

2. Unterscheidung zwischen gemeinsamen Verbindlichkeiten beider Ehegatten und eigenen Verbindlichkeiten eines Ehegatten

Das ZGB (EheG) kennt nur zwei Arten von Verbindlichkeiten: gemeinsame Verbindlichkeiten und eigene Verbindlichkeiten. Bei den gemeinsamen Verbindlichkeiten ist jeder Ehegatte zu ihrer Tilgung verpflichtet. Gegenüber dem Gläubiger sind beide Ehegatten Mitschuldner. Sie sind nicht von der gesamtschuldnerischen Haftung befreit, selbst wenn sie geschieden sind.[380] Die Vereinbarung, die von beiden Ehegatten über die Verteilung der gemeinsamen Verbindlichkeiten getroffen wird, sowie die Urteils- oder Schlichtungsurkunde des Volksgerichts, die über die Verteilung der gemeinsamen Verbindlichkeiten entscheidet, entfalten nur Wirkung zwischen den Ehegatten. Die Vereinbarung oder die Urkunde bestimmt die Lastenverteilung im Innenverhältnis der Ehegatten. Der Gläubiger hat weiterhin das Recht, die gemeinsamen Verbindlichkeiten gegenüber beiden Ehegatten geltend zu machen.[381] Wenn ein Ehegatte als Gesamtschuldner eine gemeinsame Verbindlichkeit befriedigt hat, hat er einen Ausgleichsanspruch, dessen Höhe über die Vereinbarung der Ehegatten oder die Rechtsurkunde des Volksgerichts bestimmt wird, gegen den anderen Ehegatten.[382] Demgegenüber haftet für seine eigenen Verbindlichkeiten der jeweilige Ehegatte allein. Diese Verbindlichkeiten werden im Scheidungsfall nicht zwischen den beiden Ehegatten geteilt. Der Gläubiger kann diese eigenen Verbindlichkeiten nur gegenüber dem entsprechenden Ehegatten geltend machen.[383]

a) Ermittlung der gemeinsamen Verbindlichkeiten

Nach § 1064 Abs. 1 Halbs. 1 ZGB sind die auf den gegenseitigen Willenserklärungen beider Ehegatten beruhenden Verpflichtungen die gemeinsamen Verbindlichkeiten beider Ehegatten. Dies umfasst sowohl die

379 *Yu*, Original Theory of Relative Law, S. 357; *Li*, Die Vervollkommnung des chinesischen ehelichen Güterrechts, S. 47.

380 *Yu*, Original Theory of Relative Law, S. 357.

381 *Yu*, Original Theory of Relative Law, S. 357.

382 *Yu*, Original Theory of Relative Law, S. 357.

383 *Yang (Hrsg.)/Tao*, Familienrecht, S. 139.

Verbindlichkeiten, die von beiden Ehegatten gemeinsam eingegangen werden, als auch Verbindlichkeiten, die von einem Ehegatten eingegangen werden und in die der andere Ehegatte vorher eingewilligt oder die er nachträglich genehmigt hat.[384] Hierbei sind die beiderseitigen Willenserklärungen entscheidend. Der Faktor, ob die Verbindlichkeiten aufgrund des Zusammenlebens beider Ehegatten entstanden sind, ist irrelevant.[385] Diese Regelung bewegt den Gläubiger dazu, Willenserklärungen von beiden Ehegatten zu verlangen. Dadurch kann der Gläubiger einfacher den Gesamtschuldcharakter der Verbindlichkeiten beweisen und unnötige Verluste vermeiden.[386]

Außerdem sind die Verpflichtungen, die aus den Geschäften zur Deckung des angemessenen Lebensbedarfs resultieren, nach § 1064 Abs. 1 Halbs. 2 ZGB die gemeinsamen Verbindlichkeiten beider Ehegatten. Nach § 1060 ZGB[387] sind die Ehegatten im Rahmen der Deckung des angemessenen Lebensbedarfs automatisch kraft Gesetzes füreinander Vertreter.[388] Die Willenserklärung eines Ehegatten wird als Willenserklärung beider Ehegatten betrachtet. Deshalb sind beide Ehegatten mitberechtigt und mitverpflichtet.[389] Der Lebensbedarf bezeichnet den normalen Bedarf, der für das Zusammenleben der Ehegatten unerlässlich ist, wie Unterhaltung-, Gesundheit-, Bekleidung- und Lebensmittelbedarf usw.[390] Für die Feststellung der Angemessenheit der Bedarfsdeckungsgeschäfte sind die konkrete Situation der Familie wie Beruf, Einkommen, Vermögenslage, Familiengröße usw. und lokale allgemeine Lebensgewohnheiten entscheidend.[391]

Die Verbindlichkeiten aus einem Geschäft, welches über die Deckung des angemessenen Lebensbedarfs hinausgeht, sind nach § 1064 Abs. 2 ZGB keine gemeinsamen Verbindlichkeiten, es sei denn, der Gläubiger könnte beweisen, dass die Verbindlichkeiten aufgrund des Zusammenlebens oder des gemeinsamen Betriebs beider Ehegatten entstanden sind. Hierbei wird die Beweislast des außenstehenden Gläubigers betont. Behauptet der Gläubiger die

---

384 *Huang (Hrsg.)*, Die Anmerkung des Ehe- und Familienrechts des ZGB, S. 116.

385 *Huang (Hrsg.)*, Die Anmerkung des Ehe- und Familienrechts des ZGB, S. 116.

386 *Cheng/Liu/Fang/Shen*, People's Judicature 2018, 33 (35).

387 § 1060 ZGB ist eine neue eingefügte Vorschrift. Im EheG fand sie sich noch nicht. Bereits vor dem Inkrafttreten des ZGB war dieses Rechtsinstitut der „Schlüsselgewalt" in der Literatur allerdings allgemein anerkannt.

388 *Huang (Hrsg.)*, Die Anmerkung des Ehe- und Familienrechts des ZGB, S. 89.

389 *Huang (Hrsg.)*, Die Anmerkung des Ehe- und Familienrechts des ZGB, S. 90.

390 *Huang (Hrsg.)*, Die Anmerkung des Ehe- und Familienrechts des ZGB, S. 90.

391 *Yu*, Original Theory of Relative Law, S. 245 ff.

gesamtschuldnerische Haftung der Ehegatten für die Verbindlichkeiten nicht, kann nach Meinung der Literatur auch ein Ehegatte gemäß § 1064 Abs. 2 ZGB beweisen, dass die Verbindlichkeiten aufgrund des Zusammenlebens oder des gemeinsamen Betriebs entstanden sind.[392] Es ist zu beachten, dass § 1064 Abs. 2 ZGB die unbestimmten Begriffe „Zusammenleben" und „gemeinsamer Betrieb" benutzt.[393] Dafür muss das Volksgericht in der Rechtsprechung komplexe Maßstäbe entwickeln.[394]

§ 1064 ZGB ist eine neue Regelung, die im EheG nicht enthalten war. Im EheG gab es nur eine Regelung über die gemeinsamen Verbindlichkeiten beider Ehegatten, nämlich § 41 EheG, welcher besagte, dass die aufgrund des Zusammenlebens der Ehegatten von einem Ehegatten begründeten Verpflichtungen die gemeinsamen Verbindlichkeiten beider Ehegatten waren. Allerdings ist die Darstellung „aufgrund des Zusammenlebens der Ehegatten" so abstrakt, dass Streitigkeiten über die Natur der Verbindlichkeiten in der Praxis immer wieder eintreten.[395] Demzufolge wurde *Die Erläuterung des Obersten Volksgerichts zur Rechtsanwendung bei Verhandlung der Rechtsstreitigkeiten über Verbindlichkeiten der Ehegatten* (EVV) vom Obersten Volksgericht am 18.01.2018 verkündet. Diese Erläuterung enthielt drei Vorschriften, die die Arten der gemeinsamen Verbindlichkeiten ausführlich festgelegte. § 1064 ZGB hat dies aufgenommen.[396]

b) Ermittlung der eigenen Verbindlichkeiten

Vor dem Inkrafttreten des ZGB gab es einige wenige Aufzählungen zu den eigenen Verbindlichkeiten eines Ehegatten in dem RVV und der EEheG II. Nach § 17 Abs. 2 RVV waren die Verbindlichkeiten, die ein Ehegatte zur Unterstützung eines ihm gegenüber nicht unterhaltspflichtigen Verwandten oder Freunds eingegangen war, die eigenen Verbindlichkeiten dieses Ehegatten. Darüber hinaus sah § 24 Abs. 3 EEheG II vor, dass die Verbindlichkeiten, die aus illegalen oder kriminellen Aktivitäten, wie Glückspiel und Drogenmissbrauch, entstanden waren, die eigenen Verbindlichkeiten dieses Ehegatten waren. In der Epoche des ZGB hat § 34 EZGB I § 24 Abs. 3 EEheG II übernommen. Eine Auflistung

392 *Ren*, Law Science, 2020 (3).
393 *Miu*, Peking University Law Journal 2018, 253 (259).
394 Vgl. *Huang (Hrsg.)*, Die Anmerkung des Ehe- und Familienrechts des ZGB, S. 119.
395 *Zhang/Zhai*, Political Science and Law, 2012 (79); *Yang*, The People's Judicature, 2017 (62); *Zhang/ Yang*, Henan Social Sciences, 2019 (88).
396 *Huang (Hrsg.)*, Die Anmerkung des Ehe- und Familienrechts des ZGB, S. 115.

anderer Arten der eigenen Verbindlichkeiten schreiben ZGB und EZGB I nicht vor. Nach § 1064 ZGB sind alle Verbindlichkeiten außerhalb der gemeinsamen Verbindlichkeiten die eigenen Verbindlichkeiten. Eine Betonung der Natur der aus illegalen Aktivitäten entstandenen Verbindlichkeiten über § 34 EZGB I begründet sich damit, dass früher Verbindlichkeiten dieser Art in der Praxis vom Volksgericht unterschiedlich behandelt wurden.

Es ist zu beachten, dass vor dem Inkrafttreten der EVV und des ZGB alle während der Ehe entstandenen Verbindlichkeiten gemäß § 24 EEheG II im Außenverhältnis als gemeinsame Verbindlichkeiten betrachtet wurden, soweit die Ehegatten nicht beweisen konnten, dass der Gläubiger die Natur der Verbindlichkeiten als eigene Verbindlichkeiten bestätigt hatte, oder dass der Gläubiger erkannt hatte, dass die Ehegatten die Gütertrennung vereinbart hatten. Nach dieser gläubigerfreundlichen Regelung war es im Außenverhältnis zu vermuten, dass die während der Ehezeit entstehenden Verpflichtungen in der Regel die gemeinsamen Verbindlichkeiten waren. Der Entstehungszeitpunkt der Verbindlichkeiten war für die Ermittlung der Rechtsnatur der Verbindlichkeiten entscheidend.[397] Dementsprechend hafteten beide Ehegatten für alle während der Ehe entstandenen Verbindlichkeiten im Außenverhältnis gegenüber dem Gläubiger als Gesamtschuldner. Im Innenverhältnis der Ehegatten fand jedoch § 41 EheG Anwendung. So waren die Verbindlichkeiten, die nicht aus dem Zusammenleben der Ehegatten resultierten, die eigenen Verbindlichkeiten eines Ehegatten, obwohl sie während der Ehe entstanden waren.[398]

Die Vermutungsregelung des § 24 EEheG II wurde seit Langem in der Literatur kritisiert. Es war in der Praxis für denjenigen Ehegatten, der die Verbindlichkeiten nicht eingegangen war, fast unmöglich, die in § 24 EEheG II genannten Ausnahmesituationen zu beweisen. So hafteten beide Ehegatten für alle während der Ehe entstandenen Verbindlichkeiten gegenüber den Gläubigern. Dies schadete ernsthaft den Interessen des Ehegatten, der die Verbindlichkeiten nicht eingegangen war.[399] Die EVV und das ZGB haben deswegen diese Vermutungsregelung abgeschafft. Folglich brauchen die Ehegatten die Beweislast nicht zu tragen. Der Gläubiger muss nachweisen, dass die Verbindlichkeiten aufgrund des Zusammenlebens oder des gemeinsamen

397 *Li*, Die Vervollkommnung des chinesischen ehelichen Güterrechts, S. 120; *Sun*, The Jurist 2017 (147).

398 *Dan*, Collection of Women's Studies 2016, 66 (67); *Huang*, People's Judicature 2015, 70 (74).

399 *Dan*, Collection of Women's Studies 2016, 66 (68 ff.).

Betriebs entstanden sind. Die paradoxe Situation, dass im Außenverhältnis eine eigene Verbindlichkeit als gemeinsame Verbindlichkeit zu betrachten ist, wird beendet.[400]

3. *Verteilung der gemeinsamen Verbindlichkeiten im Scheidungsfall*

Nach § 1089 ZGB (§ 41 EheG) ist die Vereinbarung über die Verteilung der gemeinsamen Verbindlichkeiten zwischen den Ehegatten vorrangig. Nur wenn keine Vereinbarung von den Ehegatten geschlossen wird, beurteilt das Gericht die Art und Weise der Verteilung. Im Vergleich mit der Klarstellung des Grundprinzips bei der Vermögensauseinandersetzung in § 1087 ZGB (§ 39 EheG) wird hierbei kein einziges Kriterium festgelegt. In der Literatur fehlt zwar auch eine ausführliche Darstellung zur Verbindlichkeitsverteilung, aber es besteht die allgemeine Meinung, dass die Grundsätze der Verteilung des gemeinsamen Vermögens auch bei der Verteilung der gemeinsamen Verbindlichkeiten Anwendung finden.[401] Die Rechtsprechung hat diese Meinung bestätigt. Da die Verteilung der gemeinsamen Verbindlichkeiten tatsächlich dem Volksgericht überlassen wird,[402] sind drei typische Urteile[403] im Folgenden darzustellen und zu analysieren.

a) Halbteilung der Verbindlichkeiten

Die beteiligten Ehegatten hatten während der Ehe eine Wohnung gekauft. Ihr Wert wurde von beiden Ehegatten mit 550.000,00 CNY anerkannt. Während der Ehezeit hatte die Ehefrau in ihrem eigenen Namen einen Kreditvertrag, dessen Höhe 100.000,00 CNY betrug, mit einem Kreditinstitut abgeschlossen. Vor der Scheidung hatte der Ehemann neun Raten des Kredits zurückgezahlt. Bei der Scheidung blieben noch 81.461,68 CNY zurückzuzahlen. Nach der Scheidung wurden zwei Raten des Kredits von der Ehefrau bedient, die insgesamt 8.890,44 CNY betrugen. Der Ehemann hatte auch während der Ehezeit in seinem eigenen Namen einen Kreditvertrag mit einem Kreditinstitut abgeschlossen, dessen Höhe 32.531,57 CNY betrug. Dazwischen wurden 2.794,95 CNY während der Ehezeit abbezahlt. Der restliche Teil (29.736,62 CNY) wurde von dem Ehemann nach der Scheidung zurückgezahlt. Der Ehemann hatte

400 Vgl. *Miu*, Peking University Law Journal 2018, 253 (259).

401 *Li*, Die Vervollkommnung des chinesischen ehelichen Güterrechts, S. 47; *Ma*, Ehe- und Familienrecht, S. 139; *Yu*, Original Theory of Relative Law, S. 357.

402 Vgl. *Li*, Die Vervollkommnung des chinesischen ehelichen Güterrechts, S. 31.

403 Nur die wesentlichen Sachverhalte werden hier dargestellt.

außerdem von einem Verwandten 60.000,00 CNY geliehen. Dies wurde noch nicht getilgt. Alle Darlehen wurden während der Ehe unter dem Namen der Ehefrau in Aktien investiert und gingen dann verloren. Bei der Scheidung hatten die Ehegatten vereinbart, dass die Wohnung dem Ehemann zugewiesen werden und die Ehefrau eine Geldforderung als Ausgleich in Höhe von 225.000,00 CNY bekommen sollte. Bezüglich der Verbindlichkeiten hatten die Ehegatten nur über das erste Darlehen eine Vereinbarung getroffen, dass der Ehemann den restlichen Teil der Verbindlichkeiten in Höhe von 8.1461,68 CNY tragen sollte. Nach der Scheidung verlangte die Ehefrau die Verteilung der Verbindlichkeiten.

Das Volksgericht beurteilte die Verbindlichkeiten so: 1. Die Vereinbarung zwischen den Ehegatten ist wirksam. Der Ehemann trägt den restlichen Teil der Verbindlichkeiten in Höhe von 72.571,24 CNY (8.1461,68 CNY minus 8.890,44 CNY); 2. Die Ehefrau hat eine Geldforderung gegen den Ehemann in Höhe von 8.890,44 CNY; 3. Der Ehemann hat eine Geldforderung gegen die Ehefrau in Höhe von 14.868,31 CNY (29.736,62 CNY geteilt durch 2); 4. Die Verbindlichkeiten von 60.000,00 CNY werden hälftig zwischen den Ehegatten geteilt.[404]

Dieses Urteil hat bestätigt, dass die gemeinsamen Verbindlichkeiten, die während der Ehezeit nicht getilgt werden, nach der Scheidung grundsätzlich hälftig zwischen den Ehegatten verteilt werden sollen. Hat ein Ehegatte nach der Scheidung die Verbindlichkeiten allein abgegolten, erwirbt er einen Ausgleichsanspruch gegen den anderen Ehegatten. Außerdem ist die Vereinbarung über die Verteilung der gemeinsamen Verbindlichkeiten vorrangig.

Hierbei ist allerdings zu beachten, dass das Volksgericht nicht näher erläutert, nach welchen Regelungen die Verbindlichkeiten als gemeinsame Verbindlichkeiten betrachtet werden. Der Ehemann und die Ehefrau haben jeweils im eigenen Namen während der Ehe Geld geliehen. Die daraus folgenden Verbindlichkeiten werden einerseits nicht von den beiden Ehegatten gemeinsam eingegangen, andererseits sind sie nicht aus einem Geschäft zur Deckung des angemessenen Lebensbedarfs entstanden, sondern gehen darüber hinaus. Diese Verbindlichkeiten könnten nach § 1064 Abs. 2 ZGB als gemeinsame Verbindlichkeiten beider Ehegatten anzusehen sein, wenn der Gläubiger beweisen kann, dass die Verbindlichkeiten aufgrund des Zusammenlebens oder

404 Urteil: Das Untere Volksgericht in Liaoning, 2020, Nr. 2974, (2020) 辽0302民初2974号.

des gemeinsamen Betriebs beider Ehegatten entstanden sind. Jedoch fehlt hier der Beweis des Gläubigers. Man kann daraus herleiten, dass im Innenverhältnis der Ehegatten die Verbindlichkeiten als gemeinsame Verbindlichkeiten anzusehen sind, solange die Verbindlichkeiten aufgrund des gemeinsamen Betriebs beider Ehegatten entstanden sind.

b) Berücksichtigung der Interessen der Frau

Die beteiligten Ehegatten heirateten im Jahr 2005. Sie hatten die folgenden in das gemeinsame Vermögen fallenden Vermögensgegenstände: einen Ventilator, drei Schränke, einen Gasherd, eine Waschmaschine und einen Fernseher. Der Ehemann hatte im Jahr 2009 50.000,00 CNY und im Jahr 2012 erneut 50.000,00 CNY bei einer Bank geliehen. Die Ehefrau hatte im Jahr 2012 ebenfalls 50.000,00 CNY bei einer Bank geliehen. Die Verbindlichkeiten, die aufgrund des Darlehensvertrags im Jahr 2009 und aus dem von der Ehefrau geschlossenen Darlehensvertrag im Jahr 2012 entstanden waren, wurden während der Ehe befriedigt. Im Jahr 2014 verlangte die Ehefrau die Ehescheidung und die Verteilung des gemeinsamen Vermögens und der gemeinsamen Verbindlichkeiten.

Das Volksgericht urteilte: Die Haushaltsgegenstände werden dem Ehemann zugewiesen; da die Ehefrau eine schwere Krankheit hat und nach der Scheidung kein festes Einkommen erwerben kann, soll die noch nicht getilgte Verbindlichkeit unter Berücksichtigung der Interessen der Frau dem Ehemann zufallen.[405]

Diese Entscheidung hat bei der Verteilung der gemeinsamen Verbindlichkeiten die Interessen der Frau berücksichtigt. Die konkrete Gesundheitslage und die tatsächlichen Vermögensverhältnisse der Ehefrau rechtfertigen bei der Verteilung der gemeinsamen Verbindlichkeiten eine Abweichung von der Halbteilung.

c) Verbindlichkeit bezüglich einer Wohnung

Die beteiligten Ehegatten hatten während der Ehe im Jahr 1999 das Nutzungsrecht an einem Grundstück erworben. Auf diesem Grundstück wurde ein Gebäude gebaut, in dem der Ehemann und seine Eltern während der Ehe und nach der Scheidung des Ehemanns und der Ehefrau gewohnt hatten. Dieses Gebäude wurde im Scheidungsverfahren mit 985.100,00 CNY bewertet.

---

405 Urteil: Das Mittlere Volksgericht in Qingyang, 2014, Nr. 476, (2014) 庆中民终字第476号.

Im Jahr 2011 hatten die Ehegatten mit einem Immobilienunternehmen einen Kaufvertrag über eine andere Wohnung abgeschlossen. Dafür hatten die Ehegatten Kredite aufgenommen. Davon wurde 155.014,00 CNY noch nicht getilgt. Nach der Scheidung hatten die Ehefrau und ihre gemeinsamen Kinder in dieser Wohnung gewohnt. Diese Wohnung wurde im Scheidungsverfahren mit 592.600,00 CNY bewertet. Im Jahr 2020 verlangte die Ehefrau die Ehescheidung und die Verteilung des gemeinsamen Vermögens und der gemeinsamen Verbindlichkeiten.

Das Volksgericht urteilte: Um ein gutes Leben beider Ehegatten möglichst zu garantieren und das Nutzungsrecht einer Wohnung zu verwirklichen, wird das selbstgebaute Gebäude dem Ehemann zugewiesen. Die Ehefrau erwirbt daher eine Geldforderung in Höhe von 492.550,00 CNY (985.100,00 CNY geteilt durch 2). Die im Jahr 2011 gekaufte Wohnung und die daraus folgenden noch nicht getilgten Verbindlichkeiten von 155.014,00 CNY werden der Ehefrau zugeteilt. Der Ehemann erhält eine Geldforderung in Höhe von 218.793,00 CNY (592.600,00 CNY minus 155.014,00 CNY, dann geteilt durch 2).[406]

Diese Entscheidung zeigt, dass das Volksgericht bei der Vermögensauseinandersetzung einen großen Gestaltungsraum hat. Nach den konkreten Vermögensverhältnissen im Einzelfall kann das Volksgericht einen in das gemeinsame Vermögen fallenden Vermögensgegenstand einem Ehegatten zuweisen. Bezüglich eines Hauskredits ist die Vorgehensweise in der Rechtsprechung meistens so, dass der Ehegatte, dem das Haus zugewiesen wird, den Hauskredit im Innenverhältnis tragen soll. Dies wirkt sich nicht auf das Recht des Gläubigers aus, denn der Gläubiger kann weiter von beiden Ehegatten den vollen Betrag verlangen.[407]

E. Vereinbarung über die Vermögensauseinandersetzung

I. Überblick

Die Ehegatten haben die Gestaltungsbefugnis, nach ihren Bedürfnissen die Errungenschaftsgemeinschaft auseinanderzusetzen. Sie können sowohl die Vermögensauseinandersetzung in einer Scheidungsvereinbarung regeln als

406 Urteil: Das Untere Volksgericht in Quangxi, 2020, Nr. 241, (2020) 桂0802民初第241号.

407 Urteil: Das Untere Volksgericht in Hebei, 2020, Nr. 2294, (2020) 冀0681民初2294号; Das Untere Volksgericht in Jilin, 2020, Nr. 4074, (2020) 吉0104民初4074号; Das Untere Volksgericht in Laioning, 2020, Nr. 164, (2020) 辽0904民初164号.

auch eine selbständige Vermögensauseinandersetzungsvereinbarung treffen.[408] § 69 EZGB I (§ 8 Abs. 1 EEheG II) besagt, dass beide Formen der Vermögensauseinandersetzungsabrede für die Ehegatten gesetzliche Bindungskraft haben. Eine Vereinbarung über die Vermögensauseinandersetzung ist bei der einverständlichen Scheidung beim Standesamt[409] und bei der einverständlichen Scheidung vor Gericht[410] unentbehrlich. Um eine einverständliche Scheidung durchführen zu können, müssen sich die Ehegatten über die Scheidung und die Scheidungsrechtsfolgen, einschließlich der Vermögensauseinandersetzung, einig sein. Demgegenüber ist eine Vereinbarung über die Vermögensauseinandersetzung bei der einseitigen Scheidung durch Urteil keine zwingende Voraussetzung. Aber die Vermögensauseinandersetzungsvereinbarung gilt immer vorrangig, soweit die Ehegatten sie wirksam getroffen haben. Von der Vermögensauseinandersetzungsabrede ist der Ehevertrag zu unterscheiden. Die Vermögensauseinandersetzungsabrede ändert während der Ehe die Zuordnung des Vermögens nicht. Nur wenn die Scheidung in Betracht kommt, ist die Verteilung des Vermögens nach dieser Abrede durchzuführen. Demgegenüber entfaltet der Ehevertrag bereits während der Ehe seine Wirkung.[411]

Der Aufteilungsgegenstand der Vereinbarung ist das gemeinsame Vermögen der Ehegatten.[412] Darunter sind Aktivgeldwerte aller Sachen und Rechte der Ehegatten zu verstehen.[413] Passiva, also gemeinsame Verbindlichkeiten der Ehegatten, können ebenfalls in der Vereinbarung von den Ehegatten geregelt werden. Jedoch ist die Aufteilung der gemeinsamen Schulden nur im Innenverhältnis der Ehegatten wirksam. Sie berührt nicht die Rechte des außenstehenden Gläubigers.[414]

Bezüglich des Formbedürfnisses der Vereinbarung gibt es keine einheitliche Regelung. Die Scheidungsvereinbarung, die die Vermögensauseinandersetzung regelt, muss der Schriftform entsprechen.[415] Für die Form der selbständigen Vermögensauseinandersetzungsvereinbarung schreibt das ZGB keine Regelung vor. § 1 RVV besagte, dass die Vereinbarung über die

408 *Huang (Hrsg.)*, Das Verstehen und die Anwendung der EEheG II, S. 76, 77.
409 Siehe oben Kap. 3. C. II. 1. a).
410 Siehe oben Kap. 3. C. III. 1.
411 *Li*, Contemporary Law Review 2010, 71 (78).
412 *Ma*, Ehe- und Familienrecht, S. 129.
413 Vgl. *Li*, Die Vervollkommnung des chinesischen ehelichen Güterrechts, S. 31.
414 Weitere Diskussion im 2. Kapitel. C. III. 1.
415 Siehe oben Kap. 3. C. II. 1. a).

Vermögensauseinandersetzung wirksam war, wenn sie der schriftlichen Form entsprach oder sie mündlich getroffen wurde und beide Ehegatten keine Streitigkeit darüber hatten. Nach dieser Norm war die schriftliche Form nicht zwingend erforderlich. Die schriftliche Form leistete nur die Beweisfunktion.[416] In der Literatur gibt es jedoch eine andere Meinung. Nach dieser Meinung findet § 1065 Abs. 1 ZGB (§ 19 Abs. 1 EheG), welcher die Schriftform als die Form des Ehevertrags festlegt, auf die Vermögensauseinandersetzungsvereinbarung Anwendung. Bis zum 28. April 2001 geschlossene Vereinbarungen müssen aber die Schriftform nicht erfüllen, da § 19 Abs. 1 EheG vor diesem Tag noch nicht in Kraft getreten war.[417] Es wird allerdings nicht diskutiert, ob auch eine Vermögensauseinandersetzungsvereinbarung, die nach der Ehescheidung von den Ehegatten geschlossen wird, dem Formbedürfnis des Ehevertrags entsprechen muss. Es gibt noch keine entsprechende Rechtsprechung über das Formbedürfnis der Vereinbarung, weil in der Rechtspraxis die Parteien eine Vereinbarung meistens in schriftlicher Form getroffen haben.

II. Wirksamkeitsvoraussetzungen der Vereinbarung

Wie bei Verträgen anderer Art kann eine Vereinbarung über die Vermögensauseinandersetzung nur unter folgenden Voraussetzungen Wirksamkeit entfalten: Die Vereinbarung wird mit übereinstimmenden Willenserklärungen beider Ehegatten abgeschlossen; beide Ehegatten haben entsprechende Geschäftsfähigkeit; die zwei Willenserklärungen sind nicht mangelhaft und die Vereinbarung ist nicht unzulässig, verstößt also nicht gegen die guten Sitten und ist nicht gesetzlich verboten. Daneben hat das Gesetz noch spezielle Regelungen für die Vermögensauseinandersetzungsvereinbarung vorgesehen. Die drei im Folgenden ausgeführten Punkte sind zu beachten.

1. *Anfechtungsgrund der Vereinbarung*

§ 70 EZGB I (§ 9 EEheG II) besagt, dass, wenn ein Ehegatte innerhalb eines Jahres nach dem Abschluss einer Scheidungs- oder Vermögensauseinandersetzungsvereinbarung die Abrede über die Vermögensauseinandersetzung bereut, er eine Klage auf Anfechtung der Vereinbarung vor dem Volksgericht erheben kann.[418] Wenn das Volksgericht

416 Vgl. *Huang (Hrsg.)*, Das Verstehen und die Anwendung der EEheG II, S. 80.

417 *Yang (Hrsg.)/Tao*, Familienrecht, S. 190.

418 Im Fall der Scheidungsvereinbarung ist die Anfechtung eine auf die Vermögensauseinandersetzung gerichtete Teilanfechtung.

bei der Verhandlung nicht feststellt, dass ein Ehegatte beim Abschluss der Vereinbarung getäuscht wurde oder durch den anderen Ehegatten bedrängt wurde, muss es die Klage der Partei nach dem Gesetz zurückweisen. Es ist darauf hinzuweisen, dass § 9 EEheG II den Ehegatten nicht nur ein Anfechtungsrecht, sondern auch ein Anpassungsrecht ermöglichte. Die Frage, ob die Ehegatten zwischen dem Anfechtungsrecht und dem Anpassungsrecht frei wählen konnten, wurde von Rechtsprechung und Literatur nicht beantwortet. § 70 EZGB I streicht das Anpassungsrecht, sodass diese Frage nicht mehr von Bedeutung ist.

In § 70 EZGB I (§ 9 EEheG II) sind nur Täuschung und Drohung als Anfechtungsgrund vorgesehen, während der Irrtum wörtlich nicht genannt wird.[419] Daher ist die Frage in der Literatur umstritten, ob der Irrtum auch als Anfechtungsgrund anzusehen ist. Einer Ansicht nach soll dies bejaht werden. § 70 EZGB I (§ 9 EEheG II) hat das Wort „usw." nach der Nennung der Täuschung und der Drohung benutzt. Das Wort „usw." indiziert, dass die Nennung der Täuschung und der Drohung nur eine teilweise Aufzählung des Anfechtungsgrunds ist. Die Willenserklärung der Vermögensauseinandersetzungsvertrag sei nicht grundlegend anders als die Willenserklärung im Allgemeinen zu bewerten, deshalb gelte der Irrtum auch bei der Vermögensauseinandersetzungsvereinbarung als Anfechtungsgrund.[420] Einer anderen Meinung nach bedeutet das Wort „usw." die Beendigung der Aufzählung. § 70 EZGB I (§ 9 EEheG II) sei als spezielle Regelung im Familienrecht anzusehen. Diese Vorschrift bezwecke exakt, die Unterschiede zwischen Anfechtungsgründen der Vermögensauseinandersetzungsvereinbarung und des Vertrags im Allgemeinen Teil

darzustellen.[421] In der Praxis gibt es noch keine Rechtsprechung zur Anfechtung der Vermögensauseinandersetzungsvereinbarung wegen Irrtums. Meines Erachtens ist der ersten Auffassung zu folgen. Es gibt keine überzeugenden Argumente, die eine Differenzierung der Vermögensauseinandersetzungsvereinbarung und der Vereinbarung im Allgemeinen Teil in Bezug auf das Irrtumsrecht begründen können. Da in der Praxis Täuschung und Drohung bei der Vermögensauseinandersetzungsvereinbarung öfter vorkommen und die

---

419 § 147 ZGB: „Wenn ein Zivilrechtsgeschäft aufgrund eines schwerwiegenden Irrtums vorgenommen wurde, ist der Handelnde berechtigt, beim Volksgericht oder beim Schiedsorgan die Anfechtung zu verlangen."

420 *Li*, Contemporary Law Review 2010, 71 (77).

421 Vgl. *Huang (Hrsg.)*, Das Verstehen und die Anwendung der EEheG II, S. 82 ff.

Anfechtung wegen Irrtums von geringer praktischer Bedeutung ist, stellt § 70 EZGB I (§ 9 EEheG II) nur eine Teilaufzählung des Anfechtungsgrunds dar.

Neben dem Irrtum gilt die deutliche Ungerechtigkeit nach § 151 ZGB als Anfechtungsgrund der Willenserklärung. § 151 ZGB besagt, dass, wenn eine Partei die Zwangslage, Unerfahrenheit usw. der anderen Partei ausnutzt und dies zu einem deutlich ungerechten Ergebnis führt, die benachteiligte Partei die Anfechtung des Rechtsgeschäfts vor Gericht oder bei der Schiedsstelle verlangen kann. Daher stellt sich die Frage, ob die deutliche Ungerechtigkeit auch bei der Vereinbarung der Vermögensauseinandersetzung als Anfechtungsgrund anzusehen sein soll. In der Literatur wird die Auffassung vertreten, dass der objektiv deutlich ungerechte Inhalt allein nicht zur Anfechtung führen kann. Das liegt daran, dass die Ehegatten eine Vereinbarung mit objektiv deutlich ungerechten Inhalten unter emotionalen Faktoren absichtlich abgeschlossen haben könnten.[422] Meines Erachtens ist § 151 ZGB bei der Vermögensauseinandersetzungsvereinbarung nicht anwendbar. Jedoch lässt dies sich nicht aus dem oben genannten Grund herleiten. Das entscheidende Element ist vielmehr, dass § 151 ZGB nur auf gegenseitige Verträge Anwendung finden kann. § 151 ZGB ist eine bewusste Rezeption des § 138 Abs. 2 BGB.[423] Die objektive Voraussetzung ist das Vorliegen eines auffälligen Missverhältnisses zwischen Leistung und Gegenleistung.[424] Da eine Vermögensauseinandersetzungsvereinbarung oder Scheidungsvereinbarung kein gegenseitiger Vertrag ist, kann die deutliche Ungerechtigkeit nicht als Anfechtungsgrund der Vermögensauseinandersetzungsvereinbarung betrachtet werden.

Es ist zu beachten, dass nicht die Partei, die sich auf die Wirksamkeit der Vereinbarung beruft, die Beweislast dafür trägt, dass die Willenserklärung beider Ehegatten nicht mangelhaft oder die Vereinbarung nicht unzulässig ist. Die Partei, die die Anfechtung der Vereinbarung verlangt, hat die Beweislast zu tragen.[425]

---

422 *Huang (Hrsg.)*, Das Verstehen und die Anwendung der EEheG II, S. 84.

423 *Shi*, Vorschriftenerzählung des Allgemeinen Teils des ZGB, S. 358.

424 *Shi*, Vorschriftenerzählung des Allgemeinen Teils des ZGB, S. 359.

425 Im ZGB regelt § 143 ZGB die Voraussetzungen für ein wirksames Rechtsgeschäft. § 143 ZGB: „Ein Rechtsgeschäft, das die folgenden Voraussetzungen erfüllt, ist wirksam: 1. Der Handelnde muss geschäftsfähig sein; 2. Die Willenserklärung muss wahr sein; 3. Es verstößt nicht gegen zwingende Bestimmung in Gesetzen und in Verwaltungsrechtsnormen und läuft nicht der öffentlichen Ordnungen und den guten Sitten zuwider." § 143 scheint vorzusehen, dass die Partei, die die Wirksamkeit

2. *Die einverständliche Scheidung als aufschiebende Bedingung*

In den meisten Fällen treffen die Ehegatten eine Vereinbarung über die Vermögensauseinandersetzung mit dem Zweck, dass nach dem Schluss der Vereinbarung die Ehe auf einverständliche Weise geschieden werden kann. Die Ehegatten haben die Absicht, die Wirksamkeit der Vereinbarung mit der Art der Scheidung zu verbinden. Daher wird die einverständliche Scheidung nach der Rechtsprechung als aufschiebende Bedingung der Vereinbarung ausgelegt, soweit die Ehegatten in dieser Vereinbarung nicht ausdrücklich geregelt haben, dass die Vereinbarung auch bei der einseitigen Scheidung wirksam werden kann.[426] Da in China die aufschiebende Bedingung als besondere Wirksamkeitsvoraussetzung des Rechtsgeschäfts betrachtet wird, stellt die einverständliche Scheidung eine besondere Wirksamkeitsvoraussetzung für die Vereinbarung über die Vermögensauseinandersetzung dar.[427] Auch wenn die Vereinbarung notariell beurkundet worden ist, entfaltet sie keine Wirksamkeit, solange sich die Parteien nicht auf einverständliche Weise geschieden haben.[428] Darüber hinaus führt die teilweise oder volle Erfüllung der Vereinbarung nicht zum Wirksamwerden der Vereinbarung.[429] Die Wirksamkeit der Vereinbarung ist von der in der Zukunft liegenden Scheidungsform abhängig.

3. *Nichtigkeitsgrund der Vereinbarung nach § 153 Abs. 2 ZGB*

Trotz des Streits um die Anwendungsmöglichkeit des § 147 ZGB und § 151 ZGB sind sich Rechtsprechung und Literatur ohne Zweifel darüber einig, dass die Nichtigkeitsgründe des Rechtsgeschäfts in § 153 Abs. 2 ZGB für die Vereinbarung über die Vermögensauseinandersetzung gelten.[430] Nach § 153 Abs. 2 ZGB kann eine Vereinbarung nichtig sein, soweit sie gegen die öffentliche Ordnung oder die guten Sitten verstößt. § 152 Abs. 2 ZGB stellt eine Generalklausel dar. Die öffentliche Ordnung und die guten Sitten sind

---

des Rechtsgeschäfts verlangt, die wirksamen Voraussetzungen beweisen muss. Dies hat keine Grundlage und ist in der Literatur kritisiert worden. Die richtige Auslegung ist, dass die Partei, die die Unwirksamkeit des Rechtsgeschäfts verlangt, die Beweislast zu tragen hat. Vgl. *Yi*, China Legal Science 2017, 79 (79).

426 *Ma*, Familien- und Erbrecht, S. 129.

427 *Das Oberst Volksgericht (Hrsg.)*, Das Verstehen und die Anwendung der EEheG III, S. 218.

428 *Yang*, China Notary 2017, 59 (59).

429 *Xu*, People's Judicature 2016, 44 (44).

430 *Chen (Hrsg.)*, Familien- und Erbrecht, S. 242; *Yang*, Ehe- und Familienrecht, S. 205.

unbestimmte Rechtsbegriffe. Die öffentliche Ordnung bezeichnet die allgemeinen Interessen der Gesellschaft; mit den guten Sitten sind die allgemeinen Moralvorstellungen in der Gesellschaft gemeint.[431]

Im Rahmen der Vermögensauseinandersetzungsvereinbarung sind drei wichtigste Konstellationen in der Praxis zu beachten. Erstens, die Ehegatten vereinbaren während der Ehezeit, dass im Fall des Ehebruchs durch einen Ehegatten das gesamte gemeinsame Vermögen dem anderen Ehegatten zugewiesen werden soll.[432] In der Rechtsprechung hat das Volksgericht die Wirksamkeit der Vereinbarungen mit diesen Inhalten im Prinzip bestätigt.[433] Die Ehegatten haben bei der Vermögensauseinandersetzung eine große Freiheit. Sie können ohne Hindernisse vereinbaren, dass das gesamte gemeinsame Vermögen nach der Scheidung einem Ehegatten zufließt. Die Vereinbarung verstößt nicht gegen die guten Sitten. Zweitens treten in der Praxis nicht selten Vereinbarungen auf, in denen ein Ehegatte einem anderen Ehegatten einen bestimmten Geldbetrag als Ausgleich verspricht. In manchen Fällen haben die Ehegatten den Geldbetrag als Ausgleichszahlung für die Übertragung eines in das gemeinsame Vermögen fallenden Gegenstandes an einen Ehegatten vorgesehen.[434] In anderen Fällen treffen die Ehegatten eine Vereinbarung, in denen ein Ausgleichsbetrag ohne Erwähnung des Ausgleichsziels festgelegt wird.[435] Das Volksgericht hat die Wirksamkeit solcher Vereinbarungen ohne Zweifel großzügig anerkannt, auch wenn die Vereinbarung einen hohen Betrag des Ausgleichs beinhaltet. Drittens, die Vereinbarung kann problematisch sein, wenn die Wiederheirats-, Fortpflanzungs-[436] oder Scheidungsfreiheit eines Ehegatten[437] durch die Vereinbarung begrenzt oder ausgeschlossen wird. Nach

---

431 *Zhu*, Allgemeiner Teil, S. 292.

432 Auf chinesisch heißt es „Jing shen chu hu“（净身出户）.

433 Urteil: Das Untere Volksgericht in Wuxi, 2015, Nr. 573, (2015) 锡法港民初字第573号; Das Untere Volksgericht in Yaonan, 2018, Nr. 3475, (2018) 吉0881民初3475号民事判决; Das Mittlere Volksgericht in Haerbin, 2019, Nr. 161, (2019) 黑01民再161号.

434 Urteil: Das Untere Volksgericht in Zhangye, 2019, Nr. 7826, (2019) 甘0702民初7862号民事判决书.

435 Urteil: Das Mittlere Volksgericht in Ningbo, 2011, Nr. 472, (2011) 浙甬民二终字第472号民事判决书; Das Untere Volksgericht in Beijing, 2016, Nr. 3626, (2016) 京0102民初3636号; Das Mittlere Volksgericht in Hangzhou, 2017, Nr. 1031, (2017) 浙01民终1031号民事判决书.

436 Urteil: Das Mittlere Volksgericht in Hangzhou, 2017, Nr. 1031, (2017) 浙01民终1031号民事判决书.

437 Urteil: Das Mittlere Volksgericht in Shijiazhuang, 2016, Nr. 3922, (2016) 冀04民终3922号民事判决书.

§ 156 ZGB ist die ganze Vereinbarung nichtig, wenn nicht anzunehmen ist, dass sie auch ohne den nichtigen Teil vorgenommen worden wäre. Danach muss das Volksgericht die Vermögensauseinandersetzung nach gesetzlichen Regelungen beurteilen. Zusammenfassend lässt sich feststellen, dass die Ehegatten die Vermögensauseinandersetzung nach ihren Bedürfnissen regeln können. Sie genießen die größtmögliche Freiheit bei der Gestaltung der Vereinbarung: Die Vereinbarung, dass das gesamte gemeinsame Vermögen bei der Scheidung einem Ehegatten zufließt, ist im Prinzip wirksam, solange sie das Heiratsrecht, Scheidungsrecht oder reproduktive Recht des Ehegatten nicht einschränkt.

Kapitel 4: Vergleich und Bewertung

A. Überblick

I. Systematische Stellung

1. Vergleich

Zwischen der Zugewinngemeinschaft und der Errungenschaftsgemeinschaft ist ein Unterschied hinsichtlich der systematischen Stellung erkennbar. Im BGB befinden sich die güterrechtlichen Regelungen im sechsten Teil „Eheliches Güterrecht" des ersten Abschnitts „Bürgerliche Ehe", die von den güterrechtsunabhängigen Regelungen im fünften Teil „Wirkung der Ehe im Allgemeinen" zu unterscheiden sind.[1] Die scheidungsbedingte Auflösung und Abwicklung eines Güterstands als Unterfall der Güterstandsbeendigung ist daher im Teil „Eheliches Güterrecht" und nicht im siebten Teil „Scheidung der Ehe" verortet. Die Zugewinngemeinschaft wird als gesetzlicher Güterstand an erster Stelle im Güterrecht vorgeschrieben. Vermögensverhältnisse zwischen den Ehegatten (§ 1363 BGB), Vermögensverwaltung (§ 1364 BGB), Verfügungsbefugnisse jedes Ehegatten während der Ehe (§§ 1365 bis 1369 BGB) und Beendigung der Zugewinngemeinschaft (§§ 1371 bis 1390 BGB) werden in der Reihenfolge ihres Auftretens dargestellt. Bezüglich der Beendigung der Zugewinngemeinschaft unterscheidet das Gesetz die todesbedingte Beendigung deutlich von der Auflösung auf andere Weise als durch den Tod eines Ehegatten. Da die Abwicklung der Zugewinngemeinschaft im Scheidungsfall eine untergliederte Konstellation des Zugewinnausgleichs zu Lebzeiten beider Ehegatten ist, finden §§ 1372 bis 1390 BGB Anwendung.[2]

Demgegenüber ist im chinesischen Recht kein selbstständiger Teil „Eheliches Güterrecht" vorhanden, welcher mit dem Teil „Eheliches Güterrecht" aus dem BGB vergleichbar wäre. Die Zuordnung des Vermögens der Ehegatten während der Ehe (§§ 1062, 1063 ZGB) und der Verbindlichkeiten in der laufenden Ehe im gesetzlichen Güterstand (§ 1064 ZGB), das vertragliche Güterrecht (§ 1065 ZGB) und die Gründe für eine vorzeitige Verteilung des gemeinsamen

1 MünchKomm/*Koch*, Vor. § 1363, Rn. 1.
2 *Wellenhofer*, Familienrecht, S. 125, Rn. 1.

Vermögens (§ 1066 ZGB)[3] befinden sich im ersten Teil „Ehegattenverhältnisse" des dritten Abschnitts „Familienverhältnisse", während sich die scheidungsbedingte Abwicklung der Errungenschaftsgemeinschaft (§§ 1087, 1089 ZGB) im vierten Abschnitt „Scheidung" befindet. Im Vergleich zu der anschaulichen Trennung zwischen den allgemeinen Wirkungen der Ehe und dem ehelichen Güterrecht in Deutschland hat das chinesische Familienrecht dazwischen keine klare Linie gezogen.

2. *Bewertung*

Obwohl die Abwicklung der Zugewinngemeinschaft eine wichtige vermögensrechtliche Folge der Ehescheidung der im gesetzlichen Güterstand lebenden Ehegatten ist, hat der Gesetzgeber in Deutschland dies aus dem Scheidungsrecht herausgenommen. Diese Einordnung ist jedoch insoweit sinnvoll, als dass §§ 1373 ff. BGB nicht nur bei der Ehescheidung, sondern auch bei der Eheaufhebung und der vorzeitigen Beendigung des Güterstands anwendbar sind. Der unmittelbare Grund für die Abwicklung des Güterstands ist eher seine Beendigung und nicht die Scheidung.

Demgegenüber stellt sich die Frage, weswegen der chinesische Gesetzgeber einen „dezentralisierten Aufbau"[4] der güterrechtlichen Regelungen ausgewählt hat. Meines Erachtens lässt sich die systematische Stellung der Abwicklung der Errungenschaftsgemeinschaft historisch begründen. Die systematische Stellung wurde bereits im EheG 1980 festgelegt, in welchem ein vertraglicher Güterstand nicht vorhanden war und das Rechtsinstitut der Ehenichtigkeit und der Eheanfechtung ebenso wenig vorgesehen wurde. Daher war die Ehescheidung der einzige Auflösungsgrund der Errungenschaftsgemeinschaft. Demzufolge verortete der Gesetzgeber die Abwicklung der Errungenschaftsgemeinschaft im Teil „Scheidung". Daraus lässt sich herleiten, dass der damalige Gesetzgeber das Güterrecht ausschließlich als „Normierung vermögensrechtlicher Auswirkungen der Eheschließung und der Ehescheidung"[5] betrachtete.

---

3 Eine vorzeitige Verteilung des gemeinsamen Vermögens bedeutet nicht eine Beendigung der Errungenschaftsgemeinschaft. Nach Verteilung des vorhandenen gemeinsamen Vermögens besteht der gesetzliche Güterstand der Errungenschaftsgemeinschaft weiter, siehe *Huang (Hrsg.)*, Die Anmerkung des Ehe- und Familienrechts des ZGB, S. 128–135.

4 *Li*, Die Vervollkommnung des chinesischen ehelichen Güterrechts, S. 104.

5 *Li*, Die Vervollkommnung des chinesischen ehelichen Güterrechts, S. 104.

Jedoch sind bereits seit dem revidierten EheG im Jahr 2001 sowohl das Institut der Ehenichtigkeit und der Eheanfechtung als auch die Rechtsfigur des vertraglichen Güterstands eingeführt worden. Nach § 1054 ZGB (§ 12 EheG) wird bei einer nichtigen oder anfechtbaren Ehe keine Errungenschaftsgemeinschaft begründet, sodass eine Abwicklung der Errungenschaftsgemeinschaft nicht stattfindet. Allerdings können die Ehegatten durch einen Ehevertrag die Errungenschaftsgemeinschaft während der Ehe beenden. Die Scheidung ist folglich nicht mehr der einzige Auflösungsgrund der Errungenschaftsgemeinschaft. Außerdem sieht das sechste Buch des ZGB „Erbrecht" keine besondere Regelung für die Abwicklung der Errungenschaftsgemeinschaft im Fall des Todes eines Ehegatten vor.

Auf Basis der heutigen Rechtslage ist es daher nicht mehr verständlich, dass der Gesetzgeber des ZGB den „dezentralisierten Aufbau"[6] der güterrechtlichen Regelungen des EheG 1980 fortgeführt hat. Dies ist eine Konsequenz schlechter Gesetzgebungstechnik. Der Gesetzgeber hat nicht berücksichtigt, „wie die Rechtsnormen wissenschaftlich aufzubauen und wie sie systematisch und logisch anzulegen sind".[7] Es wäre angemessen, die Regelungen über die Abwicklung der Errungenschaftsgemeinschaft aus dem Scheidungsrecht herauszunehmen und ein güterrechtliches System aufzubauen.[8]

II. Das Wesensmerkmal der Abwicklung der Zugewinn- und Errungenschaftsgemeinschaft

1. *Vergleich*

Die Zugewinngemeinschaft in Deutschland ist einerseits dadurch gekennzeichnet, dass die Zuordnung des vor der Eheschließung vorhandenen Vermögens und des während der Ehe von einem Ehegatten oder beiden Ehegatten erworbenen Vermögens nicht wegen des Eintritts der Zugewinngemeinschaft verändert wird.[9] In gleicher Weise gilt dies für die Zuordnung der Verbindlichkeiten.[10] Obwohl die Bezeichnung „Gemeinschaft" verwendet wird, unterscheidet sich die Zugewinngemeinschaft wesentlich von einer Gütergemeinschaft oder einer Erbengemeinschaft.[11] Da kein gemeinsames Vermögen und keine gemeinsame

---

6 *Li*, Die Vervollkommnung des chinesischen ehelichen Güterrechts, S. 104.

7 *Li*, Die Vervollkommnung des chinesischen ehelichen Güterrechts, S. 105.

8 Vgl. *Li*, Die Vervollkommnung des chinesischen ehelichen Güterrechts, S. 105.

9 Siehe oben Kap. 2. A.

10 Siehe oben Kap. 2. B. II. 2 und Kap. 2. B. III. 2.

11 MünchKomm/*Koch*, § 1363, Rn. 6.

Verbindlichkeit auf Grundlage der Zugewinngemeinschaft gebildet werden, bedeutet ihre Abwicklung daher nicht, das gemeinsame Vermögen oder die gemeinsamen Verbindlichkeiten zwischen den Ehegatten zu verteilen. Andererseits schreibt die Zugewinngemeinschaft eine gleiche Beteiligung an dem während der Ehe erworbenen Erwirtschafteten für jeden der Ehegatten vor. Die gleichmäßige Teilhabe beider Ehegatten wird dadurch verwirklicht, dass demjenigen Ehegatten, der im Vergleich zum anderen Ehegatten einen kleinen Zugewinn hat, ein Zugewinnausgleichsanspruch zusteht (§ 1378 Abs. 1 BGB). Da der Zugewinn keine besondere Vermögensmasse, sondern nur einen rechnerischen Saldo darstellt, ist der Zugewinnausgleichsanspruch bei der Beendigung der Zugewinngemeinschaft nur eine Geldforderung.[12]

Im Vergleich dazu ist die Errungenschaftsgemeinschaft in China eine Sonderform der Gütergemeinschaft.[13] Zwar bleibt die Zuordnung des vor der Eheschließung vorhandenen Vermögens jedes der Ehegatten unberührt, aber die während der Ehe erworbenen Errungenschaften können nach den besonderen Regelungen der Errungenschaftsgemeinschaft (§ 1062 ZGB) gemeinsames Vermögen beider Ehegatten bilden.[14] Eine dingliche Beteiligung beider Ehegatten am gemeinsamen Vermögen ist bereits während der Ehe realisiert. Auch eine gemeinsame Verbindlichkeit kann nach besonderen Regelungen der Errungenschaftsgemeinschaft (§ 1064 ZGB) entstehen.[15] Daher bedeutet die Abwicklung der Errungenschaftsgemeinschaft die Verteilung des gemeinsamen Vermögens und der gemeinsamen Verbindlichkeiten. Außerdem ist zu beachten, dass die Vermögensauseinandersetzungsklage eine Gestaltungsklage ist[16], sodass man nicht von einem Vermögensauseinandersetzungsanspruch sprechen kann.

2. *Bewertung*

Bei der Abwicklung der Zugewinngemeinschaft verwirklicht sich eine Teilhabe eines Ehegatten am gemeinsam erwirtschafteten Vermögen durch eine schuldrechtliche Geldforderung, während bei der Abwicklung der Errungenschaftsgemeinschaft eine dingliche Beteiligung am Erwirtschafteten einem Ehegatten zur Verfügung gestellt wird. Dieser grundlegende Unterschied

12 Siehe oben Kap. 2. B. I. 2.
13 Siehe oben Kap. 3. B. I. 1.
14 Siehe oben Kap. 3. D. II.
15 Siehe oben Kap. 3. D. VI.
16 Siehe oben Kap. 3. D. I. 3.

ist auf die abweichenden Ausgestaltungen der Vermögensverhältnisse in beiden Güterständen zurückzuführen.

Zwar findet bei der Scheidung eine Verteilung des Vermögenszuwachses zwischen den Ehegatten sowohl in der Zugewinngemeinschaft als auch in der Errungenschaftsgemeinschaft statt, eine Teilhabe an der Errungenschaft während der Ehe ist für die in der Zugewinngemeinschaft lebenden Ehegatten aber nicht möglich. Deswegen wird die Zugewinngemeinschaft in der Literatur kritisiert: Zum einen entspricht die Vermögenstrennung während der Ehe nicht der Vorstellung der meisten Ehegatten, dass das während der Ehe erworbene Vermögen beiden Ehegatten gehört.[17] Zum anderen gelangt die Gleichberechtigung von Mann und Frau mangels dinglicher Mitberechtigung beider Ehegatten und Mitbestimmung des nichtverdienenden Ehegatten am Erwirtschafteten während der Ehe nicht wirksam zur Durchführung.[18]

Trotzdem ist die Zugewinngemeinschaft seit dem Gleichberechtigungsgesetz im Jahr 1958 als gesetzlicher Güterstand anerkannt. Die Errungenschaftsgemeinschaft, die das Gesamtgut beider Ehegatten bilden und eine dingliche Partizipation eines Ehegatten während der Ehe ermöglichen kann, wird nach der Gegenmeinung als zu kompliziert betrachtet. Zum einen ist die Verwaltung des Gesamtguts unter Berücksichtigung einer Balancierung der Interessen der Ehegatten und des Gläubigers sehr schwierig auszugestalten. Eine gemeinsame Verwaltung beider Ehegatten ist in der Praxis schwierig durchzuführen.[19] Demgegenüber kann eine konkurrierende Verwaltung die Interessen des nicht geschäftlich aktiven Ehegatten gefährden.[20] Zweitens sind die Haftungsverhältnisse zwischen den Ehegatten in der Errungenschaftsgemeinschaft schwierig zu regeln. Haftet das Gesamtgut für die während der Ehe entstandenen Verbindlichkeiten, könnte das den nicht erwerbstätigen Ehegatten benachteiligen.[21] Zuletzt bringt die Auseinandersetzung der Errungenschaftsgemeinschaft große Schwierigkeiten, welche nach dem Gesetzgeber über juristische Technik nicht bewältigt werden können.[22]

---

17 *Meder*, Die Errungenschaftsgemeinschaft – Ihre Verbannung aus dem BGB und ein Plädoyer für ihre Wiederkehr, in: Festschrift für Brudermüller, S. 459.

18 *Bosch*, FamRZ 1954, 149.

19 BT-Drucks I/3802, S. 50.

20 Vgl. BT-Drucks I/3802, S. 50.

21 *Meyer*, Die Errungenschaftsgemeinschaft heute, in: Festschrift für Brudermüller, S. 488.

22 Motive Bd. IV, S. 155.

Der Gesetzgeber in Deutschland ist der Ansicht, dass die Berechnung der Ausgleichsforderung bei der Beendigung der Zugewinngemeinschaft weit einfacher als die Auseinandersetzung einer Errungenschaftsgemeinschaft sei.[23] Demgegenüber wird eine gegenteilige Auffassung in der Literatur vertreten, wonach die scheinbar unkomplizierte Rechenmethode bei der Abwicklung der Zugewinngemeinschaft in der Realität problematisch und verwickelt sei.[24] Tatsächlich zeigen die Abwicklungsweisen beider Güterstände unterschiedliche Vor- und Nachteile. Im Folgenden sind die konkreten Regelungsinhalte bezüglich der Abwicklung der Zugewinngemeinschaft der Errungenschaftsgemeinschaft zu vergleichen und zu bewerten.

B. Rechtliche Einordnung des Vermögens verschiedener Art

I. Das voreheliche Vermögen

1. Vergleich

Hinsichtlich des vorehelichen Vermögens im Rahmen der Zugewinngemeinschaft und der Errungenschaftsgemeinschaft sind sowohl Gemeinsamkeiten als auch Unterschiede vorhanden. Die wichtigste Gemeinsamkeit ist, dass das voreheliche Vermögen keinen Vermögenszuwachs darstellt, an dem die Ehegatten bei der Scheidung teilhaben sollen. In Deutschland verwirklicht sich die Nichtberücksichtigung des vorehelichen Vermögens bei der Ermittlung des Zugewinnausgleichsanspruchs dadurch, dass das voreheliche Vermögen nach dem Stichtagsprinzip in das Anfangsvermögen des Ehegatten (§ 1374 BGB) einzubeziehen ist.[25] In China wird das voreheliche Vermögen gemäß § 1063 Abs. 1 Nr. 1 ZGB (§ 18 Abs. 1 Nr. 1 EheG) als Eigenvermögen eines Ehegatten betrachtet. Die Zuordnung des vorehelichen Vermögens eines Ehegatten bleibt bei Eintritt und Beendigung der Errungenschaftsgemeinschaft unberührt.[26]

Eine weitere Gemeinsamkeit ist, dass die aus dem vorehelichen Vermögen während der Ehe gezogenen Gewinne in beiden Güterständen vermögensauseinandersetzungspflichtig sind. In Deutschland ist nur die Substanz des vorehelichen Vermögens zum Anfangsvermögen zu rechnen, nicht aber die aus

23 BT-Drucks I/3802, S. 53.

24 *Urbach*, Unzulänglichkeiten der Zugewinngemeinschaft, S. 66; Vgl. *Kogel*, FamRZ 2018, 1722 (1722).

25 Siehe oben Kap. 2. B. II. 1.

26 Siehe oben Kap. 3. D. III. 1.

ihm erzielten Gewinne und Erträge,[27] z.B. die Mietzinserträge[28]. In China werden die Gewinne aus dem vorehelichen Vermögen als Einkommen aus Produktion oder Betrieb angesehen, z.B. die Erträge der Obstbäume oder die Mietzinserträge, sodass sie bei der Scheidung zwischen den Ehegatten zu verteilen sind.[29]

Zwar wirken sich das voreheliche Vermögen als solches und die aus ihm erzielten Gewinne auf die Vermögensauseinandersetzung in beiden Rechtssystemen gleich aus, aber die Wertveränderung des vorehelichen Vermögens spielt bei der Abwicklung der Zugewinngemeinschaft und der Errungenschaftsgemeinschaft unterschiedliche Rollen. In der Zugewinngemeinschaft bildet das voreheliche Vermögen keine separate Vermögensmasse. Es wird nicht nur beim Eintritt, sondern auch bei der Beendigung der Zugewinngemeinschaft erneut bewertet. Daher fällt die Wertveränderung des vorehelichen Vermögens – Wertsteigerung oder Wertminderung – in den Zugewinnausgleich.[30] Nur die inflationsbedingte Wertveränderung des vorehelichen Vermögens, die auf der Kaufkraftveränderung basiert, wird aus dem Zugewinn herausgenommen, indem das voreheliche Vermögen auf den Geldwert des Endstichtags umzurechnen ist.[31] Die echte Wertveränderung[32] des vorehelichen Vermögens, die nicht wegen der Änderung der Kaufkraft des Geldes ohne Zutun der Ehegatten eintritt, bleibt jedoch ausgleichsrelevant. Dies gilt auch für die „ohne Zutun der Ehegatten eintretende innere Wertminderung“, sodass sie bei der Berechnung des Zugewinns berücksichtigt wird und „ausgleichsrechtlich auf Kosten des anderen Ehegatten geht“.[33] Zudem ist die echte Wertsteigerung nach der Rechtsprechung ausgleichspflichtig, obwohl sie mit der Mitarbeit der Ehegatten nicht verbunden ist.[34]

Demgegenüber sind in der Errungenschaftsgemeinschaft zwei getrennte Vermögensmassen, also das Eigenvermögen eines Ehegatten und das gemeinsame Vermögen beider Ehegatten, vorhanden. An dem Eigenvermögen

27 Soergel/*Kappler/Kappler*, § 1374, Rn. 22.
28 *Muscheler*, FamRZ 1998, 265 (266).
29 Siehe oben Kap. 3. D. III. 5.
30 *Muscheler*, FamRZ 1998, 265 (267).
31 Siehe oben Kap. 2. B. II. 4.
32 Die echte Wertveränderung wird auch als reale Wertveränderung oder innere Wertveränderung bezeichnet, siehe MünchKomm/*Koch*, § 1373, Rn. 14; *Muscheler*, FamRZ 1998, 265 (267).
33 *Muscheler*, FamRZ 1998, 265 (267).
34 BGH NJW 1966, 2109; BGH NJW 1974, 137 BGH FamRZ 2004, 781.

eines Ehegatten hat der andere Ehegatte bei der Scheidung keine Teilhabe. Trotz der Wertveränderung des vorehelichen Vermögens bleibt das voreheliche Vermögen das Eigenvermögen eines Ehegatten.[35] Die Struktur der zwei Vermögensmassen bedingt die Wirkungslosigkeit der Wertveränderung des vorehelichen Vermögens auf das gemeinsame Vermögen. Ist der Wert des vorehelichen Vermögens gesunken, schadet dies dem bei Scheidung zu verteilenden gemeinsamen Vermögen nicht. Ist der Wert des vorehelichen Vermögens gestiegen, profitiert das gemeinsame Vermögen davon grundsätzlich auch nicht. Eine Ausnahme bildet die auf der Zusammenarbeit beider Ehegatten oder der Arbeitskraft eines Ehegatten beruhende Wertsteigerung. Das Oberste Volksgericht klassifiziert daher die Wertsteigerung in zwei Arten: Einerseits wird der Mehrwert, der durch veränderte Marktbedingungen oder Kaufkraft des Geldes verursacht wird, als natürliche Wertsteigerung eingestuft. Diese natürliche Wertsteigerung bleibt Eigenvermögen und ist nicht verteilungsbedürftig. Andererseits ist die Wertsteigerung, die auf dem Verhalten eines Ehegatten oder beider Ehegatten basiert, eine aktive Wertsteigerung. Sie zählt zu dem gemeinsamen Vermögen und soll bei der Scheidung zwischen den Ehegatten verteilt werden.[36]

2. *Bewertung*

Die Zugewinngemeinschaft und die Errungenschaftsgemeinschaft lösen auf zwei unterschiedliche Weisen die gleiche Rechtsfolge hinsichtlich der Substanz des vorehelichen Vermögens aus. Dies ist nicht erstaunlich, da beide Güterstände die gleichen Grundgedanken haben. Als Ausgangspunkt ist zum einen die Gleichberechtigung von Mann und Frau und zum anderen die Gleichwertigkeit der Hausarbeit und der Erwerbstätigkeit anerkannt.[37]

Jedoch zeigt die rechtvergleichende Betrachtung der Wertveränderung des vorehelichen Vermögens, dass die Wertveränderung in beiden Güterständen unterschiedlich behandelt wird und jeder Modus Vor- und Nachteile mit sich bringt. Hinsichtlich der Wertminderung des vorehelichen Vermögens, die auf eine Handlung des Ehegatten zurückgeht, ist das Ergebnis in Deutschland angemessener. Falls ein dem vorehelichen Vermögen unterfallender Vermögensgegenstand wegen des gemeinsamen Gebrauchs beider Ehegatten abgenutzt wurde und sein Wert infolgedessen gemindert ist, wird im deutschen

35 Siehe oben Kap. 3. D. III. 1.
36 Siehe oben Kap. 3. D. III. 5.
37 Siehe oben Kap. 1. B.

Recht diese Wertminderung bei der Berechnung des Zugewinns berücksichtigt. Daher schadet das eheliche Zusammenleben dem vorehelichen Vermögen grundsätzlich nicht.[38] In China bleibt diese Wertminderung hingegen bei Abwicklung der Errungenschaftsgemeinschaft unberücksichtigt.

Jedoch ist in Deutschland die Rechtslage bezüglich der Wertminderung, die ohne Zutun des Ehegatten, sondern nur aufgrund der äußeren Entwicklung eingetreten ist, bedenklich. Diese echte (innere) Wertminderung wird beim Endvermögen berücksichtigt und mindert den Wert des während der Ehe von den Ehegatten erworbenen Vermögens. Dementsprechend wird diese Rechtslage kritisch von *Battes* bewertet. Er meint, dass die echte Wertminderung ohne Zutun des Ehegatten eingetreten sei und daher im Zugewinn nicht berücksichtigt werden solle.[39] *Muscheler* behauptet jedoch, dass auch die echte Wertminderung auf einer Verwaltungsentscheidung des Ehegatten, nämlich das voreheliche Vermögen nicht zu veräußern, beruhe und deshalb in das Endvermögen einzubeziehen sein soll.[40] In China berührt die Wertminderung des vorehelichen Vermögens das gemeinsame Vermögen nicht. Der während der Ehe von einem Ehegatten oder beiden Ehegatten erwirtschaftete Vermögenszuwachs wird unabhängig von der Wertminderung des vorehelichen Vermögens zwischen den Ehegatten im Scheidungsfall verteilt.

Hinsichtlich der Wertsteigerung trägt das Ergebnis in China besser dem Grundgedanken der Gleichberechtigung von Mann und Frau und der Gleichwertigkeit der Hausarbeit und der Erwerbstätigkeit Rechnung. Die Hinzurechnung der während der Ehe auftretenden echten Wertsteigerung des vorehelichen Vermögens zum Endvermögen in Deutschland wird in der Literatur als ungerechtfertigt angesehen, weil dies mit dem Sinn des Zugewinnausgleichs – Beteiligung an der gemeinsamen Wertschöpfung – nicht vereinbart ist.[41] Demzufolge werden in Deutschland verschiedene Reformvorschläge gemacht. Bereits im Jahr 1953 wurde als Lösung empfohlen, dass die echte Wertsteigerung aus dem Zugewinn herausgenommen werden sollte, wenn die Ehegatten die Neutralisierung der Wertsteigerung

38 Vgl. *Muscheler*, FamRZ 1998, 265 (267); siehe auch *Li*, Die Vervollkommnung des chinesischen ehelichen Güterrechts, S. 121.

39 *Battes*, FamRZ 2009, 261 (262).

40 *Muscheler*, FamRZ 1998, 265 (267).

41 *Battes*, FamRZ 2007, 313; *Battes*, FamRZ 2009, 261 (262); *Koch*, FamRZ 2008, 1124 (1129); *Knoop*, NZFam 2016, 54; *Spegele*, Nach der Reform des gesetzlichen Güterrechts, S. 55.

verlangten.[42] Vor dem *Gesetz zur Änderung des Zugewinnausgleichs- und Vormundschaftsrechts* im Jahr 2009 schlug *Battes* vor, dass die echte Wertsteigerung des vorehelichen Vermögens aus dem Endvermögen herausgenommen werden sollte, indem die dem vorehelichen Vermögen unterfallenden Gegenstände im Anfangsvermögen und im Endvermögen mit dem gleichen Wert angesetzt werden sollten.[43]

Jedoch wurden keinerlei Reformvorschläge betreffend die Wertveränderung vom Gesetzgeber übernommen. Diese gesetzgeberische Untätigkeit könnte darin legen, dass die Handhabung des Herausnehmens der echten Wertsteigerung in der Praxis sehr kompliziert ist. Es muss zwischen der ohne Zutun der Ehegatten eingetretenen Wertsteigerung und der durch Arbeit des Ehegatten bewirkten Wertsteigerung differenziert werden.[44] Wenn sich der Wert sowohl durch das Wirtschaften des Ehegatten als auch durch die äußere Entwicklung steigert, ist besonders schwer zu bestimmen, in welchem Maße die Wertsteigerung im Zugewinn zu berücksichtigen ist.[45] Daher meint *Hoppenz*, dass zwar ein höherer Gerechtigkeitsgehalt durch die Herausnahme der echten Wertveränderung erreicht würde, dies jedoch den Vorzug der Zugewinngemeinschaft – die einfache Handhabung – beeinträchtigen würde.[46]

Genau den oben dargestellten Nachteil hat die Errungenschaftsgemeinschaft in China. In der Praxis ist es schwer zwischen der natürlichen Wertsteigerung und der aktiven Wertsteigerung zu unterscheiden. Daher wird eine Klarstellung hinsichtlich der Wertveränderung unterschiedlicher Vermögensgegenstände durch das Volksgericht zwingend benötigt. Beispielsweise ist es hinsichtlich der Wertpapiere in der Rechtsprechung anerkannt, dass, soweit der Inhaber-Ehegatte während der Ehe die Wertpapiere verwaltet hat, die entsprechende Wertsteigerung als aktive Wertsteigerung anzusehen ist und sie zum gemeinsamen Vermögen gehört. Eine einmalige Veräußerung der Wertpapiere stellt allerdings keine Verwaltungshandlung dar.[47]

Zusammenfassend lässt sich also feststellen, dass sowohl in Deutschland als auch in China die Unterscheidung zwischen natürlicher und aktiver Wertveränderung immer Schwierigkeit mit sich bringt. Eine absolut gerechte

42 BT-Drucks. 1/3802, S. 9, 10.
43 *Battes*, FamRZ 2009, 261 (262).
44 *Hoppenz*, FamRZ 2008, 1889 (1891).
45 *Spegele*, Nach der Reform des gesetzlichen Güterrechts, S. 56.
46 *Hoppenz*, FamRZ 2008, 1889 (1891).
47 Urteil: Das Untere Volksgericht in Shanghai, 2014, Nr. 1799, (2014) 青民一（民）初字第1799号民事判决书.

sowie einfache Vorgehensweise gibt es nicht. Der Gesetzgeber in beiden Rechtssystemen muss möglichst versuchen, den Gerechtigkeitsgehalt und die einfache Handhabung miteinander in Einklang zu bringen.

II. Das während der Ehe erworbene Vermögen

1. Das während der Ehe privilegiert erworbene Vermögen

a) Vergleich

aa) Allgemeines

Neben dem vorehelichen Vermögen gibt es sowohl in Deutschland als auch in China noch Vermögen anderer Art, welches bei der Beendigung des Güterstands nicht zwischen den Ehegatten verteilt werden soll. In Deutschland regelt § 1374 Abs. 2 BGB, dass das von Todes wegen oder mit Rücksicht auf ein künftiges Erbrecht erworbene Vermögen sowie das durch Schenkung oder Ausstattung erworbene Vermögen dem Anfangsvermögen hinzugerechnet werden soll. In der Literatur ist der Begriff „privilegierter Erwerb" (ausgleichsfreier Erwerb, eheneutraler Erwerb) allgemein anerkannt.[48] In China werden außer dem vorehelichen Vermögen noch vier Vermögensgruppen als Eigenvermögen betrachtet, nämlich Schadensersatz bei Köperverletzung eines Ehegatten, das geschenkte Vermögen und Erbe, Gegenstände für den persönlichen Gebrauch im Alltagsleben und anderes Vermögen, obwohl diese Vermögenspositionen während der Ehe erworben werden. In der Literatur in China nennt man dieses Vermögen ebenfalls privilegierten Erwerb[49], meistens wird es aber als Sondervermögen bezeichnet.[50] Dadurch ist sowohl in Deutschland als auch in China bestimmter während der Ehe erworbener Vermögenszuwachs von der Verteilung auszunehmen.

Diese grundsätzliche Gemeinsamkeit ist allerdings mit vielen Unterschieden im Detail verbunden. Zuerst ist nicht zu übersehen, dass sich der privilegierte Erwerb nach § 1374 Abs. 2 BGB in Deutschland trotzdem auf den Zugewinn mittelbar auswirken kann. Nur die Substanz des privilegierten Erwerbs ist von der Verteilung auszunehmen. Die echte Wertveränderung des privilegiert erworbenen Vermögens, die sich zwischen dem Erwerbszeitpunkt und dem Endstichtag ergibt, wird dagegen beim Zugewinn berücksichtigt.[51] Im Vergleich

---

48 Siehe oben Kap. 2. B. II. 3.

49 *Li*, Die Vervollkommnung des chinesischen ehelichen Güterrechts, S. 23.

50 *Huang (Hrsg.)*, Die Anmerkung des Ehe- und Familienrechts des ZGB, S. 107.

51 MünchKomm/*Koch*, § 1373, Rn. 21.

dazu ist in China nicht nur die Substanz, sondern auch die Wertveränderung des privilegiert erworbenen Vermögens von der Vermögensauseinandersetzung ausgeschlossen.

bb) Erwerb von Todes wegen oder mit Rücksicht auf ein künftiges Erbrecht

Bezüglich des Erwerbs durch Erbfolge gibt es einige Unterschiede zwischen dem deutschen und dem chinesischen Recht. Zum einen ist in Deutschland der Vermögenserwerb von Todes wegen und der Vermögenserwerb durch eine vorweggenommene Erbfolge zu unterscheiden. Die vorweggenommene Erbfolge umschreibt die Übertragung des Vermögens vom (künftigen) Erblasser auf einen Erwerber zu Lebzeiten mit Rücksicht auf ein künftiges Erbrecht.[52] In China existiert das Rechtsinstitut „vorweggenommene Erbfolge" jedoch nicht. Ein Ehegatte kann nach der gesetzlichen oder gewillkürten Erbfolge erben. Zweitens ist in Deutschland das geerbte Vermögen dem Anfangsvermögen hinzuzurechnen und nicht ausgleichspflichtig, da das geerbte Vermögen keinen Zusammenhang mit der ehelichen Lebensgemeinschaft hat und der Erwerb auf einer persönlichen Beziehung des Empfänger-Ehegatten zu einem Dritten beruht.[53] In China ist das geerbte Vermögen nur dann das Eigenvermögen eines Ehegatten, wenn ein Testament festgelegt hat, dass das Erbe ausschließlich einem Ehegatten zufließen soll. Falls ein Ehegatte nach der gesetzlichen Erbfolge geerbt hat oder beide Ehegatten als Erben in einem Testament festgelegt werden, ist das geerbte Vermögen das gemeinsame Vermögen beider Ehegatten. Der dahinterstehende Grundgedanke ist, die Autonomie des Erblassers zu ermöglichen.[54] Drittens wird in Deutschland der Erwerb der Lebensversicherungssumme als Erwerb mit Rücksicht auf ein künftiges Erbrecht behandelt. In China wird die Lebensversicherungssumme jedoch nach der Rechtsprechung nicht als Erbe und nicht als gemeinsames Vermögen betrachtet. Es fehlt jedoch ein überzeugender Grund für die Feststellung der Lebensversicherungssumme als Eigenvermögen eines Ehegatten.[55]

---

52 BGH NJW 1995, 1349.

53 Siehe oben Kap. 2. B. II. 3.

54 Siehe oben Kap. 3. D. III. 3.

55 Urteil: Das Untere Volksgericht in Qinghai, 2020, Nr. 1089, (2020) 青0203民初1089号之一.

cc) Erwerb durch Schenkung oder Ausstattung

Bezüglich des geschenkten Vermögens weicht die Rechtslage in Deutschland und in China auch wesentlich voneinander ab. Zuerst ist zu beachten, dass es das Rechtsinstitut der „Ausstattung" in China nicht gibt. Diese mit Rücksicht auf Verheiratung, Begründung einer Lebensgemeinschaft oder wirtschaftliche Selbständigkeit des Kindes gemachte unentgeltliche Zuwendung ist in China dem Schenkungsrecht nicht entzogen.

Der wichtigste Unterschied liegt aber darin, dass der BGH § 1374 Abs. 2 BGB auf den Erwerb durch Schenkung von dritter Seite beschränkt hat. Das Vermögen, das ein Ehegatte durch Schenkung vom anderen Ehegatten erlangt, ist nicht privilegiertes Vermögen und nicht dem Anfangsvermögen des beschenkten Ehegatten zuzurechnen. Demzufolge könnte der zuwendende Ehegatte über den Zugewinnausgleich den Wert des geschenkten Vermögens zum Teil zurückholen.[56] Auch die unbenannte Zuwendung unter Ehegatten, die keine Schenkung ist, fällt nicht unter § 1374 Abs. 2 BGB. Deswegen ist eine Korrektur durch einen zusätzlichen Ausgleichsanspruch nach den Grundsätzen des Wegfalls der Geschäftsgrundlage in der Zugewinngemeinschaft grundsätzlich nicht unentbehrlich.

Dagegen wird in China das Vermögen, das von einem Ehegatten dem anderen Ehegatten geschenkt wird, nicht anders als das geschenkte Vermögen von Dritten behandelt. Demzufolge ist das vom zuwendenden Ehegatten stammende Vermögen das Eigenvermögen des anderen Ehegatten. Es ist bei der Scheidung nicht zwischen den Ehegatten aufzuteilen. Außerdem gibt es in China keine Regelung wie § 1380 BGB, welcher besagt, dass eine unentgeltliche Zuwendung, die während des Güterstands von einem Ehegatten mit Rücksicht auf die Zugewinnausgleichsforderung bei der Scheidung gemacht wird, als Vorausempfang auf die Ausgleichsforderung anzurechnen sein soll.[57] Dem beschenkten Ehegatten wird daher unabhängig von der Schenkung noch eine Hälfte des gemeinsamen Vermögens zugeteilt. Dies könnte im Einzelfall zu sehr ungerechten Ergebnissen führen, besonders wenn der Wert der Zuwendung sehr hoch ist und die Ehe nicht lange dauert. Daher hebt das Oberste Volksgericht die Möglichkeit nach § 32 EZGB I (§ 6 EEheG III) hervor, dass der Schenker-Ehegatte die Schenkung widerrufen kann, wenn der Schenkungsgegenstand ein Gebäude war und der Schenker-Ehegatte im

---

56 Siehe oben Kap. 2. B. II. 3.

57 Siehe oben Kap. 2. B. IV. 3.

Grundbuch noch nicht als Eigentümer eingetragen wurde.[58] Jedoch kann das Interesse des Schenker-Ehegatten nicht ausreichend geschützt werden, wenn die Schenkung vollzogen ist. In der Literatur wird der Lösungsweg vorgeschlagen, dass im Ausnahmefall der Schenker-Ehegatte über den Wegfall der Geschäftsgrundlage einen Rückforderungsanspruch haben soll.[59]

Auch hinsichtlich der Schenkung von dritter Seite bestehen zwischen dem deutschen Recht und dem chinesischen Recht Unterschiede. In Deutschland ist der Leistungsempfänger der Schenkung vorrangig festzustellen. Im Fall der fehlenden ausdrücklichen Absprache wird nicht vermutet, dass der Ehegatte, der dem Zuwendenden nahesteht oder mit ihm verwandt ist, der Leistungsempfänger ist. Der Leistungsempfänger ist vielmehr nach den konkreten Leistungszwecken, -anlässen und -umständen zu bestimmen. Falls beide Ehegatten Leistungsempfänger der Zuwendung sind und eine Quote von dem Zuwendenden nicht bestimmt wird, ist der Wert der hälftigen Zuwendung dem jeweiligen Anfangsvermögen der Ehegatten zuzurechnen. Sofern nur ein Ehegatte als Leistungsempfänger festgelegt wird, ist die entsprechende Zuwendung in das Anfangsvermögen dieses Ehegatten einzubeziehen. Dies bedeutet, dass der andere Ehegatte über den Zugewinnausgleich davon nicht profitieren kann. Im Fall der Schenkung durch die Schwiegereltern könnte ein Rückforderungsanspruch der Schwiegereltern nach dem Scheitern der Ehe ihres Kindes nach § 313 BGB oder § 812 BGB begründet werden. Berücksichtigt man beim Anfangsvermögen diesen Anspruch nicht, könnte dies dem eigenen Kind der schenkenden Schwiegereltern sogar schaden. Daher ist auch der Rückforderungsanspruch in voller Höhe nach der Rechtsprechung des BGH im Anfangsvermögen als Passivposten anzusetzen.[60]

In China ist das geschenkte Vermögen gemäß § 1062 ZGB (§ 17 EheG) das gemeinsame Vermögen beider Ehegatten, sofern keine ausdrückliche Vereinbarung regelt, dass die Zuwendung nur an einen Ehegatten fallen soll. Die innere Logik dieser Regelung könnte sein, dass ohne ausdrückliche Bestimmung der Zuwendenden beide Ehegatten als Leistungsempfänger vermutet würden und jeder Ehegatte eine Hälfte der Schenkung als Eigenvermögen erwürbe.[61] Beide Ehegatten würden daher Bruchteilseigentümer am

58 Dies ist eine Besonderheit des chinesischen Schenkungsrechts. § 658 ZGB (§ 186 VG) besagt, dass der Schenker vor dem Übergang der Rechte am geschenkten Vermögensgut die Schenkung widerrufen kann.

59 *Yang*, Journal of China Women's University 2014, 12 (20).

60 Siehe oben Kap. 2. B. II. 3.

61 Jedoch ist diese Vermutung kritisch zu sehen. Es ist nicht nachvollziehbar, auf welchem Rechtsgedanken diese Vermutung beruhen soll.

geschenkten Vermögen. Zugunsten der Gesamthandsgemeinschaft ist jedoch nach § 1062 ZGB (§ 17 EheG) das an beide Ehegatten gemeinsam geschenkte Vermögen als gemeinsames Vermögen anzusehen.

dd) Andere eheneutrale Erwerbe

Außerhalb der oben dargestellten Vermögensarten gibt es in Deutschland privilegiertes Vermögen nicht mehr. Schmerzensgeld, Lottogewinne, Abfindungen für Witwenrenten und echte Wertsteigerungen des Anfangsvermögens sind im Zugewinnausgleich zu berücksichtigen.[62] Hinsichtlich des Schmerzensgeldes ist jedoch eine Billigkeitskorrektur nach § 1381 BGB noch möglich, so dass das vom ausgleichspflichtigen Ehegatten während der Ehe erlangte Schmerzensgeld in seinem Endvermögen nicht angesetzt werden und aus dem Zugewinnausgleich herauszuhalten sein soll.[63] Im Vergleich dazu gehören in China der Schadensersatzanspruch bei Körperverletzung eines Ehegatten, die von einem Ehegatten im Alltagsleben genutzten Vermögensgegenstände und die natürliche Wertsteigerung des Eigenvermögens nach § 1063 Abs. 1 ZGB (§ 18 Abs. 1 EheG) zum Eigenvermögen dieses Ehegatten. Auch eine Auffangvorschrift, die über eine allgemeine und abstrakte Formulierung – „anderes Vermögen" – in § 1063 Abs. 1 Nr. 5 ZGB (§ 18 Abs. 1 Nr. 5 EheG) die in der Zukunft möglicherweise auftretenden neuen Vermögensarten erfassen kann, ist von dem Gesetzgeber vorgesehen.[64] Jedoch ist auch in China der Lottogewinn das gemeinsame Vermögen beider Ehegatten, wenn der Lottoschein von einem Ehegatten oder beiden Ehegatten während der Ehe gekauft wird.[65]

b) Bewertung

Soweit der Ehegewinn bei der Beendigung eines Güterstands zwischen den Ehegatten zu verteilen ist, müssen notwendigerweise Regelungen für die Abgrenzung zwischen dem Ehegewinn und dem eheneutral erworbenen Vermögen vorgesehen sein.[66] Dies wird von der Rechtslage in Deutschland und in China bestätigt. Beide Rechtssysteme haben Regelungen geschaffen, um den

62 Siehe oben Kap. 2. B. II. 3.

63 Siehe oben Kap. 2. B. IV. 4.

64 Siehe oben Kap. 3. D. III.

65 Urteil: Das Untere Volksgericht in Shanghai, 2000, Nr. 2507, (2000) K民一初字第2507号民事判决书.

66 *Battes*, Ehegewinn und eheneutraler Erwerb – Eine Grundsatzfrage des gesetzlichen Güterrechts, in: *Bosch (Hrsg.)*, Neue Entwicklungen im Familienrecht, S. 51.

Vermögenszuwachs bestimmter Arten aus der Vermögensauseinandersetzung bei der Scheidung herauszunehmen. Als dahinterstehende Grundidee stellt der Gesetzgeber in beiden Rechtssystemen heraus, dass der während der Ehe eintretende Vermögenszuwachs, der in keinem Zusammenhang mit der gemeinsamen Leistung der Ehegatten steht, keinen Ehegewinn darstellt. Trotzdem sieht der Gesetzgeber in beiden Rechtssystemen unterschiedliche Arten des privilegierten Erwerbs vor. Darüber hinaus vertritt die h.M. in Deutschland, dass der Gesetzgeber den privilegierten Erwerb bewusst auf die aufgelisteten Arten beschränkt hat, so dass § 1374 Abs. 2 BGB nicht analogiefähig ist. Dagegen hat der Gesetzgeber in China absichtlich § 1062 ZGB (§ 18 ZGB) als Auffangvorschrift geschaffen.

Dieser Unterschied könnte sich darauf zurückführen lassen, dass außer der gleichen Grundidee noch andere Kriterien für die Feststellung als privilegierten Erwerb ausschlaggebend sind. In Deutschland ist der BGH der Ansicht, dass die privilegierten Erwerbe auf der persönlichen Beziehung des erwerbenden Ehegatten zu dem Dritten beruhen müssen. Daher werden andere eheneutrale Vermögenserwerbe wie Schmerzensgeld, Lottogewinne, Abfindungen für Witwenrente sowie echte Wertsteigerungen des Anfangsvermögens trotz des fehlenden Bezugs zur ehelichen Lebensgemeinschaft aus dem Zugewinnausgleich nicht herausgenommen. Führt dies zur groben Unbilligkeit, kann aber § 1381 BGB in Betracht kommen. In der Rechtsprechung hat der BGH die Herausnahme des Schmerzensgeldes aus dem Zugewinnausgleich über die Anwendung des § 1381 BGB ausnahmsweise anerkannt.[67] In China hat der Gesetzgeber ein einheitliches Merkmal nicht festgelegt. Beim Schadensersatz ist die Wichtigkeit des Schadensersatzes für das Leben und die Gesundheit des verletzten Ehegatten relevant; hinsichtlich des geerbten und geschenkten Vermögens legt der Gesetzgeber Wert auf die Autonomie des Erblassers und Schenkers; bei für den persönlichen alltäglichen Gebrauch benutzten Gegenständen spielt die Verbundenheit der Gegenstände mit ihrem Benutzer eine wichtige Rolle.

Daraus lässt sich schlussfolgern, dass sowohl in Deutschland als auch in China die Grundidee der Zugewinngemeinschaft oder der Errungenschaftsgemeinschaft als Erwerbsgemeinschaft nur teilweise verwirklicht wird. Deswegen stößt die Rechtslage in beiden Rechtssystemen auf Kritik.[68]

---

67 Siehe oben Kap. 2. B. IV. 4.

68 *Wolf*, in: *Bergschneider*, Familienvermögensrecht, S. 186–189; *Wang*, Journal of SUPSL 2000, 45 (46).

Aufgrund des engen Auslegungsspielraums kann nur eine Gesetzesänderung bezüglich des privilegierten Erwerbs die aktuelle Rechtslage ändern.

2. *Das unter Mitwirkung des Ehegatten erworbene Vermögen*

a) *Vergleich*

Sowohl in Deutschland als auch in China gilt das Prinzip, dass das Vermögen, das während des Güterstands durch die Leistung beider Ehegatten erwirtschaftet wird, bei der Scheidung zwischen den Ehegatten zu verteilen ist. Deshalb lässt sich konstatieren, dass sich das Vermögen dieser Art auf die scheidungsbedingte Vermögensauseinandersetzung in beiden Rechtssystemen gleich auswirkt. Dies wird jedoch wegen der grundlegend abweichenden Struktur der Zugewinngemeinschaft und der Errungenschaftsgemeinschaft auf zwei unterschiedliche Weisen umgesetzt. Aufgrund dessen sind unterschiedliche Fragen in diesen zwei Rechtssystemen zu beantworten.

In Deutschland bildet das unter Mitwirkung des Ehegatten erworbene Vermögen keine separate Vermögensmasse. Nur der Gesamtwert dieses Vermögen, der ein rechnerischer Saldo des Endvermögens und des Anfangsvermögens ist, wird ermittelt. Daher braucht der Gesetzgeber nicht festzuschreiben, welches Vermögen zum gemeinsamen Erwirtschafteten gehört. Aber aufgrund der Trennung zwischen dem Zugewinnausgleich und dem Versorgungsausgleich sowie dem Unterhalt in Deutschland muss geklärt werden, welche Vermögensposten im Rahmen des Zugewinnausgleichs berücksichtigt werden sollen. Die Anwartschaften auf Versorgung und Ansprüche auf laufende Versorgungen im Sinne des § 2 Abs. 1 und Abs. 2 VersAusglG sind kein Vermögen im Sinne des Zugewinnausgleichs. Der bereits im Jahr 1977 eingeführte Versorgungsausgleich wird im Jahr 2009 durch das *Gesetz zur Strukturreform des Versorgungsausgleichs* grundlegend reformiert, so dass jeder Ehegatte grundsätzlich unmittelbar in das Versorgungssystem des anderen Ehegatten integriert wird und einen hälftigen Teil an der ehezeitlich erworbenen Versorgung des anderen Ehegatten erwirbt.[69] Nicht leicht zu beantworten ist jedoch die Einordnung einer Abfindung. Nach dem BGH soll der Zahlungszweck der Abfindung berücksichtigt werden. Falls die Abfindung einen Versorgungs- oder Unterhaltscharakter hat, soll sie nicht in den Zugewinnausgleich einzubeziehen sein.[70]

---

69 *Hahne*: in *Schwab*, Handbuch des Scheidungsrechts, S. 1588 ff.

70 Siehe oben Kap. 2. B. III. 1. c).

In China gehört das unter Mitwirkung des Ehegatten erworbene Vermögen zum gemeinsamen Vermögen beider Ehegatten. Das gemeinsame Vermögen ist eine separate Vermögensmasse, die von der Vermögensmasse des Eigenvermögens eines Ehegatten zu trennen ist.[71] Daher muss der Gesetzgeber in China vorschreiben, welches Vermögen in das gemeinsame Vermögen einzubeziehen sein soll. Nach § 1062 Abs. 1 ZGB (§ 17 Abs. 1 EheG) und § 25 EZGB I (§ 11 EEheG II) schließt das durch die Arbeit eines Ehegatten oder beider Ehegatten erwirtschaftete Vermögen Löhne und Prämien, Einkommen aus Produktion, aus Betrieb und aus Investition, Einkommen aus geistigen Eigentumsrechten, Wohnungszuschüsse und -rücklagen, Altersversorgung, Konkurs-Unterbringungszuschüsse sowie Demobilisierungs- und Selbstbeschäftigungseinkommen eines Soldaten ein.[72] Hinsichtlich der Altersversorgung gehört die Altersversorgungsanwartschaft nach § 80 EZGB I (§ 13 EEheG III) nicht zum gemeinsamen Vermögen. Nur der Altersversorgungsbetrag, den ein Ehegatte als Arbeitnehmer während der Ehe eingezahlt hat, ist in das gemeinsame Vermögen einzubeziehen, wenn der Altersversorgungsfall bei der Scheidung noch nicht eingetreten ist.[73] Bezüglich der Konkurs-Unterbringungszuschüsse berücksichtigen die Volksgerichte in der Rechtspraxis jedoch den Zahlungszweck des Zuschusses.[74] Als kritisch zu beurteilen ist, dass sich § 1062 Abs. 1 Nr. 1–3 ZGB lediglich auf das Arbeitseinkommen an sich und nicht etwa auf die während der Ehe auf Kosten des gemeinsamen Arbeitseinkommens erworbenen Vermögensgegenstände bezieht. Die Zuordnung dieses Vermögens lässt sich nur aus dem Surrogationsprinzip herleiten.[75]

b) Bewertung

Hinsichtlich der unter Mitwirkung des Ehegatten erworbenen Altersversorgung ist die Regelung in Deutschland besser gestaltet als die in China. In Deutschland sind der Versorgungsausgleich und der Zugewinnausgleich zu trennen. Dadurch werden die Anwartschaften auf Versorgung sowie Ansprüche auf laufende Versorgung ausreichend geschützt. Im Vergleich dazu gibt es in China

---

71 Wegen der unvollkommenen Durchsetzung der Errungenschaftsgemeinschaft als Erwerbsgemeinschaft ist der Umfang des gemeinsamen Vermögens weiter als der des durch die Leistung beider Ehegatten erworbenen Vermögens.

72 Siehe oben Kap. 3. D. II.

73 Siehe oben Kap. 3. D. II. 3.

74 Siehe oben Kap. 3. D. II. 3.

75 Siehe oben Kap. 3. D. II. 4.

kein unabhängiges System für den Versorgungsausgleich. Außerdem ist die Altersversorgungsanwartschaft in das gemeinsame Vermögen nicht einzubeziehen. Diese Rechtslage ist durchaus nicht befriedigend.

Das chinesische Familienrecht unterscheidet sich vom deutschen Familienrecht auch dadurch, dass der Gesetzgeber besondere Zuordnungsregelung für Vermögensposten vorsieht. Jedoch hat der Gesetzgeber in China diese Aufgabe nicht vollständig erfüllt. Nur das Arbeitseinkommen wird im ZGB (EheG) als durch die Leistung beider Ehegatten erwirtschaftete Errungenschaft festgesetzt. Das bereits vom Obersten Volksgericht anerkannte und in der Rechtspraxis angewendete Surrogationsprinzip wird im ZGB nicht aufgenommen. Außerdem bleibt im ZGB unberücksichtigt, zu welcher Vermögensmasse die Vermögensgegenstände, die sowohl auf Kosten des Eigenvermögens als auch mit dem gemeinsamen Vermögen bezahlt werden, gehören.[76] Es ist vorhersehbar, dass die damit verbundene Rechtsunsicherheit trotz des Inkrafttretens des ZGB weiterbestehen wird.

C. Rechtliche Einordnung der Verbindlichkeiten verschiedener Art

I. Die gemeinsamen Verbindlichkeiten

1. Vergleich

Sowohl in der Zugewinngemeinschaft als auch in der Errungenschaftsgemeinschaft können gemeinsame Verbindlichkeiten entstehen. In der Zugewinngemeinschaft gibt es keine besondere güterrechtliche Regelung für die Entstehung der gemeinsamen Verbindlichkeiten. Nach §§ 1363 und 1364 BGB bleibt das Vermögen jedes Ehegatten während der Ehe getrennt und jeder Ehegatte verwaltet sein eigenes Vermögen, demzufolge haftet jeder Ehegatte mit seinem Vermögen als Schuldner. Jedoch können die gemeinsamen Verbindlichkeiten im Laufe der meisten Ehen nach allgemeinen Regelungen des BGB entstehen. Zunächst können die gemeinsamen Verbindlichkeiten aus einem von beiden Ehegatten eingegangenen Rechtsgeschäft resultieren. Ein in der Rechtspraxis typischer Fall ist, dass ein von beiden Ehegatten abgeschlossener Darlehensvertrag zu einer gesamtschuldnerischen Haftung beider Ehegatten führt. Allerdings ist hier auf eine Trennung zwischen einer echten

76 Siehe oben Kap. 3. D. II. 4.

Mitschuldnerschaft und einer bloßen Mithaftung zu achten.[77] Außerdem können die gemeinsamen Verbindlichkeiten nach § 1357 Abs. 1 BGB begründet werden, auch wenn nur ein Ehegatte ein Geschäft zur angemessenen Deckung des Lebensbedarfs der Familie getätigt hat. Hierbei handelt es sich um eine gesetzliche Verpflichtungsermächtigung, so dass es auf das gemeinsame Handeln beider Ehegatten nicht ankommt.[78] Darüber hinaus kann eine Mithaftung beider Ehegatten auch bei alleinigen Schulden eines Ehegatten über § 670 BGB in Betracht kommen, wenn ein Ehegatte die Schulden im Interesse beider Ehegatten oder des anderen Ehegatten aufgenommen hat.[79]

In der Errungenschaftsgemeinschaft regelt § 1064 ZGB als besondere güterrechtliche Regelung, welche Verbindlichkeiten die gemeinsamen Verbindlichkeiten sind. Dazwischen stellt § 1064 Abs. 1 ZGB zwei Arten von Verbindlichkeiten, nämlich die aus einem von beiden Ehegatten eingegangenen Rechtsgeschäft resultierenden Verbindlichkeiten und die aufgrund eines Geschäfts zur Deckung des angemessenen Lebensbedarfs entstandenen Verbindlichkeiten, als gemeinsame Verbindlichkeiten fest. Sie sind identisch mit den Arten der gemeinsamen Verbindlichkeiten in Deutschland.[80] Jedoch basiert die gesamtschuldnerische Haftung aus dem Geschäft zur Deckung des angemessenen Lebensbedarfs nicht auf einer Verpflichtungsbefugnis. Beim Geschäft zur Deckung des angemessenen Lebensbedarfs wird die Einwilligung des nicht handelnden Ehegatten rechtstechnisch fingiert.[81] Die sich aus Geschäften zur Deckung des angemessenen Lebensbedarfs herleitenden Verbindlichkeiten stellen einen Unterfall der von beiden Ehegatten gemeinsam eingegangenen Verbindlichkeiten dar. Außer diesen zwei Arten von gemeinsamen Verbindlichkeiten sieht § 1064 Abs. 2 ZGB weiter vor, dass die Verbindlichkeiten aus einem Geschäft, welches über die angemessene Deckung des Lebensbedarfs hinausgeht, als gemeinsame Verbindlichkeiten anzusehen sind, sofern diese Verbindlichkeiten aus dem Zusammenleben oder dem gemeinsamen Betrieb beider Ehegatten resultieren.[82] Eine Trennung von einer echten Mitschuldnerschaft und einer bloßen Mithaftung hat sich in der Rechtsprechung in China noch nicht entwickelt.

---

77 *Wever/Röfer*, in: *Bergschneider*, Familienvermögensrecht, S. 472.

78 *Wellenhofer*, Familienrecht, S. 59, Rn. 3.

79 *Wever/Röfer*, in: *Bergschneider*, Familienvermögensrecht, S. 496.

80 Siehe oben Kap. 3. D. V. 2.

81 *Huang (Hrsg.)*, Die Anmerkung des Ehe- und Familienrechts des ZGB, S. 117.

82 Siehe oben Kap. 3. D. V. 2.

2. *Bewertung*

Obwohl die innere Struktur der Zugewinngemeinschaft und der Errungenschaftsgemeinschaft sich wesentlich unterscheiden, zeigt sich eine große Ähnlichkeit hinsichtlich der Arten der gemeinsamen Verbindlichkeiten. Die Rechtslage in Deutschland ist klar und übersichtlich. Die Zugewinngemeinschaft kennt nur zwei haftende Personen und zwei haftende Vermögensmassen. Kein Gesamthandsvermögen wird gebildet. Die gemeinsamen Verbindlichkeiten stellen zwar eine gesamtschuldnerische Haftung der Ehegatten gegenüber den Gläubigern dar, aber im Innenverhältnis trägt jeder Ehegatte für die gemeinsamen Verbindlichkeiten mit seinem Vermögen nur anteilig die Haftung.

Dagegen ist die Gestaltung der gemeinsamen Verbindlichkeiten in China kritisch zu sehen. Die aus dem Geschäft zur Deckung des angemessenen Lebensbedarfs resultierenden Verbindlichkeiten sind sowohl ein Unterfall der von beiden Ehegatten gemeinsam eingegangenen Verbindlichkeiten als auch eine Untergruppe der aufgrund des Zusammenlebens entstandenen Verbindlichkeiten.[83] Es stellt sich daher die Frage, in welchem Verhältnis § 1064 Abs. 1 und § 1064 Abs. 2 ZGB stehen. Dazu hat das Volksgericht noch keine Ansicht geäußert und fehlt auch eine überzeugende Erklärung in der Literatur.[84] Außerdem ist es fragwürdig, dass die für das Zusammenleben oder gemeinsamen Betrieb eingegangenen Verbindlichkeiten unabhängig von dem Einverständnis beider Ehegatten zu einer gesamtschuldnerischen Haftung beider Ehegatten führen. Es ist nicht nachvollziehbar, weshalb der nicht handelnde Ehegatte als Mitschulder der ohne sein Einverständnis eingegangenen Verbindlichkeiten angesehen wird.[85]

II. Die Berücksichtigung der Verbindlichkeiten bei der Vermögensauseinandersetzung

1. *Vergleich*

Hinsichtlich der gemeinsamen Verbindlichkeiten stellen es sich folgende Fragen bei der Scheidung der Ehegatten in beiden Rechtssystemen: Wie sich die Scheidung auf die gesamtschuldnerische Haftung der Ehegatten gegenüber dem Gläubiger auswirkt, welcher Ehegatte im Innenverhältnis für welche Quote

83 Siehe *Li*, Journal of Political Science and Law 2021, 58.
84 Vgl. *Pei*, SJTU Law Review 2021, 5.
85 Vgl. *Guan/Guo*, ECUPL Journal 2021, 24.

der gemeinsamen Verbindlichkeiten aufkommen muss und wie die gemeinsamen Verbindlichkeiten im Rahmen der Vermögensauseinandersetzung Berücksichtigung finden.

a) Gesamtschuldnerische Haftung und Befreiungsanspruch

Sowohl in Deutschland als auch in China bleibt die gesamtschuldnerische Haftung beider Ehegatten von der Ehescheidung unberührt. Die Ehegatten können im Innenverhältnis über den Haftungsanteil und die Haftungsweise Vereinbarungen treffen. Ohne Vereinbarungen muss das Gericht dies in den Urteilen ermitteln. Die Vereinbarungen und die Urteile haben keinen Einfluss auf die gesamtschuldnerische Haftung der Ehegatten gegenüber den Gläubigern. Nach der Scheidung kann der Gläubiger weiter von beiden Ehegatten verlangen, die ganze Verbindlichkeit zu befriedigen.[86]

In Deutschland haben die Ehegatten eine Möglichkeit, sich von den gemeinsamen Verbindlichkeiten zu befreien. Hinsichtlich des fälligen Teils der gemeinsamen Verbindlichkeiten ergibt sich ein Befreiungsanspruch nach § 426 Abs. 1 BGB, sodass der Befreiungsgläubiger von dem Teil der Schuld, den der Mitschuldner im Innenverhältnis zu tragen hat, freigestellt werden kann; bezüglich des noch nicht fälligen Teils der gemeinsamen Verbindlichkeiten kann ein Ehegatte nach der Ehescheidung die Befreiung nach § 670 BGB i.V.m. § 257 BGB verlangen, wenn im Innenverhältnis der andere Ehegatte allein für die gemeinsamen Verbindlichkeiten aufkommen muss.[87]

Im Vergleich dazu wird die Befreiungsmöglichkeit in Literatur und Rechtsprechung in China noch nicht diskutiert. Es gibt zahlreiche Entscheidungen, in denen die Bank nach der Scheidung noch von dem Ehegatten, dem das Haus bei der Scheidung nicht zugewiesen wurde, die Rückzahlung des Hauskredits verlangt. Dieser Anspruch wird vom Volksgericht bejaht.[88] Da das Haus nach der Ehescheidung dem anderen Ehegatten gehört, ist es fragwürdig, dass der Nichteigentümer-Ehegatte in dieser Mithaftung bleiben muss. Es ist abzuwarten, ob in der Zukunft die Rechtsprechung eine Anspruchsgrundlage für den Befreiungsanspruch des Nichteigentümer-Ehegatten entwickeln wird.

---

86 Siehe oben Kap. 2. B. III. 2; Kap. 3. D. V. 2.

87 *Wever/Röfer*, in: *Bergschneider*, Familienvermögensrecht, S. 498–501.

88 Siehe oben Kap. 3. D. V. 3.

b) Haftungsanteil des Ehegatten im Innenverhältnis

Hinsichtlich der Ermittlung des Haftungsanteils jedes Ehegatten an den gemeinsamen Verbindlichkeiten gibt es in der Zugewinngemeinschaft keine besondere güterrechtliche Regelung. Darauf findet § 426 Abs. 1 S. 1 BGB Anwendung. Demnach sind die Ehegatten im Verhältnis zueinander zu einem gleichen Anteil verpflichtet, soweit sich keine andere Bestimmung aus Gesetz, einer Vereinbarung sowie Inhalt und Zweck des Rechtsverhältnisses oder der Natur der Sache ergibt.[89] Die Frage nach der Bedeutung der Begriffe – „Inhalt und Zweck des Rechtsverhältnisses" und „Natur der Sache" – wird weiterhin der Rechtsprechung überlassen. In der Praxis wird geprüft, wem die Tilgung der gemeinsamen Verbindlichkeiten zugutekommt. Haben beide Ehegatten einen hälftigen Miteigentumsanteil an einem Haus, ist die Haftung der Hauslast im Zweifel je zur Hälfte zwischen den Ehegatten zu verteilen;[90] bezüglich der aus der gemeinsamen Lebensführung resultierenden gemeinsamen Verbindlichkeiten ist die Haftung grundsätzlich unabhängig von der Mittellosigkeit eines Ehegatten ebenso je zur Hälfte zwischen den Ehegatten zu verteilen.[91]

Im Vergleich dazu sieht das chinesische Familienrecht eine besondere Regelung – § 1089 ZGB (§ 41 EheG) – für die Verteilung der gemeinsamen Verbindlichkeiten bei der Scheidung vor. Demnach soll das Volksgericht mangels einer Vereinbarung der Ehegatten die Aufteilung der gemeinsamen Verbindlichkeiten beurteilen. Konkrete Kriterien werden allerdings nicht festgelegt. Es ist in Literatur und Rechtsprechung allgemein anerkannt, dass die für Gesamtschuldverhältnisse geltende allgemeine Regelung des § 519 Abs. 1 ZGB[92] im Innenverhältnis zwischen den Ehegatten keine Anwendung finden soll. Vielmehr ist die Verteilung der gemeinsamen Verbindlichkeiten eine Fortsetzung der Verteilung des gemeinsamen Vermögens, weswegen die Kriterien des § 1087 ZGB (§ 39 EheG) auch hier ausschlaggebend sind. Demzufolge sind die Interessen des Kindes, der Frau und des unschuldigen Ehegatten zu berücksichtigen. Ohne diese besonderen Umstände ist die Haftung hälftig zwischen den Ehegatten zu verteilen.[93]

---

89 Siehe oben Kap. 2. B. III. 2.

90 BGH FamRZ 1983, 795.

91 OLG Bremen FamRZ 2002, 392.

92 § 519 Abs. 1 ZGB: „Wenn die Anteile zwischen den Gesamtschuldnern schwer zu bestimmen sind, gelten die Anteile als gleich."

93 Siehe oben Kap. 3. D. V. 3.

c) Gesetzliche Vorgehensweise für Verbindlichkeiten

Die gemeinsamen Verbindlichkeiten werden bei der Abwicklung der Zugewinngemeinschaft und der Errungenschaftsgemeinschaft auf unterschiedliche Weise berücksichtigt. Falls die gemeinsamen Verbindlichkeiten am Endstichtag der Zugewinngemeinschaft noch nicht getilgt worden sind, sind sie in vollem Umfang dem Endvermögen beider Ehegatten anzurechnen. Da jeder Ehegatte im Innenverhältnis nur anteilig für die gemeinsamen Verbindlichkeiten haftet, hat ein Ehegatte gegen den anderen Ehegatten eine Forderung in Höhe der Anteilsquote des anderen Ehegatten. Diese Forderung ist dem Endvermögen hinzuzurechnen. Im Ergebnis wird die Anteilsquote jedes Ehegatten an den gemeinsamen Verbindlichkeiten auf das Endvermögen angerechnet.[94] Es ist zu beachten, dass die Frage nach der Ermittlung der Haftungsquote im Innenverhältnis wirtschaftlich ohne Bedeutung sein kann. „Was der Inhaber eines Ausgleichsanspruchs aus § 426 BGB schuldrechtlich zu verlangen berechtigt ist, kann er güterrechtlich wieder zurückgewähren müssen."[95]

In der Errungenschaftsgemeinschaft werden die gemeinsamen Verbindlichkeiten nicht in das Vermögen integriert. Die gemeinsamen Verbindlichkeiten müssen daher nicht auf das gemeinsame Vermögen angerechnet werden. Bei der Vermögensauseinandersetzung im Scheidungsfall entscheidet das Volksgericht, wie das gemeinsame Vermögen zwischen den Ehegatten zu verteilen ist, und anschließend die gemeinsamen Verbindlichkeiten wie im Innenverhältnis der Ehegatten zu verteilen sind.[96]

Außer den gemeinsamen Verbindlichkeiten sind bei der Abwicklung der Zugewinngemeinschaft auch Verbindlichkeiten anderer Art zum Anfangs- und Endvermögen hinzuzurechnen. Ein negatives Anfangsvermögen ist nach der Reform des gesetzlichen Güterrechts durch das *Gesetz zur Änderung des Zugewinnausgleichs- und Vormundschaftsrechts* im Jahr 2009 möglich geworden. Daher ist auch der Vermögenszuwachs, der in der Form der Tilgung der vorehelichen Schulden entsteht, bei der Scheidung zwischen den Ehegatten zu verteilen.[97] Demgegenüber ist ein negativer Zugewinn nicht möglich, da die Zugewinngemeinschaft keine Verlustgemeinschaft ist. In der Errungenschaftsgemeinschaft sind dagegen nur die gemeinsamen

94 *Wever/Röfer*, in: *Bergschneider*, Familienvermögensrecht, S. 491.

95 *Wever*, FamRZ 1996, 905 (908); *Hansen-Tilker*, FamRZ 1997, 1188 (1190).

96 Siehe oben Kap. 3. D. V. 1.

97 MünchKomm/Koch, § 1374, Rn. 15.

Verbindlichkeiten bei der Scheidung zu beurteilen. Die eigenen Verbindlichkeiten eines Ehegatten beeinflussen das gemeinsame Vermögen nicht. Für die vorehelichen und während der Ehe eingegangenen eigenen Verbindlichkeiten eines Ehegatten haftet nur dieser Ehegatte mit seinem Eigenvermögen und dem ihm zustehenden Anteil am gemeinsamen Vermögen.[98]

2. *Bewertung*

Während in Deutschland die Haftungsverhältnisse der Ehegatten nach allgemeinen schuldrechtlichen Regelungen zu beurteilen sind und anschließend die demnach ermittelten Verbindlichkeiten jedes Ehegatten in den Zugewinnausgleich einzubeziehen sind, richtet sich die Beurteilung der Haftungsverhältnisse der Ehegatten in China sowohl während der Ehe als auch bei der Scheidung nach besonderen güterrechtlichen Regelungen. Dieser Unterschied ist darauf zurückzuführen, dass die Zugewinngemeinschaft eine Gütertrennung während der Ehe darstellt und sich die Errungenschaftsgemeinschaft dagegen als Gütergemeinschaft während der Ehe gestaltet. Jedoch führen beide Rechtssysteme zu übereinstimmenden Ergebnissen. Bei der Abwicklung der Zugewinngemeinschaft sind die gemeinsamen Verbindlichkeiten nicht anders als Verbindlichkeiten anderer Arten, wie die vorehelichen Verbindlichkeiten, zum Anfangsvermögen oder Endvermögen des entsprechenden Ehegatten hinzuzurechnen. Durch diese Anrechnung wird der während der Ehe auftretende Vermögenszuwachs eines Ehegatten ermittelt und anschließend eine Beteiligung des Ehegatten an dem Vermögenszuwachs wird durch den Zugewinnausgleichsanspruch verwirklicht. Bei der Abwicklung der Errungenschaftsgemeinschaft sind sowohl das gemeinsame Vermögen als auch die gemeinsamen Verbindlichkeiten zwischen den Ehegatten zu verteilen. Im Ergebnis wird so auch die Beteiligung des Ehegatten an dem Vermögenszuwachs verwirklicht.

98 *Yu*, Original Theory of Relative Law, S. 358.

D. Gesetzliche Vorgehensweise bei der Abwicklung der Zugewinngemeinschaft und der Errungenschaftsgemeinschaft

I. Art und Weise der Vermögensauseinandersetzung

1. Vergleich

Aufgrund der grundlegenden Unterschiede in der Ausgestaltung der Vermögensverhältnisse bei der Zugewinngemeinschaft und der Errungenschaftsgemeinschaft weichen die Art und Weise der Vermögensauseinandersetzung bei der Beendigung beider Güterstände wesentlich voneinander ab. Bei der Abwicklung der Zugewinngemeinschaft hat der ausgleichsberechtigte Ehegatte einen Zugewinnausgleichsanspruch in Form einer Geldforderung. Nur im Härtefall kommt ein Ausgleich mit Vermögensgegenständen nach § 1383 BGB ausnahmsweise in Betracht.[99] Dagegen sind bei der Abwicklung der Errungenschaftsgemeinschaft die im gemeinsamen Vermögen stehenden Vermögensgegenstände zwischen den Ehegatten zu verteilen. Die Aufteilung kann auf vielerlei Art ausgestaltet werden. Für unterschiedliche Vermögensgegenstände kann das Volksgericht unterschiedliche Teilungsweisen anordnen.

Um die Höhe der Geldforderung auszurechnen, sind das Anfangsvermögen und das Endvermögen zu ermitteln. Dafür müssen das in das Anfangsvermögen einzubeziehende Vermögen und die Verbindlichkeiten sowie das in das Endvermögen einzubeziehende Vermögen und die Verbindlichkeiten jedes Ehegatten zuerst festgestellt werden. Anschließend sind diese Vermögensposten jeweils am Anfangsstichtag und am Endstichtag zu bewerten.[100] Für das privilegiert erworbene Vermögen gilt der Erwerbstag als Bewertungstag. Darüber hinaus muss der Kaufkraftschwund des Geldes bei der Rechnung berücksichtigt werden, indem das Anfangsvermögen auf den Geldwert am Endstichtag umgerechnet wird.[101]

Um das gemeinsame Vermögen zwischen den Ehegatten zu verteilen, sind zuerst das gemeinsame Vermögen beider Ehegatten und das Eigenvermögen jedes Ehegatten zu ermitteln. Das gemeinsame Vermögen beider Ehegatten ist eine separate Vermögensmasse, die nach den besonderen güterrechtlichen

---

99 MünchKomm/*Koch*, § 1383, Rn. 2.

100 Siehe oben Kap. 2. B. I. 2.

101 Siehe oben Kap. 2. B. II. 4.

Regelungen festzustellen ist. Danach sind die Anteile jedes Ehegatten am gemeinsamen Vermögen und die Teilungsweise des gemeinsamen Vermögens zu bestimmen. Auf ähnliche Weise wird die Aufteilung der gemeinsamen Verbindlichkeiten geregelt. Zuerst sind die gemeinsamen Verbindlichkeiten beider Ehegatten zu ermitteln und anschließend sind die Beteiligungsquoten der Ehegatten und die Aufteilungsweise der gemeinsamen Verbindlichkeiten festzulegen.[102]

2. *Bewertung*

Die vergleichende Betrachtung zeigt, dass die Vorgehensweisen der Vermögensauseinandersetzung bei der Abwicklung der Zugewinngemeinschaft und der Errungenschaftsgemeinschaft sich deutlich unterscheiden.

In Deutschland braucht das Gericht nicht zu beurteilen, ob ein Vermögensgegenstand zum gemeinsamen Vermögen oder Eigenvermögen gehört. Zu ermitteln ist, zu welchem Ehegatten der Vermögensgegenstand gehört. Für die Ermittlung des Eigentumsverhältnisses gibt es keine besonderen güterrechtlichen Regelungen. Sie richtet sich nach den sachenrechtlichen Regelungen. Bei Immobilien sind die Eigentumsverhältnisse durch das Grundbuch leicht festzustellen, während bei beweglichen Sachen die dingliche Einigung der Ehegatten entscheidend ist. Bezüglich des Haushaltsgegenstandes hilft bei der Klärung der Vermögensverhältnisse die Vermutungsregelung in § 1568b Abs. 2 BGB.[103] Danach kann der Zugewinn eines Ehegatten durch die Gegenüberstellung der Werte, „die das Vermögen des Ehegatten nach Abzug der Verbindlichkeiten bei Beginn und Ende des Güterstandes hatte",[104] ermittelt werden. Es ist irrelevant, welches Schicksal einzelne Vermögensgegenstände und Verbindlichkeiten während der Ehe haben. Sie sind nur Rechnungsposten in der Zugewinnbilanz. Das Stichtagsprinzip spielt in der Zugewinngemeinschaft eine sehr wichtige Rolle. Durch „dieses simple Abstellen auf die Stichtage"[105] versucht der Gesetzgeber, eine einfache und praktikable Handhabung der Auseinandersetzung zu schaffen.

Im Vergleich dazu hat das Gericht in China zu beurteilen, ob ein Vermögensgegenstand zum gemeinsamen Vermögen beider Ehegatten oder zum Eigenvermögen welches Ehegatten gehört. Dafür schreibt das

102 Siehe oben Kap. 3. D. I. 2.
103 Siehe oben Kap. 2. B. I.
104 BGH FamRZ 1984, 31.
105 *Kogel*, FamRZ 2018, 1722 (1722).

chinesische Familienrecht besondere güterrechtlichen Regelungen vor, nämlich §§ 1062, 1063 ZGB. Für die Zuordnung eines Vermögensgegenstandes gilt das Stichtagsprinzip nicht. Die zeitliche Dimension spielt grundsätzlich nur bei der Ermittlung des vorehelichen Vermögens eine entscheidende Rolle.[106] Hinsichtlich der Ermittlung der Zuordnung von Vermögen anderer Art spielt die Zeitdimension dagegen nur eine geringe Rolle. Die Erfüllung des Kriteriums „während der Ehe“ allein führt nicht zur Feststellung als gemeinsames Vermögen. Die Zugehörigkeit der während der Ehe entgeltlich erworbenen Vermögensgegenstände ist nach dem Surrogationsprinzip festzulegen, was nach einer längeren Ehedauer sehr schwierig ist. Es ist für die Ehegatten fast unmöglich zu beweisen, mit welchen Geldmitteln ein Vermögensgegenstand angeschafft wurde.[107] Deswegen kann das Gericht nur auf die Vermutungsregelung zugunsten des gemeinsamen Vermögens zurückgreifen. Soweit ein Ehegatte nicht beweisen kann, dass ein Vermögensgegenstand ihm gehört, fällt dieser Vermögensgegenstand dem gemeinsamen Vermögen beider Ehegatten zu.[108] Die Ermittlung der Zugehörigkeit eines Vermögensgegenstandes stellt für das Volksgericht in China eine komplizierte und unentbehrliche Aufgabe dar. Dies ist schwieriger als die Ermittlung der nach den sachenrechtlichen Regelungen zu klärenden Eigentumsverhältnisse in Deutschland.

Außer der Frage nach der Zuordnung eines Vermögensgegenstandes gibt es in beiden Rechtssystemen jeweils eine weitere Herausforderung. Da das Anfangs- und Endvermögen lediglich eine „Rechengröße“[109] ist, muss das Gericht in Deutschland die Werte aller im Zugewinnausgleich zu berücksichtigenden Vermögen und Verbindlichkeiten bestimmen. Dies stellt dem Gericht eine mühevolle Aufgabe und erweist sich als aufwändig.[110] Das BGB kennt „keinen allgemeingültigen Wertbegriff“[111] und das Gericht muss einen Wertmaßstab unter Berücksichtigung der konkreten Rechtsverhältnisse zwischen den Ehegatten auswählen. Es muss im Einzelfall errechnet werden, wie viele

106 Siehe Kap. 3. D. III. 1.

107 Siehe oben Kap. 3. D. II. 4. Diesen Nachteil zeigt nicht nur die Errungenschaftsgemeinschaft in China. Er kann eher als allgemeine Schwäche aller Errungenschaftsgemeinschaften betrachtet werden. Vgl. *Meyer*, Die Errungenschaftsgemeinschaft heute, in: Festschrift für Gerd Brudermüller, S. 488.

108 Siehe oben Kap. 3 D. II. 4.

109 MünchKomm/*Koch*, § 1374, Rn. 1.

110 *Hoppenz*, Der BGH und die Halbteilung bei der Bewertung im Zugewinnausgleich, in: Festschrift für Gerd Brudermüller, S. 345.

111 *Kohlenberg*, In: *JHA* Familienrecht, § 1376, Rn. 6.

Vermögensvorteile der betreffende Ehegatte aus einem Vermögensgegenstand erzielen kann. „An ihm, und nicht etwa an dem Vorteil, den ein Dritter oder der Verkehr aus dem Gegenstand zieht, soll der Andere teilhaben.“[112] Es handelt sich um eine sachverhaltsspezifische Wertermittlung.[113] In China liegt die Schwierigkeit der Abwicklung der Errungenschaftsgemeinschaft dagegen darin, dass das ZGB keine allgemeine Verteilungsweise vorsieht und das Gericht bei jedem dem gemeinsamen Vermögen zuzuordnenden Vermögensgegenstand die Verteilungsweise nach dem konkreten Einzelfall bestimmen muss. Auf unterschiedliche Vermögensgegenstände werden ungleiche Kriterien für die Verteilung angewandt. Verschiedene Teilungsweisen – wie Teilung in Natur, Teilung durch Verkauf oder Zuweisung an einem Ehegatten – können unter einer flexiblen Erwägung des Volkgerichts in Betracht kommen. Dies schafft dem Gericht einen sehr großen Gestaltungsspielraum.[114]

II. Halbteilung und Abweichungen davon

1. Vergleich

In Deutschland ist eine schematisch ermittelte gleichmäßige Vermögensteilhabe jedes Ehegatten unter Berücksichtigung der Grundideen der Zugewinngemeinschaft – Gleichberechtigung von Mann und Frau sowie Gleichwertigkeit von Erwerbstätigkeit und Hausarbeit – durchzuführen. Von diesem Halbteilungsprinzip abweichende Prinzipien sieht das deutsche Recht für die Feststellung der Beteiligungsquote des Ehegatten nicht vor. Allerdings kann eine Abweichung von der gleichmäßigen Vermögensteilhabe im Einzelfall trotzdem erfolgen.

Vor dem *Gesetz zur Änderung des Zugewinnausgleichs- und Vormundschaftsrechts* im Jahr 2009 war negatives Anfangs- und Endvermögen verboten, sodass der Vermögenszuwachs, der sich in der Form der Tilgung vorehelicher Verbindlichkeiten darstellte, dem Zugewinn nicht zugerechnet wurde. Dies führte dazu, dass der am Anfangsstichtag verschuldete Ehegatte tatsächlich mehr als die hälftige Teilhabe am gemeinschaftlich erwirtschafteten Vermögenszuwachs erwerben konnte.[115] Diese alte Rechtslage veränderte sich mit der Streichung des Verbots von negativem Anfangs- und Endvermögen.

---

112 *Hoppenz*, Der BGH und die Halbteilung bei der Bewertung im Zugewinnausgleich, in: Festschrift für Gerd Brudermüller, S. 346.

113 BGH FamRZ 1993, 1183 (1185).

114 Siehe oben Kap. 3. D. IV.

115 MünchKomm/*Koch*, § 1374, Rn. 14.

Eine Abweichung von der hälftigen Vermögensteilhabe ergibt sich auch aus der Kappungsgrenze. Gemäß § 1378 Abs. 2 BGB wird die Höhe der Ausgleichsforderung auf den Wert des vorhandenen Vermögens bei der Beendigung der Zugewinngemeinschaft beschränkt. Sofern die schematisch ermittelte Ausgleichssumme den Wert des am Endstichtag vorhandenen Vermögens des ausgleichspflichtigen Ehegatten übersteigt, erwirbt der andere Ehegatte eine Geldforderung in Höhe des vorhandenen Vermögens, deren Wert tatsächlich niedriger als der Wert der Hälfte des gemeinschaftlich erwirtschafteten Vermögenszuwachses ist. Diese Kappungsgrenze gilt aber im Fall der illoyalen Vermögensminderung des ausgleichspflichtigen Ehegatten nicht.[116]

Darüber hinaus kann der ausgleichspflichtige Ehegatte im Fall der groben Unbilligkeit nach § 1381 BGB die Erfüllung der Ausgleichsforderung verweigern oder die Geldforderung herabsetzen, so dass eine Halbteilung des Zugewinnüberschusses zwischen den Ehegatten nicht erfolgen kann. Eine Erhöhung der Ausgleichsforderung ist nach § 1381 BGB nicht möglich. Um Rechtssicherheit über die schematische Halbteilung zu erreichen, findet diese Billigkeitskorrektur nur in Ausnahmefällen statt, in denen eine Halbteilung „dem Gerechtigkeitsempfinden in unerträglicher Weise widerspricht".[117] Allein die systemimmanente Unbilligkeit, die aufgrund des Schematismus der Zugewinngemeinschaft entsteht, führt noch nicht zur Billigkeitskorrektur des § 1381 BGB. Vielmehr müssen weitere einzelfallbedingte Umstände – beispielsweise die Nichterfüllung wirtschaftlicher Verpflichtungen des ausgleichsberechtigten Ehegatten und andere mit diesem Beispiel gleichzusetzende Faktoren – vorliegen.[118] Nicht zu berücksichtigende Umstände schließen die Herkunft des Vermögens[119], die Verletzung persönlicher Ehepflichten[120], und die nacheheliche Versorgungslage[121] ein.[122]

Demgegenüber beeinflusst die illoyale Vermögensminderung eines Ehegatten die Halbteilung des gemeinschaftlich erwirtschafteten Vermögenszuwachses nicht. Über § 1375 Abs. 2 BGB wird die von einem Ehegatten ausgeübte illoyale Vermögensminderung seinem Endvermögen hinzugerechnet. Eine fiktive Berechnung wird durchgeführt, so als wäre die illoyale Vermögensminderung

116 Siehe Kap. 2. B. IV. 2.
117 BGH NJW 1966, 2109; OLG Düsseldorf FamRZ 2015, 1497.
118 Siehe oben Kap. 2. B. IV. 4.
119 MünchKomm/*Koch*, § 1381, Rn. 21.
120 MünchKomm/*Koch*, § 1381, Rn. 30.
121 MünchKomm/*Koch*, § 1381, Rn. 26.
122 Siehe oben Kap. 2. B. IV. 4.

nicht erfolgt.[123] Dadurch wird garantiert, dass der Wert des gemeinschaftlich erwirtschafteten Vermögenszuwachses durch die illoyale Vermögensminderung nicht beeinträchtigt wird und eine wirkliche Halbteilung stattfindet.

Im Vergleich dazu sieht das chinesische Familienrecht zwar eine Halbteilung der Errungenschaften zwischen den Ehegatten als Ausgangspunkt vor, aber auch einige andere Prinzipien werden für die Ermittlung der Beteiligungsquote des Ehegatten an den Errungenschaften vom Gesetz ausdrücklich festgelegt, sodass eine Abweichung von der gleichmäßigen Halbteilung am gemeinschaftlich erwirtschafteten Vermögenszuwachs erfolgen kann.

Eine der wichtigsten Prinzipien ist die Berücksichtigung der Interessen des Kindes und der Frau. Der Ehegatte, bei dem das gemeinsam Kind lebt, kann ein höheren Anteil an den Errungenschaften bekommen. Befindet sich die Ehefrau nach der Ehescheidung unter Gesamtwürdigung der wirtschaftlichen Situation, der beruflichen Selbständigkeit, der Einkommens- und Vermögensverhältnisse und anderer bedeutungsverwandter Faktoren in einer schwächeren Position, könnte sie mehr als die Hälfte der Errungenschaften zugesprochen bekommen.[124] Des Weiteren kann sich auch die schuldhafte Verletzung einer ehelichen Pflicht eines Ehegatten auf seine Beteiligungsquote an den Errungenschaften auswirken. Dem Ehegatten, der eine eheliche Pflicht schuldhaft verletzt hat, könnte weniger als die Hälfte des gemeinschaftlich erwirtschafteten Vermögenszuwachses zugeteilt werden.[125] Darüber hinaus kann die illoyale Handlung eines Ehegatten zur Verkleinerung seiner Beteiligungsquote an den Errungenschaften führen, indem dieser Ehegatte von der Verteilung des gemeinsamen Vermögens, auf das sich die illoyale Handlung bezieht, ausgeschlossen wird oder weniger als die Hälfte dieses gemeinsamen Vermögens erwirbt.[126] In der Literatur wird das Billigkeitsprinzip als Prinzip für die Feststellung der Beteiligungsquote eines Ehegatten an den Errungenschaften vorgeschlagen. Demnach sollen alle Umstände des Einzelfalls, einschließlich Arbeitsfähigkeit, Bildungsstand, wirtschaftlicher Status, körperliche Verfassung, Alter der Ehegatten, Dauer der Ehe und tatsächliche nacheheliche Bedürfnisse beider Ehegatten, bei der Ermittlung der Beteiligungsquote eines Ehegatten an den Errungenschaften miteinbezogen werden.[127]

---

123 Siehe Kap. 2. B. III. 3.
124 Siehe Kap. 3. B. IV. 1.
125 Siehe Kap. 3. B. IV. 1.
126 Siehe Kap. 3. B. IV. 1.
127 Siehe Kap. 3. B. IV. 1.

2. *Bewertung*

Hinsichtlich der Frage, welche Anteile am gemeinschaftlich erwirtschafteten Vermögenszuwachs jedem Ehegatten bei der Scheidung zugeteilt werden sollen, spielt das Halbteilungsprinzip sowohl in Deutschland als in China eine wichtige Rolle. Dies ist darauf zurückzuführen, dass die Gleichberechtigung von Mann und Frau sowie die Gleichstellung der Erwerbstätigkeit und der Hausarbeit in beiden Rechtssystemen als grundlegende Wertvorstellungen anerkannt sind.[128] Es ist irrelevant, welcher Ehegatte die Tätigkeit, die zur Vermögensmehrung geführt hat, während der Ehe ausgeübt hat. Die Beiträge beider Ehegatten zum Vermögenszuwachs werden als gleichwertig betrachtet.

Die Gemeinsamkeit zwischen beiden Rechtssystemen besteht auch darin, dass eine Abweichung von der Halbteilung des gemeinschaftlich erwirtschafteten Vermögenszuwachses bei der scheidungsbedingten Abwicklung der beiden Güterstände erfolgen kann. Jedoch sind die Abweichungsgründe in beiden Rechtssystemen unterschiedlich. In Deutschland kann eine Abweichung von der Halbteilung wegen der Kappungsgrenze des § 1378 Abs. 2 BGB stattfinden, während in China keine ähnliche Regelung besteht. Sofern es gemeinsames Vermögen in der Errungenschaftsgemeinschaft gibt, ist es zwischen den Ehegatten zu verteilen. Außerdem kann sich in Deutschland eine Abweichung von der Halbteilung aus der Härteklausel des § 1381 BGB ergeben. § 1381 BGB wird allerdings restriktiv ausgelegt und findet nur in Ausnahmefällen Anwendung. Die Nichterfüllung wirtschaftlicher Verpflichtungen kann zur Anwendung des § 1381 BGB führen und die Abweichung von der Halbteilung verursachen. In China wird unter dem Prinzip zugunsten des unschuldigen Ehegatten eher die persönliche eheliche Pflichtverletzung, nicht das ökonomische ehewidrige Verhalten berücksichtigt.[129] Im chinesischen Recht wird die Nichterfüllung wirtschaftlicher Verpflichtung nach § 1088 ZGB (§ 40 EheG) im Rahmen des Ausgleichsanspruchs eines Ehegatten herangezogen. So hat der Ehegatte, der mehr Pflichten zum Familienunterhalt erfüllt hat, gegenüber den anderen Ehegatten einen Ausgleichsanspruch.[130]

Die nacheheliche Versorgungslage ist in Deutschland im Rahmen des Zugewinnausgleichs nicht zu berücksichtigen. Sie rechtfertigt eine Abweichung von der Halbteilung des Zugewinnüberschusses in keiner Weise,[131] während

---

128 Siehe Kap. 1. B.

129 Vgl. *Huang (Hrsg.)*, Die Anmerkung des Ehe- und Familienrechts des ZG, S, 225.

130 *Huang (Hrsg.)*, Die Anmerkung des Ehe- und Familienrechts des ZG, S, 227.

131 Siehe Kap. 2. B. III. 1. c).

sich das Prinzip der Berücksichtigung der Interessen des Kindes und der Frau in China exakt auf die nachehelichen Bedürfnisse des Kindes und der Frau richtet.[132] Die in einer wirtschaftlich schwachen Position stehenden Kinder und Frauen können nach der Ehescheidung ihre Bedürfnisse nicht eigenverantwortlich befriedigen, so soll ihnen ein höherer Anteil am gemeinschaftlich erwirtschafteten Vermögenszuwachs zugewiesen werden. Diese Rechtslage in China ist darauf zurückzuführen, dass das chinesische Recht keine ausführlichen Regelungen für den nachehelichen Unterhalt vorsieht. Die einzige Regelung des § 1090 ZGB (§ 42 EheG), die die nachehelichen Bedürfnisse des Ehegatten betrifft, findet nur in seltenen Ausnahmefällen, in denen ein Ehegatte bei der Scheidung in Existenzschwierigkeiten gerät, Anwendung.[133] Demzufolge ist in China die nacheheliche Versorgungslage bei der Vermögensauseinandersetzung einzubeziehen und beeinflusst die Beteiligungsquote eines Ehegatten am gemeinschaftlich erwirtschafteten Vermögenszuwachs.

Noch ein weiterer Abweichungsgrund besteht im chinesischen Recht, nämlich die illoyale Vermögensminderung eines Ehegatten nach § 1092 ZGB (§ 47 EheG). In China funktioniert § 1092 ZGB (§ 47 EheG) als Straf- und Warnvorschrift, so bekommt der illoyale Ehegatte weniger als die Hälfte des gemeinsamen Vermögens.[134] Demgegenüber wird in Deutschland die illoyale Vermögensminderung eines Ehegatten so behandelt, als wäre sie nicht erfolgt.

Zusammenfassend kann man sagen, dass das deutsche Recht nur ein Prinzip – das Halbteilungsprinzip – vorsieht. § 1381 BGB ist „kein allgemeines Mittel", welches das Halbteilungsprinzip nach den Umständen des Einzelfalls verdrängt.[135] In China wirken sich jedoch die vier vom Gesetz festgelegten Prinzipien unmittelbar auf die Beteiligungsquote des Ehegatten am gemeinschaftlich erwirtschafteten Vermögenszuwachs aus. Das Halbteilungsprinzip wird in Deutschland strenger als in China durchgesetzt. Im Ergebnis schafft das deutsche Recht mehr Rechtssicherheit, während das chinesische Recht wohl mehr Einzelfallgerechtigkeit bieten kann. Jedoch fehlen in der Literatur in China informative Diskussionen, in welchem Umfang die Interessen des Kindes und der Frau berücksichtigt werden sollen, in welchem Ausmaß das Volksgericht zugunsten des unschuldigen Ehegatten urteilen soll usw. In der chinesischen Rechtspraxis weist das Volksgericht im Urteil nur auf

---

132 Siehe Kap. 3. D. IV. 1. b).

133 Siehe Kap. 3. D. IV. 1. b).

134 *Li*, Die Vervollkommnung des chinesischen ehelichen Güterrechts, S. 136.

135 *Spegele*, Nach der Reform des gesetzlichen Güterrechts, S. 121.

das betreffende Prinzip hin. Eine ausführliche Begründung für die festgelegte Beteiligungsquote eines Ehegatten am gemeinsamen Vermögen fehlt meistens im Urteil. Das Volksgericht entscheidet eher nach seinem eigenen Gerechtigkeitsempfinden über die Verteilung des gemeinsamen Vermögens. Daher wird kritisiert, dass die Begründung des Volksgerichts meist unvollständig und nicht überzeugend genug sei.[136] Dies führt dazu, dass manche Beteiligten nicht an die Gerechtigkeit der Entscheidung glauben.[137] Es ist daher fraglich, ob sich die Einzelfallgerechtigkeit unter Preisgabe der Rechtsklarheit und der Rechtssicherheit wahrhaftig verwirklichen kann.

E. Vertragliche Gestaltungsmöglichkeiten bei der Abwicklung der Zugewinngemeinschaft und der Errungenschaftsgemeinschaft

I. Vergleich

In beiden Rechtssystemen haben die Ehegatten die Gestaltungsbefugnis, die Abwicklung des gesetzlichen Güterstands bei der Scheidung nach Bedürfnissen zu regeln. In der Zugewinngemeinschaft können die Ehegatten sowohl über eine Scheidungsfolgenvereinbarung als auch über einen Ehevertrag eine Zugewinnausgleichsabrede treffen. Bezüglich der Wirkung kommt ein Ehevertrag über den Zugewinnausgleich einer Scheidungsfolgenvereinbarung über den Zugewinnausgleich nahe.[138] In der Errungenschaftsgemeinschaft können die Ehegatten sowohl in einer Scheidungsvereinbarung als auch in einer selbständigen Vermögensauseinandersetzungsvereinbarung die Verteilung des gemeinsamen Vermögens regeln. Ein Ehevertrag, der die Zuordnung des Vermögens

136 Siehe das Fallbeispiel in Kap. 3. D. IV. 3. Siehe auch *Xu Tingting*, Eine Analyse über die Argumentation in der Entscheidung über Familiensachen, unter https://tjfy.chinacourt.gov.cn/article/detail/2020/05/id/5202700.shtml (abgerufen am 05.11.2021). In diesem Aufsatz hat die Autorin analysiert, weshalb die Entscheidungen über Familiensachen in China schwach begründet werden. Faktoren, wie die schwache juristische Fähigkeit des Richters, der Stress des Richters wegen massenhafter zu verhandelnder Fälle, die Angst des Richters, dass je mehr er in einer Entscheidung spricht, desto wahrscheinlicher ist es, dass er einen Fehler machen könnte, usw., werden in diesem Aufsatz aufgelistet.

137 *Wang Yaming*, Die Argumentation in der Entscheidung über Familiensachen, People's Court Daily, 16.7.2019, unter https://www.chinacourt.org/article/detail/2019/07/id/4176766.shtml (abgerufen am 05.11.2021).

138 Siehe oben Kap. 2. C. 1.

regelt, unterscheidet sich wesentlich von einer Scheidungsfolgenvereinbarung und einer Vermögensauseinandersetzungsvereinbarung. In der Errungenschaftsgemeinschaft ändert der Ehevertrag bereits während der Ehe die Zugehörigkeit des Vermögens, während die scheidungsbezogene Vereinbarung die nacheheliche Zuordnung des gemeinsamen Vermögens betrifft.[139]

Hinsichtlich des Formerfordernisses der Vereinbarung über die Abwicklung des gesetzlichen Güterstands sehen das deutsche Recht und das chinesische Recht unterschiedliche Regelungen vor. In Deutschland ist vor der Beendigung der Zugewinngemeinschaft eine formlose Vereinbarung über den Zugewinnausgleich nicht zulässig. Die Zugewinnausgleichsvereinbarung muss entweder der Form der Scheidungsfolgenvereinbarung nach § 1378 Abs. 3 S. 2 BGB – notarielle Beurkundung oder gerichtliches Protokoll – oder der Form des Ehevertrags nach § 1410 BGB – bei gleichzeitiger Anwesenheit beider Ehegatten zur Niederschrift eines Notars – entsprechen.[140] In China muss die Scheidungsvereinbarung die Schriftform erfüllen, während das Formerfordernis für die selbständige Vermögensauseinandersetzungsvereinbarung vom ZGB nicht vorgesehen wird. Nach § 1 RVV leistete die Schriftform nur die Beweisfunktion, sodass eine Vermögensauseinandersetzungsvereinbarung formlos von den Ehegatten getroffen werden konnte.[141]

Die Wirksamkeitsvoraussetzungen der Vereinbarung über die Vermögensauseinandersetzung sind im deutschen und im chinesischen Recht unterschiedlich. Das BGB sieht für die Anfechtungsgründe der Scheidungsfolgenvereinbarung und des Ehevertrags keine besondere Regelung vor.[142] Auch das ZGB schreibt für die Scheidungs- und die Vermögensauseinandersetzungsvereinbarung keine besondere anfechtungsrechtliche Regelung vor. Aber § 70 EZGB I legt aber die arglistige Täuschung und die widerrechtliche Drohung als Anfechtungsgründe ausdrücklich fest.[143] Außerdem wird in China die einverständliche Scheidung als besondere Voraussetzung für die Scheidungs- und Vermögensauseinandersetzungsvereinbarung angesehen, soweit die Ehegatten nicht ausdrücklich etwas Gegensätzliches vereinbaren.[144] In Deutschland hat die Rechtsprechung die Inhaltskontrolle des

139 Siehe oben Kap. 3. E. 1.
140 Siehe oben Kap. 2. C. 1.
141 Siehe oben Kap. 3. E. 1.
142 Siehe oben Kap. 2. C. 2.
143 Siehe oben Kap. 3. E. 2.
144 Siehe oben Kap. 3. E. 2.

Ehevertrags, welche auch für die Scheidungsfolgenvereinbarung gilt, entwickelt. Über die zivilrechtlichen Generalklauseln – §§ 138 und 242 BGB – ist der Inhalt des Vertrags der Wirksamkeitskontrolle und Ausübungskontrolle zu unterziehen. Der BGH hat die Kernbereichslehre entwickelt und eine Rangabstufung der Ehescheidungsfolgen aufgestellt, nach welcher der Zugewinnausgleichsanspruch nicht im Kernbereich, sondern am Ende der Stufung liegt. So kann eine Abrede über den Zugewinnausgleich grundsätzlich nicht über die Inhaltskontrolle angreifbar sein.[145] Eine Inhaltskontrolle der Scheidungs- oder Vermögensauseinandersetzungsvereinbarung findet demgegenüber in China nicht statt. In der Literatur findet die Inhaltskontrolle nur bei Formularklauseln einen Platz.[146] Eine Vereinbarung über die Vermögensauseinandersetzung ist wie andere individuelle Verträge § 153 Abs. 2 ZGB zu unterziehen.[147]

II. Bewertung

Die vergleichende Betrachtung zeigt, dass die Privatautonomie bei der Vereinbarung über die Vermögensauseinandersetzung in beiden Rechtssystemen als ein wichtiges Prinzip gilt. Auch im Scheidungsfolgenrecht wird die Dispositionsbefugnis den Ehegatten sowohl in Deutschland als auch in China nicht entzogen. Um die gerechten Interessen der Ehegatten bei der vertraglichen Ausgestaltung der Scheidungsfolgen zu schützen, existieren in beiden Rechtssystemen unterschiedliche Regelungen, die entweder im Gesetz festgeschrieben oder von der Rechtsprechung entwickelt werden. In Deutschland schützt das strenge Formerfordernis der Scheidungsfolgenvereinbarung und des Ehevertrags die Ehegatten vor einem übereilten Vertragsschluss. Außerdem hat die Form der notariellen Beurkundung eine Schutzfunktion, sodass die Ehegatten beim Vertragsschluss in Recht und Pflicht bei der Scheidung sachkundig beraten und über die Konsequenzen ihrer Vereinbarung belehrt werden können.[148] Die Gültigkeit der Scheidungsfolgenvereinbarung und des Ehevertrags wird besser gewährleistet. Die Bestimmungen in der Scheidungsvereinbarung und im Ehevertrag werden unter Mitwirkung des

---

145 Siehe oben Kap. 2. C. 2.

146 Siehe *Zhu*, Rechtsvergleich der Inhaltskontrolle von AGB in Deutschland und Formularklauseln in China.

147 Siehe oben Kap. 3. E. 2.

148 MünchKomm/*Münch*, § 1410, Rn. 1.

rechtskundigen Notars klar geregelt. So bereitet die Auslegung der Inhalte der Vereinbarung grundsätzlich keine Schwierigkeit.

Demgegenüber kann die chinesische Regelung zum Formerfordernis der Scheidungs- und der Vermögensauseinandersetzungsvereinbarung den Ehegatten eine solche Schutz- und Beratungsfunktion nicht bieten. Mangels notarieller Beratung sind in der von den Ehegatten geschlossenen Vereinbarung unklare Inhalte häufig vorhanden. In der Rechtspraxis streiten die Ehegatten deswegen über die Inhalte der Vereinbarung.[149] Beispielsweise vereinbaren die Ehegatten häufig, dass bei der Ehescheidung ein Ehegatte eine Geldforderung als Ausgleich gegenüber dem anderen Ehegatten hat. Allerdings wird der Zweck des Ausgleichs in der Vereinbarung nicht klargestellt. So ist es schwierig für das Volksgericht, die Rechtsnatur des Ausgleichs festzustellen.[150] Für die Vermögensauseinandersetzungsvereinbarung sieht das ZGB kein Formbedürfnis vor, sodass es in der Literatur umstritten ist, ob bei der Vermögensauseinandersetzungsvereinbarung die Schriftform erfüllt werden muss. Der chinesische Gesetzgeber trägt meines Erachtens der Komplexität und der Wichtigkeit dieser Vereinbarung nicht genügend Rechnung.

In China dient der vom Volksgericht entwickelte Lösungsweg, dass die Scheidung auf einvernehmliche Weise als Voraussetzung für die Wirksamkeit der Vereinbarung über die Vermögensauseinandersetzung angesehen wird, dem Schutz der Interessen der Ehegatten. Der Umstand, dass sich die Ehegatten nicht einverständlich scheiden lassen, zeigt, dass es noch große Uneinigkeiten über die Ehescheidung sowie Scheidungsfolgen gibt. Die vorher getroffene Vereinbarung kann höchstwahrscheinlich den echten Willen eines oder beider Ehegatten nicht oder nicht mehr darstellen.[151] So ist es sachgerecht, dass erst nach der einverständlichen Ehescheidung die Vereinbarung über die Vermögensausauseinandersetzung wirksam werden soll. Im Ergebnis ermöglicht dies den Ehegatten, die Vereinbarung über die Vermögensauseinandersetzung vor der endlichen Ehescheidung zu bereuen und zu beseitigen. Diese Vorgehensweise ist jedoch nicht unbedenklich. Nach dem Prinzip der Privatautonomie soll die aufschiebende Bedingung nur von den Vertragsparteien vereinbart werden und nicht vom Volksgericht angenommen werden. Außerdem sind Verträge nach dem Prinzip der Vertragstreue

149 Vgl. *Cheng*, Jinan Journal 2015, 49 (51).
150 Siehe Kap. 3. E. II. 3.
151 *Xi (Hrsg.)*, Das Verstehen und die Anwendung der EEheG III, S. 210.

einzuhalten. Es ist daher sachgemäß, die Ehegatten stattdessen durch das Formerfordernis vor einem übereilten Vertragsschluss zu schützen.

Außer der Einschränkung des Vertragsabschlusses ist in Deutschland noch ein Rechtsinstitut, das sich auf den Vertragsinhalt bezieht, hilfreich, den Interessensschutz der Ehegatten bei der vertraglichen Gestaltung der Vermögensauseinandersetzung zu wahren, nämlich das Rechtsinstitut der richterlichen Inhaltskontrolle der Eheverträge und Scheidungsfolgenvereinbarungen. Durch die richterliche Wirksamkeitskontrolle und Ausübungskontrolle wird ein Ehegatte vor einer evident einseitigen Lastenverteilung, die entweder bereits beim Vertragsschluss oder erst im Zeitpunkt der Ehescheidung aufkommt, geschützt.

Im Vergleich dazu besteht in China eine Inhaltskontrolle betreffend die Vermögensauseinandersetzung nicht. Dies könnte auf die im Folgenden dargestellten Gründe zurückzuführen sein. Erstens, in China werden die Scheidungsvereinbarung und die Vermögensauseinandersetzungsvereinbarung für einen konkreten Scheidungsfall grundsätzlich kurz vor einer Ehescheidung von den Ehegatten geschlossen.[152] Eine lange Zeitspanne vom Vertragsschluss bis zur Scheidung gibt es normalerweise nicht; daher erkennt das Volksgericht kein Bedürfnis, das Rechtsinstitut der Ausübungskontrolle dieser Vereinbarung zu entwickeln. Selbst wenn die Ehegatten lange vor der Scheidung eine Vereinbarung über die Vermögensauseinandersetzung getroffen haben, haben sie die Möglichkeit, sich nicht auf einverständliche Weise scheiden zu lassen. So wird die Vereinbarung nicht wirksam. Zweitens vereinbaren die Ehegatten in China in einer Scheidungs- oder Vermögensauseinandersetzungsvereinbarung grundsätzlich nur die Verteilung des gemeinsamen Vermögens und der gemeinsamen Verbindlichkeiten.[153] Vor dem Hintergrund der Vertragsfreiheit zur Bestimmung des Güterstands könnte das Volksgericht schwerlich behaupten, dass eine inhaltliche Kontrolle über diese Vereinbarung berechtigt wäre. Eine Abmachung über den nachehelichen Unterhalt (§ 1090 ZGB bzw. § 42 EheG) wird in einer Scheidungs- oder Vermögensauseinandersetzungsvereinbarung von den Ehegatten selten getroffen. Jedoch ist das Rechtsinstitut des nachehelichen Unterhalts in China unentwickelt. Die nacheheliche Versorgungslage wird im Rahmen der Verteilung des gemeinsamen Vermögens berücksichtigt.[154] Daher könnten die Interessen eines Ehegatten durch eine unfaire

152 *Xi (Hrsg.)*, Das Verstehen und die Anwendung der EEheG III, S. 210.
153 *Xi (Hrsg.)*, Das Verstehen und die Anwendung der EEheG III, S. 210.
154 Siehe Kap. 3. D. IV. 1. b).

Vereinbarung über die Vermögensauseinandersetzung schwer beeinträchtigt werden. Es besteht daher die Notwendigkeit, dass das chinesische Volksgericht im Einzelfall durch das Rechtsinstitut der Inhaltskontrolle die Interessen des Ehegatten zu schützt.

Kapitel 5: Schlussbetrachtung

> *„In a globalized (or at least globalizing) world, it is not only goods and services that cross borders: international mobility of individuals and families has not only resulted in a continuously increasing number of transnational family law disputes, it also necessitates understanding and, at least to a certain extent, accommodation of unfamiliar family forms and family relations......Furthermore, many (and in particular, Western) societies are facing fundamentally similar questions and dilemmas in defining and regulating the modern family. "*[1]

Meine Arbeit beschäftigte sich rechtsvergleichend mit der scheidungsbedingten Vermögensauseinandersetzung in Deutschland und in China. Hierbei wurde der Schwerpunkt auf die Abwicklung des gesetzlichen Güterstandes in beiden Rechtssystemen, also die Zugewinngemeinschaft und die Errungenschaftsgemeinschaft, gelegt. Die Frage, ob und inwieweit die gleichberechtigten Interessen der Ehegatten bei der Abwicklung der Zugewinngemeinschaft und der Errungenschaftsgemeinschaft berücksichtigt werden, wurde beantwortet. Die chinesische Rechtslage beruht auf dem am 1.1.2021 in Kraft getretenen ZGB.

Im ersten Kapitel wurde festgestellt, dass sowohl die Zugewinngemeinschaft in Deutschland als auch die Errungenschaftsgemeinschaft in China auf dem Grundgedanken der Gleichberechtigung von Mann und Frau basieren. Dies ermöglicht eine funktionelle Rechtsvergleichung der Abwicklung der Zugewinngemeinschaft und der Errungenschaftsgemeinschaft bzw. eine

---

1 *Scherpe Jens M.*, Comparative Family Law, in: *Reimann Mathias/Reinhard Zimmermann (Eds.)*, The Oxford Handbook of Comparative Law, Oxford University Press, 2019, S. 1089. Die Übersetzung lautet, „In einer globalisierten (oder zumindest globalisierenden) Welt überschreiten nicht nur Güter und Dienstleistungen die Grenzen: Internationale Mobilität von Einzelpersonen und Familien hat nicht nur zu einer stetig steigenden Zahl transnationaler familienrechtlicher Streitigkeiten geführt, sie erfordert auch Verständnis und, zumindest teilweise, Anpassung an ungewohnte Familienformen und Familienbeziehungen ...... Darüber hinaus stehen viele (insbesondere westliche) Gesellschaften bei der Definition und Regulierung der modernen Familie vor grundsätzlich ähnlichen Fragen und Dilemmata."

Analyse darüber, ob und inwieweit die gleichberechtigten Interessen beider Ehegatten bei Scheidung in beiden Rechtssystemen verwirklicht werden. Vor diesem Hintergrund war eine funktionelle Mikrovergleichung hinsichtlich der konkreten Regelungen der Zugewinngemeinschaft und der Errungenschaftsgemeinschaft durchzuführen.

Die Erläuterungen der Abwicklung der Zugewinngemeinschaft in Deutschland im zweiten Kapitel zeigten, dass die Gleichberechtigung von Mann und Frau sowie die Gleichstellung von Erwerbstätigkeit und Hausarbeit bedeuten, dass beide Ehegatten bei Scheidung in der Regel eine gleiche Teilhabe am gemeinschaftlich erwirtschafteten Vermögenszuwachs haben. Die gesetzlichen Abwicklungsregelungen der Zugewinngemeinschaft fokussieren sich auf zwei wichtige Themenbereiche, nämlich die Ermittlung des gemeinschaftlich erwirtschafteten Vermögenszuwachses und die Teilung des gemeinschaftlich erwirtschafteten Vermögenszuwachses zwischen den Ehegatten. Eine vertragliche Vereinbarung über die Abwicklung der Zugewinngemeinschaft ist jedoch nicht ausgeschlossen. Das Formerfordernis für die Zugewinnausgleichsvereinbarung und das Rechtsinstitut der Inhaltskontrolle der Vereinbarung schützen die Ehegatten vor einem übereilten Vertragsschluss und vor einen Ehegatten benachteiligenden Vertragsinhalten.

Durch das Stichtagsprinzip wird garantiert, dass nur das während der Ehe bzw. während der Zugewinngemeinschaft von den Ehegatten erworbene Vermögen zugewinnausgleichspflichtig ist. Die Regelung des privilegierten Erwerbs des § 1372 Abs. 2 BGB ermöglicht, dass bestimmte während der Ehe eintretende Vermögenserwerbe, die in keinem Zusammenhang mit der Lebensgemeinschaft stehen, in das Anfangsvermögen einbezogen werden, sodass diese eheneutralen Vermögenserwerbe aus dem gemeinschaftlich erwirtschafteten Vermögenszuwachs ausgeschlossen sind. Jedoch geht der BGH von einem Verbot der analogen Anwendung des § 1372 Abs. 2 BGB aus, sodass die darin nicht eingeschlossenen eheneutralen Erwerbe (z.B. Schmerzensgeld, Lottogewinne, Abfindungen für Witwenrenten und echte Wertsteigerungen) aus dem Zugewinn nicht herausgenommen werden. Dies stößt auf Kritik. Die Regelung der illoyalen Vermögensminderung des § 1375 BGB stellt sicher, dass das von den Ehegatten unentgeltlich zugewandte Vermögen trotz seines Nichtvorhandenseins am Endstichtag in das Endvermögen einzubeziehen ist, sodass der gemeinschaftlich erwirtschaftete Vermögenszuwachs durch die illoyale Handlung der Ehegatten nicht beeinträchtigt wird.

Im Mittelpunkt der Teilung des gemeinschaftlichen Vermögenszuwachses steht das Halbteilungsprinzip; so wird der Mehrgewinn, den ein Ehegatte mehr als der andere Ehegatte erworben hat, in der Regel nach § 1378 Abs. 1 BGB hälftig zwischen beiden Ehegatten geteilt. Die Regelung der Anrechnung von Vorausempfängen des § 1380 BGB garantiert die Halbteilung des gemeinschaftlichen Vermögenszuwachses, indem die Zuwendung, die ein Ehegatte dem anderen Ehegatten während der Ehe mit der Bestimmung gemacht hat, dass die Zuwendung auf die Ausgleichsforderung angerechnet werden soll, auf die Ausgleichsforderung anzurechnen ist. Die Regelung der Kappungsgrenze des § 1378 Abs. 2 BGB und der Härteklausel des § 1381 BGB führen jedoch ausnahmsweise zu einer Abweichung von der Halbteilung. Die Kappungsgrenze des Ausgleichsanspruchs ermöglicht dem ausgleichspflichtigen Ehegatten einen schuldenfreien Start in die Zukunft; die Verweigerung oder Herabsetzung der Ausgleichsforderung im Fall der groben Unbilligkeiten bietet dem ausgleichspflichtigen Ehegatten eine Korrekturmöglichkeit.

Die Ausführungen zum chinesischen Vermögensauseinandersetzungsrecht im dritten Kapitel ergaben, dass die Abwicklungsregelungen der Errungenschaftsgemeinschaft im Familienbuch des ZGB auf denen des EheG 1980 basieren. Die Errungenschaftsgemeinschaft bleibt der gesetzliche Güterstand; die Ehegatten können durch einen Ehevertrag über ihre Vermögensverhältnisse frei vereinbaren. Die gesetzlichen Regelungen sind jedoch üblicherweise nicht detailliert genug, sodass sowohl Uneinigkeiten über die Auslegung der vorhandenen Regelungen als auch Regelungslücken bestehen. Diese Herausforderung versucht das Oberste Volksgericht durch seine gerichtliche Auslegung zu bewältigen.

Auch die Errungenschaftsgemeinschaft in China folgt der Gleichberechtigung von Mann und Frau sowie der Gleichstellung von Erwerbstätigkeit und Hausarbeit. Bei ihrer Abwicklung sind der gemeinschaftlich erwirtschaftete Vermögenszuwachs und die gemeinsamen Verbindlichkeiten zwischen den Ehegatten zu verteilen. Die Abwicklungsregelungen der Errungenschaftsgemeinschaft drehen sich um zwei Problemkreise: die Ermittlung des gemeinsamen Vermögens und der gemeinsamen Verbindlichkeiten sowie ihre Teilung. Die Verteilung der gemeinsamen Verbindlichkeiten ist ein von der Verteilung des gemeinsamen Vermögens unabhängiger Teil. Die Ehegatten haben die Möglichkeit, die Vermögensauseinandersetzung vertraglich nach eigenen Bedürfnissen zu gestalten. Die Wirksamkeit der Vermögensauseinandersetzungsvereinbarung setzt jedoch die Scheidung auf einverständliche Weise voraus. So können die Ehegatten vor der Ehescheidung die Vereinbarung immer bereuen und beseitigen. Dieser Lösungsweg ist kritisch zu sehen.

Hinsichtlich der Ermittlung des gemeinsamen Vermögens sind zwei Vorschriften (§§ 1062 Abs. 2 und 1063 Abs. 1 ZGB) entscheidend. Zum gemeinsamen Vermögen gehört das von den Ehegatten während der Ehe erworbene Arbeitseinkommen. Die Altersversorgung wird als Arbeitseinkommen betrachtet. Jedoch ist die Altersversorgungsanwartschaft nicht in das gemeinsame Vermögen einzubeziehen. Dies ist kritisch zu sehen. Auch das während der Ehe von einem Ehegatten unentgeltlich erworbene Vermögen ist dem gemeinsamen Vermögen zuzurechnen, solange keine ausdrückliche Willenserklärung vorliegt, dass das Vermögen nur einem Ehegatten zufließen soll. Dies wird kritisiert, da das unentgeltlich erworbene Vermögen ohne Zutun der Ehegatten erworben wird. Darüber hinaus ist das Surrogationsprinzip in Rechtsprechung und Literatur anerkannt, so dass der Vermögensgegenstand, der während der Ehe auf Kosten des gemeinsamen Vermögens entgeltlich erworben wird, zum gemeinsamen Vermögen gehört. Im Fall, dass die Ehegatten die Herkunft des für einen Vermögensgegenstand ausgegebenen Geldes nicht beweisen können, gilt die Vermutungsregelung, wonach der Vermögensgegenstand dem gemeinsamen Vermögen zuzurechnen ist. Zum Eigenvermögen gehören sowohl das voreheliche Vermögen als auch das während der Ehe privilegiert erworbene Vermögen (der Schadensersatz, den ein Ehegatte wegen körperlicher Verletzungen erlangt; das geschenkte Vermögen und Erbe, wenn es im Schenkungsvertrag oder Testament ausdrücklich festgelegt wird, dass nur ein Ehegatte das Geschenk oder Erbe bekommen soll; die persönlichen alltäglichen Gebrauchsgegenstände; die Früchte; die natürlichen Wertsteigerungen des Eigenvermögens).

Die gemeinsamen Verbindlichkeiten sind gemäß § 1064 ZGB zu ermitteln. Für die gemeinsamen Verbindlichkeiten haften beide Ehegatten als Gesamtschuldner. Die Verbindlichkeiten, die aus von beiden Ehegatten eingegangenen Rechtsgeschäften, aus zur Deckung des angemessenen Lebensbedarfs von den Ehegatten eingegangenen Rechtsgeschäften sowie aus dem Zusammenleben und dem gemeinsamen Betrieb beider Ehegatten resultieren, sind die gemeinsamen Verbindlichkeiten beider Ehegatten. Diese neue Regelung ist kritisch zu betrachten. Die Rechtsfolge, dass der nicht handelnde Ehegatte als Gesamtschuldner mit seinem Eigenvermögen für die ohne sein Einverständnis eingegangenen Verbindlichkeiten haften soll, ist nicht nachvollziehbar.

Bei der Verteilung des gemeinsamen Vermögens und der gemeinsamen Verbindlichkeiten hat das Volksgericht nicht nur die Beteiligungsquote eines Ehegatten, sondern auch die Verteilungsweise zu ermitteln. Für die Beteiligungsquote gilt das Halbteilungsprinzip als Ausgangspunkt. Allerdings sehen die gesetzlichen Abwicklungsregelungen auch einige andere Prinzipien vor, wonach eine Abweichung von der Halbteilung vom Volksgericht angeordnet werden kann. Die Interessen des Kindes und der Frau sowie des unschuldigen Ehegatten werden bei der Vermögensauseinandersetzung vom Volksgericht berücksichtigt. Auch illoyale Handlungen eines Ehegatten, die das gemeinsame Vermögen beschädigen, können dazu führen, dass diesem Ehegatten weniger als die Hälfte des gemeinsamen Vermögens zusteht. Diesen abstrakten Prinzipien fehlt es an Konkretisierung in der Literatur. Es bleibt unklar, inwiefern die Interessen des Kindes und der Frau sowie des unschuldigen Ehegatten berücksichtigt werden sollen. Auch in der Rechtsprechung scheitert das Volksgericht, seine Entscheidung über die Beteiligungsquote des Ehegatten überzeugend zu begründen.

Die rechtsvergleichenden Betrachtungen im vierten Kapitel verdeutlichten, dass hinsichtlich der scheidungsbedingten Vermögensauseinandersetzung in Deutschland und in China sowohl Gemeinsamkeiten als auch Unterschiede bestehen. Zu den Gemeinsamkeiten gehören folgende Punkte:

1. In beiden Rechtssystemen orientiert sich der Gesetzgeber am Grundgedanken der Gleichberechtigung von Mann und Frau sowie der Gleichheit von Erwerbstätigkeit und Haushaltsarbeit.
2. Das voreheliche Vermögen ist nicht ausgleichspflichtig.
3. Das Gesetz sieht Regelungen des privilegierten Erwerbs vor.
4. Das unter Mitwirkung der Ehegatten erworbene Vermögen ist bei Scheidung zwischen den Ehegatten grundsätzlich zu verteilen.
5. Die Verbindlichkeiten, die sich aus von beiden Ehegatten eingegangenen Rechtsgeschäften oder Geschäften zur Deckung des angemessenen Lebensbedarfs der Familien ergeben, sind gemeinsame Verbindlichkeiten beider Ehegatten. Sie wirken sich auf die Vermögensauseinandersetzung aus.
6. Ausgangspunkt der Verteilung des gemeinschaftlich erwirtschafteten Vermögenszuwachses ist das Halbteilungsprinzip.
7. In beiden Rechtssystemen können die Ehegatten eine Vereinbarung über die scheidungsbedingte Vermögensauseinandersetzung treffen.

Wesentliche Unterschiede bestehe in folgenden Punkten:

1. In Deutschland ist die echte Wertveränderung des vorehelichen Vermögens ausgleichsrelevant, während in China die Wertminderung und die natürliche Wertsteigerung des vorehelichen Vermögens für die Vermögensauseinandersetzung irrelevant sind. Dieser Unterschied resultiert daraus, dass in China das voreheliche Vermögen zu einer von der Vermögensauseinandersetzung irrelevanten Vermögensmasse, nämlich dem Eigenvermögen, gehört.

2. Der privilegierte Erwerb wird bei der Zugewinngemeinschaft und der Errungenschaftsgemeinschaft sehr unterschiedlich vorgeschrieben. Dies liegt daran, dass die Regelungen der privilegierten Erwerbe in beiden Rechtssystemen die Grundidee, dass nur das auf den Leistungen der Ehegatten beruhende Vermögen zwischen den Ehegatten zu verteilen sein soll, nicht gänzlich verfolgen. Hinter dem Gedanken des privilegierten Erwerbes stehen in beiden Rechtssystemen unterschiedliche Ideen.
3. Die Vorgehensweisen der Vermögensauseinandersetzung weichen wesentlich voneinander ab. Bei der Abwicklung der Zugewinngemeinschaft hat ein Ehegatte eine Geldforderung, während bei der Abwicklung der Errungenschaftsgemeinschaft die im gemeinsamen Vermögen stehenden Vermögensgegenstände zwischen den Ehegatten zu verteilen sind. Das ist darauf zurückzuführen, dass die Zugewinngemeinschaft die dingliche Zugehörigkeit des Vermögens nicht beeinflusst, während durch die Regelungen der Errungenschaftsgemeinschaft gemeinsames Vermögen gebildet wird.
4. Das Halbteilungsprinzip ist bei der Ermittlung der Ausgleichsforderung im BGB das einzige Prinzip. Neben dem Halbteilungsprinzip sieht das ZGB dagegen weitere Prinzipien vor. Die Versorgungslage der Frau wird bei der Vermögensauseinandersetzung berücksichtigt, weil der nacheheliche Unterhaltsanspruch in China nur bei Existenzschwierigkeiten eines Ehegatten vorkommt und die Interessen der Frau dadurch nicht ausreichend geschützt werden können.
5. Um die Ehegatten vor offensichtlich benachteiligenden Vermögensauseinandersetzungsvereinbarungen zu schützen, haben beide Rechtssysteme unterschiedliche Vorgehensweisen entwickelt. In Deutschland schützen das Formerfordernis und die Inhaltskontrolle die Ehegatten vor einem übereilten Vertragsschluss und vor einen Ehegatten offensichtlich benachteiligenden Vertragsinhalten. In China ist die Wirksamkeit der Vereinbarung von der Scheidungsform abhängig. Der chinesische Weg ist kritisch zu sehen, er resultiert aus Ungeschicklichkeiten des Gesetzgebers und des Volksgerichts.

Zum Schluss sei noch gesagt: „Weder der Güterstand der Errungenschaft noch seine güterechtlichen Pendants, die die Vermögensteilhabe vollständig auf die Zeit nach Beendigung des Güterstandes verlegen, können für jede Konstellation eine unkomplizierte Auseinandersetzung garantieren.“[2] Jedoch

2 *Mecke*, Zwölf Thesen zu einem künftigen Güterrecht in Deutschland, in: *Brudermüller/Dauner-Lieb/Meder (Hrsg.),* Wer hat Angst vor der Errungenschaftsgemeinschaft? S. 118.

ergeben die rechtsvergleichenden Betrachtungen der Zugewinngemeinschaft in Deutschland und der Errungenschaftsgemeinschaft in China, dass sich die Abwicklung der Zugewinngemeinschaft des BGB auf vielen Ebenen klarer, unkomplizierter und rechtssicherer gestaltet. Der Umfang des privilegierten Erwerbs in § 1374 Abs. 2 BGB sollte allerdings ausgedehnt werden. So könnte der immer wieder auftretende Streit, ob die Unbilligkeit, die aus der Hinzurechnung des vom Zusammenarbeiten der Ehegatten unabhängigen Vermögens (Schmerzensgeld, Lottogewinne usw.) zum Zugewinn resultiert, über § 1381 BGB korrigiert werden kann, aufgelöst werden. Zur Vervollkommnung der Errungenschaftsgemeinschaft haben der Gesetzgeber des ZGB und die Rechtsprechung zahlreiche Aufgaben zu bewältigen. Insbesondere sollten das Surrogationsprinzip und das Vermutungsprinzip zugunsten des gemeinsamen Vermögens im ZGB ausdrücklich vorgeschrieben werden. Zudem sollte in der Rechtsprechung die während der Ehe von den Ehegatten erworbene Altersversorgungsanwartschaft als gemeinsames Vermögen betrachtet und bei Scheidung zwischen den Ehegatten verteilt werden. Darüber hinaus sollte die Rechtsprechung das Maß der Berücksichtigung der Interessen des Kindes und der Frau klären. In der Regel sollte dieses nach den ehelichen Lebensverhältnissen bestimmt werden. Die Rechtsprechung sollte sich bei der Entscheidung vermehrt mit der Problematik, welche Einzelheiten zur Abweichung von der Halbteilung geführt haben, befassen. Schließlich sollte der Gesetzgeber des ZGB die notarielle Beurkundung als Formerfordernis für die Vermögensauseinandersetzungsvereinbarung vorschreiben; die Rechtsprechung sollte sich mit der Entwicklung der Inhaltskontrolle über die Vermögensauseinandersetzungsvereinbarung besonders für den Fall, in dem sich die Frau in einer wirtschaftlichen schwächeren Position befindet und nach der Scheidung ihre Bedürfnisse nicht eigenverantwortlich befriedigen kann, befassen. Alle diesen Maßnahmen können zur Rechtsicherheit der Vermögensauseinandersetzung bei Scheidung in China beitragen.

Literaturverzeichnis

A. Literatur in deutscher Sprache

Battes Robert, Echte Wertsteigerungen im Zugewinnausgleich, FamRZ 2007, 313

Battes Robert, Echte Wertsteigerungen im Anfangsvermögen – immer Zugewinn? FamRZ 2009, 261

Bergschneider Ludwig, Anmerkung zur Entscheidung BGH XII ZB 303/13, FamRZ 2014, 727

Bergschneider Ludwig (Hrsg.), Familienvermögensrecht, Bielefeld, 3 Aufl., 2016 (Zitiert: *Bearbeiter,* in: *Bergschneider,* Familienvermögensrecht)

Bergschneider Ludwig, Verträge in Familiensachen, Bielefeld, 6 Aufl., 2018 (Zitiert: *Bergschneider,* Verträge in Familiensachen)

Bindung Jörg/Pißler Knut Benjamin/Xu Lan (Hrsg.), Chinesisches Zivil- und Wirtschaftsrecht, Frankfurt am Main, 2015 (Zitiert: *Bearbeiter,* Chinesisches Zivil- und Wirtschaftsrechts)

Bosch Friedrich Wilhelm (Hrsg.), Neure Entwicklungen im Familienrecht, Berlin, 1990

Bosch Friedrich Wilhelm, Zur Neuordnung des ehelichen Güterrechts, FamRZ 1954, 149

Braeuer Max, Anmerkung zur Entscheidung BGH XII ZB 303/13, NZFam 2014, 450

Brudermüller Gerd/Dauner-Lieb Barbara/Meder Stephan (Hrsg.), Wer hat Angst vor der Errungenschaftsgemeinschaft? Göttingen, 2013 (Zitiert: Verfasser, in: *Brudermüller/Dauner-Lieb/Meder (Hrsg.),* Wer hat Angst vor der Errungenschaftsgemeinschaft?)

Bu Yuanshi (Hrsg.), Der Besondere Teil der chinesischen Zivilrechtskodifikation, Tübingen, 2019 (Zitiert: Verfasser, in: *Bu,* Der Besondere Teil der chinesischen Zivilrechtskodifikation)

Bünger Karl, China: Das Ehegesetz der Volksrepublik von 1950, ZAIP 1951, 112

Dölle Hans, Errungenschaftsgemeinschaft – gesetzlicher Gütertand? JZ 1953, 617

Eberl-Borges Christina, Einführung in das chinesische Recht, Baden-Baden, 2018 (Zitiert: *Eberl-Borges,* Einführung in das chinesische Recht)

Eberl/Su/Wang, Privateigentum in China: Zur Reform des chinesischen Ehegüterrechts, ZVglRWiss 2007, 158

Göppinger Horst/Ingeborg Rakete-Dombek (Hrsg.), Vereinbarungen anlässlich der Ehescheidung, München, 11 Aufl., 2018 (Zitiert, *Bearbeiter*, in: *Göppinger/Rakete-Dombek*, Vereinbarungen anlässlich der Ehescheidung)

Götz Isabell/Schwenzer Ingeborg/Seelmann Kurt/Taupitz Jochen (Hrsg.), Familie – Recht – Ethik: Festschrift für Gerd Brudermüller zum 65. Geburtstag, München, 2014 (Zitiert: *Verfasser*, in: Festschrift für Gerd Brudermüller)

Gernhuber Joachim/Coester-Waltjen Dagmar, Familienrecht, München, 7 Aufl., 2020

Herr Thomas, Das Schmerzensgeld im Zugewinnausgleich, NJW 2008, 262

Herr Thomas, Die Lottoentscheidung des BGH, NZFam 2014, 1

Heuser Robert, Chinas Weg in eine neue Rechtsordnung- Strukturen und Perspektiven (1978–1988), JZ 1988, 893

Hoppenz, Reformbedarf und Reformbestrebungen im Zugewinnausgleich, FamRZ 2008, 1889

Johannsen Kurt/Henrich Diete/Althammer Christoph, Familienrecht, München, 7 Aufl., 2020 (Zitiert: *Bearbeiter*, in: *JHA* Familienrecht)

Kischel Uwe, Rechtsvergleichung, München, 2015 (Zitiert: *Kischel*, Rechtsvergleichung)

Knoop Martina, Korrektur unbilliger Ergebnisse beim Zugewinnausgleich, NZFam 2016, 54

Kogel Walter, Die „retrospektive Betrachtung" im Anfangsvermögen – eine neues „Wunsch-dir-was" im Zugewinn? FamRZ 2018, 1722

Langenfeld Gerrit/Milzer Lutz, Handbuch Eheverträge und Scheidungsvereinbarungen, München, 8 Aufl., 2019 (Zitiert: *Langenfeld/Milzer*, Handbuch Eheverträge und Scheidungsvereinbarungen)

Li Na, Die Vervollkommnung des chinesischen ehelichen Güterrechts- mit rechtsvergleichender Analyse, Berlin, 2013 (Zitiert: *Li,* Die Vervollkommnung des chinesischen ehelichen Güterrechts)

Liang Huixing, Das chinesische Zivilrecht: Sein gegenwärtiger Zustand und der Erlaß eines Zivilgesetzbuchs, AcP 1994, 479

Maier Florian, Vertragliche Modifikationen der Zugewinngemeinschaft, Hamburg, 2013 (Zitiert: *Maier*, Vertragliche Modifikationen der Zugewinngemeinschaft)

Mi Jian, Die traditionelle chinesische Kultur und das gegenwärtige Rechtssystem Chinas, Studies in Soviet Thought 1989, 38 (1), 55

Motive zu dem Entwurfe Bürgerlichen Gesetzbuches für das Deutsche Reich, Band IV, Familienrecht, Berlin, 2 Aufl., 1896 (Zitiert: Motive, Band IV)

Münchener Kommentar zum BGB, Band 9, München, 8 Aufl., 2019. (Zitiert: MünchKomm/*Bearbeiter*)

Muscheler, Wertänderungen des privilegierten Erwerbs in der Zugewinngemeinschaft, FamRZ 1998, 265

Palandt Kommentar zum BGB, München, 80. Aufl., 2021. (Zitiert: Palandt/*Bearbeiter*)

Pfeil Sigrun, Angriff auf den Ehevertrag im Ehescheidungsverfahren – Risiken und Nebenwirkungen, NZFam 2020, 660

Pißler Knut Benjamin (Hrsg.), Handbuch des chinesischen Zivilprozessrechts, Tübingen, 2018 (Zitiert: *Pißler/Bearbeiter*, Handbuch des chinesischen Zivilprozessrechts).

Reetz Wolfgang, BGH: Inhaltskontrolle (§ 138 Abs. 1 BGB) und Gesamtbetrachtung – Gesamtnichtigkeit – Unternehmerehe, DNotZ 2017, 809

Scheerer Ann-Kathrin, Feminism und Socialism in China by Elisabeth Croll, VRÜ 1980, 429

Schultz Michael, Zivilgerichtliche Vertragskontrolle im Eherecht, Göttingen, 2008 (Zitiert: *Schultz*, Zivilgerichtliche Vertragskontrolle im Eherecht)

Schwab Dieter (Hrsg.), Handbuch des Scheidungsrechts, München, 7 Aufl., 2013 (Zitiert: *Bearbeiter*, in: *Schwab*, Handbuch des Scheidungsrechts).

Schwab Dieter/Ernst Rüdiger (Hrsg.), Handbuch des Scheidungsrechts, München, 8 Aufl., 2019 (Zitiert: *Bearbeiter*, in: *Schwab/Ernst*, Handbuch des Scheidungsrechts)

Schwab Dieter/Hahne Meo-Micaela (Hrsg.), Familienrecht im Brennpunkt, Bielefeld, 2004 (Zitiert: *Schwab/Hahne (Hrsg.)*, Familienrecht im Brennpunkt).

Shao, Jiandong, Die Rezeption des deutschen Zivilrechts im alten China, JZ 1999, 80

Slizyk Andreas, Schmerzensgeld, München, 17 Aufl., 2021

Soergel Kommentar zum BGB, Stuttgat, 2013 (Zitiert: Soergel/*Bearbeiter*)

Spegele, Nach der Reform des gesetzlichen Güterrechts durch das Gesetz zur Änderung des Zugewinnausgleichs- und Vormundschaftsrechts: Besteht Bedarf für eine erneute Reform? Frankfurt am Main, 2011 (Zitiert: *Spegele*, Nach der Reform des gesetzlichen Güterrechts)

Staudinger Kommentar zum BGB, Berlin, Neubearbeitung 2017 ff. (Zitiert: Staudinger/*Bearbeiter*)

Stierstorfer Sabine, Das erste einheitliche deutsche Güterrecht – Der Entwurf der Verwaltungsgemeinschaft für das BGB 1900 und seine Diskussion in der

Rechtswissenschaft, Berlin, 2010 (Zitiert: *Stierstorfer*, Das erste einheitliche deutsche Güterrecht)

Sun XianZhong, Die Kodifikation eines Zivilgesetzbuches in China: Einige Probleme mit Blick auf die Systematisierung und Verwissenschaftlichung der Gesetzgebung, ZChinR 2017, 86

Urbach Stefan, Unzulänglichkeiten der Zugewinngemeinschaft-Reformvorschlag für den gesetzlichen Ehegüterstand der Bundesrepublik Deutschland anhand fremder Rechtssysteme, Frankfurt am Main, 1990 (Zitiert: *Urbach*, Unzulänglichkeiten der Zugewinngemeinschaft)

Walter Bayer/Elisabeth Koch (Hrsg.), Scheidungsvereinbarungen, Baden-Baden, 2016 (Zitiert: *Verfasser*, in: *Bayer/Koch*, Scheidungsvereinbarungen)

Wei Jia, Die Scheidung und ihre Folgen in China im Vergleich mit dem deutschen Recht, Hamburg, 2009 (Zitiert: *Wei*, Die Scheidung und ihre Folgen in China).

Wellenhofer Marina, Familienrecht, München, 6. Aufl., 2021 (Zitiert: *Wellenhofer*, Familienrecht).

Wellenhofer Marina, Die Inhaltskontrolle von Eheverträgen und die gestörte Vertragsparität, NZFam 2020, 645

Wever Reinhardt, Vermögensauseinandersetzung der Ehegatten außerhalb des Güterrechts, Bielefeld, 7 Aufl., 2018 (Zitiert: *Wever*, Vermögensauseinandersetzung der Ehegatten)

Zhu Yan, Rechtsvergleich der Inhaltskontrolle von AGB in Deutschland und Formularklauseln in China, Frankfurt am Main, 2004 (Zitiert: *Zhu*, Rechtsvergleich der Inhaltskontrolle von AGB in Deutschland und Formularklauseln in China)

Zweigert Konrad/Kötz Hein, Einführung in die Rechtsvergleichung auf die Gebiete des Privatrechts, Tübingen, 3 Aufl., 1996 (Zitiert: *Zweigert/Kötz*, Einführung in die Rechtsvergleichung)

B. Literatur in chinesischer Sprache

Cai Peng, Einige Fragen über die Kontrollpflicht des Standesamts bei der Scheidungseintragung（《离婚登记行为司法审查应注意的几个问题》）, The People's Judicature 2013, 91

Cai Shuyan, An Inverstigation of Women and Housework- Commenting on the inadequacies of Article 40 Marriage Law in addition （《女性与家务劳动研究初探——兼评<婚姻法>第40条的立法不足》）, Journal of China Women's College 2003, 10.[1]

Chang Hong, Widerruflichkeit der Schenkungsklausel in der Scheidungsvereinbarung （《自愿离婚协议中赠与条款能够撤销》）, Nomocrary Forum 2014, 289

Chen Boli/Wang Zhemin, Ethical Thinking on the Division of Mortgage House in Divorce（《按揭房屋离婚分割制度的伦理思考——兼议婚姻法司法解释三征求意见稿第11条》）, Journal of Graduate School of Chinese Academy of Social Sciences 2011, 81

Chen Linqing, Die Beziehung zwischen § 22 EEheG II und § 7 EEheG III（《论婚姻法司法解释（二）第22条与解释（三）第7条之关系》）, Journal of Hubei University of Police 2013, 91

Chen Min/Yang Huiling, Rechtsfragen über die Klausel in der Scheidungsvereinbarung, die die Zuordnung des Gebäudes betrifft（《离婚协议中房产归属条款相关法律问题探析》）, Journal of Law Application 2014, 81

Chen Wei (Hrsg.), Familien- und Erbrecht（《家庭法和继承法》）, Beijing, 2018, 3 Aufl., (Zitiert: *Chen (Hrsg.),* Familien- und Erbrecht)

Chen Wei, Vorschläge für Vervollkommnung des Güterstands（《完善我国夫妻财产制的立法构想》）, China Legal Science 2000, 86

Chen Wei/Yu Bingyang, Der Ausgleichsanspruchsinstitution: Verbessern oder Abschaffen（《论我国离婚经济补偿制度的命运：完善抑或废除》）, Law Science 2011, 99

Chen Xinyong, Familien- und Erbrecht（《家庭法和继承法》）, Beijing, 1 Aufl., 2016 (Zitiert: *Chen*, Familien- und Erbrecht)

Chen Yiwei/Zhang Qian, Die Teilung des durch Hypothekendarlehen gekauften Gebäudes（《按揭房产分割时物权规则的适用》）, Journal of Hubei University of Police 2014, 126

Chen Ying, Der Ausgleichsanspruch in der Rechtspraxis und seine Verbesserungsmöglichkeit（《家务劳动补偿制度的实践反思与制度调试》）, People's Judicature 2015, 76

1 Der auf English geschriebene Titel des Aufsatzes stammt vom Autor. Fehlt ein auf English geschriebene Titel, wird der auf Chinesisch geschriebene Titel auf Deutsch übersetzt.

Cheng Lv/Wu Xiaofang, Rechtsfragen über Erträge des Eigenvermögens während der Ehezeit（《一方个人财产婚后收益问题探析》）, Journal of Law Application 2013, 113

Cheng Xiao, Die Rechtsfolge der während der Ehe von den Ehegatten getroffenen Vermögensauseinandersetzungsvereinbarung und des Ehevertrags sowie die dingliche Rechtsänderungen der unbeweglichen Sachen（《婚内财产分割协议、夫妻财产制契约的效力与不动产物权变动》）, Jinan Journal 2015, 49

Cheng Xinwen/Liu Min/Fang Fang/Shen Dandan, Das Verstehen und die Anwendung der „Erläuterung des Obersten Volksgerichts zur Rechtsanwendung bei Verhandlung der Rechtsstreitigkeiten über Verbindlichkeiten der Ehegatten“（《<关于审理涉及夫妻债务纠纷案件适用法律有关问题的解释>的理解与适用》）, People's Judicature 2018, 33

Cong Yuan, Schenkung bei der Scheidung（《离婚案件中涉及的赠与问题的法律剖析及建议》）, Shandong Justice 2016, 74

Dai Dongxiong/Dai Peiru, Familienrecht und Güterstand（《婚姻法与夫妻财产制》）, Taipei, 2009

Dan Shuhua, Die Vermutungsregelung für gemeinsame Verbindlichkeiten beider Ehegatten nach § 24 EEheG II（《对<婚姻法解释（二）>第二十四条推定夫妻共同债务规则之反思》）, Collection of Women's Studies 2016, 66

Das Oberst Volksgericht (Hrsg.), Das Verstehen und die Anwendung der „dritten Erläuterung des Obersten Volksgerichts zu einigen Fragen des Ehegesetzes der VR China“（《婚姻法司法解释（三）的理解与适用》）, Beijing, 2015 (Zitiert: *Das Oberst Volksgericht (Hrsg.),* Das Verstehen und die Anwendung der EEheG III)

Du Wanhua/ Cheng Xinwen/Wu Xiaofang, Die Auffasung und Anwendung der EEheG III（《<关于适用婚姻法若干问题的解释（三）>的理解与适用》）, People's Judicature 2011, 22

Fan Lijun, Ein Vergleich der gesetzlichen Scheidungsgründe in China und Deutschland（《中德离婚法定理由比较》）, Science of Law 2005, 82

Fan Liying, Eigentumsübertragung aufgrund des Ehevertrags（《论夫妻财产制契约所致的物权变动》）, Shangdong Social Sciences 2016, 56

Fälle-Forschungsinstitut der Nationalen Richter Hochschule (Hrsg.), Fälle des Jahres 2018 im Bereich des Ehe- und Erbrechts（《中国法院2018年度案例：婚姻家庭与继承纠纷》）, Beijing, 2018 (Zitiert: *Fälle-Forschungsinstitut der Nationalen Richter-Hochschule (Hrsg.),* Fälle des Jahres 2018)

Fu Yulin, Das besondere Verfahren für Familiensachen（《家事诉讼特别程序研究》）, Journal of Law Application 2011, 81

Guan Shufang/Guo Zisheng, Die Haftungsregelungen über die gemeinsamen Verbindlichkeiten der Ehegatten（《夫妻共同债务清偿规则辨析》），ECUPL Journal 2021, 24

Guo Feng, Der Anspruch des Kindes gegenüber den Ehegatten auf Erfüllung des Schenkungsvertrags kann verjährt werden（《子女请求父母履行赠与约定应受诉讼时效约束》），People's Judicature 2015, 72

Guo Lihong, Konflikt und Balance: die Rechtsfrage des Eherechts in der Praxis（《冲突与平衡：婚姻法实践性问题研究》），Beijing, 2005 (Zitiert: *Guo*, Die Rechtsfrage des Eherechts in der Praxis)

He Jian, Grundgedanke über die Rückführung des Eherechts in das Zivilrecht- mit dem Schwerpunkt im Güterstand（《论婚姻法回归民法的基本思路——以夫妻财产制为重点》），Peking University Law Journal 2014, 1500

He Jian, Die Einwirkung der Theorie auf die Rechtspraxis- die Früchte des Eigenvermögens eines Ehegatten in der Rechtspraxis（《"理论"在司法实践中的影响——以关于夫妻个人财产婚后孳息归属的司法实践为中心》），Law and Social Development 2014, 132

Hu Kangsheng/Wang Shengming, Ehegesetz-Interpretation（《中华人民共和国婚姻法释义》），Beijing, 2001

Huang Haitao, Die Festlegung der gemeinsamen Verbindlichkeiten vom Gericht- das Verstehen vom EEheG II（《夫妻共同债务的司法认定——对<婚姻法司法解释二>的理解》），People's Judicature, 2015, 70

Huang Songyou (Hrsg.), Das Verstehen und die Anwendung der "ersten Erläuterung des Obersten Volksgerichts zu einigen Fragen des Ehegesetzes der VR China"（《婚姻法司法解释的理解与适用》），Beijing, 2002 (Zitiert: *Huang (Hrsg.)*, Das Verstehen und die Anwendung der EEheG I)

Huang Songyou (Hrsg.), Das Verstehen und die Anwendung der „zweiten Erläuterung des Obersten Volksgerichts zu einigen Fragen des Ehegesetzes der VR China"（《婚姻法司法解释（二）的理解与适用》），Beijing, 2004 (Zitiert: *Huang (Hrsg.)*, Das Verstehen und die Anwendung der EEheG II)

Huang Songyou (Hrsg.), Fälle-Anmerkung im Familienrecht（《婚姻家庭法司法解释实例释解》），Beijing, 2006

Huang Wei (Hrsg.), Die Anmerkung des Ehe- und Familienrechts des ZGB（《中华人民共和国民法典婚姻家庭编解读》, Beijing, 2019 (Zitiert: *Huang (Hrsg.)*, Die Anmerkung des Ehe- und Familienrechts des ZGB)

Jin Mei, Eine Anmerkung zu einem Verwaltungsgerichtlichen Urteil über Ehescheidung（《对一桩"被离婚"案件的法律评析》），Law Science 2012, 133

Li Hao/Wang Wenna, Mangel der Eheschließung—— eine Anmerkung des Entwurfs des Familienrechts im ZGB（《婚姻缔结行为的效力瑕疵——兼评民法典婚姻家庭编草案的相关规定》）, Chinese Journal of Law 2019, 102

Li Hongxiang, Die Arten, Rechtsnatur und Rechtsfolge der Vermögensauseinander-Setzungsvereinbarung（《离婚财产分割协议的类型、性质及效力》）, Contemporary Law Review 2010, 71

Li Hongxiang, Die Theorie über die gemeinsamen Verbindlichkeiten der Ehegatten im ZGB（《民法典夫妻共同债务构成法理基础论》）, Journal of Political Science and Law 2021, 58

Li Shanping, Die Verlobung und der Schadensersatz bei Rücktritt（《论婚约及其解除之损害赔偿》）, Science of Law 2021, 171

Li Xihe, Der Begriff und Kern der zivilrechtlichen Verhältnisse（《论民事法律关系的概念和本质》）, Journal of East China University of Political Science and Law 2001， 24

Liang Congcong, Die Auseinandersetzung des § 7 EEheG III（《婚姻法司法解释三第7条之探析》）, Journal of Hubei University of Police 2013, 87

Liu Honghua, Value Pursuit and Legislative Perfection of Divorce Property Division System（《离婚财产分割制度的价值追求与立法完善》）, Journal of China Women's University 2018, 24

Liu Yaodong, On the Transfer of Real Property Right Arising from Marriage Settelment- Interpretation Path on the transfer of Property Rights Arising from Nonlegal Act（《论基于夫妻财产制契约发生的不动产物权变动——非基于法律行为的物权变动解释路径》）, Presentday Law Science 2016, 41

Long Jun, potential sharing of the marital common property（《夫妻共同财产的潜在共有》）, Chinese Journal of Law 2017, 20

Lu Qing, Die Klausel über Schenkung an Kinder in der Scheidungsvereinbarung（《离婚协议中的赠与子女财产条款研究》）, Chinese Journal of Law 2018, 87

Lv Chunjun, Errungenschaftsgemeinschaft als Grundlage: Kritik am § 5 und § 7 EEheG III（《坚持婚后夫妻共有——对婚姻法司法解释（三）第5条和第7条的质疑》, Journal of Guangxi Administrative Cadre Institute of Politics and Law 2012, 43

Ma Yinan, Chinesisches Familienrecht im 20. Jahrhundert（《二十世纪之中国婚姻家庭法》）, Peking University Law Journal 1998, 85

Ma Yinan, Einige Fragen im Revisionsverfahren des EheG（《婚姻法修改中几个争议问题的探讨》）, Chinese Legal Science 2001, 140

Ma Yinan, Tradition und Modernization of Chinese marriage and Family Law（《中国婚姻家庭法的传统与现代化——写在婚姻法修改之际》）, JPU 2001, 60

Ma Yinan, Familien- und Erbrecht（《家庭法和继承法》）, Beijing, 4. Aufl., 2019 (Zitiert: *Ma*, Familien- und Erbrecht)

Ma Yinan/Tong Yuanling/Pan Li/Wang Jing, Gender Analysis of the Division of Property in Divorce（《离婚财产分割若干问题的社会性别分析》）, Collection of Women's Studies 2006,42

Miu Yu, Die Beseitigung des Missverständnisses über gemeinsame Verbindlichkeiten –Eine Analyse über § 24 EEheG II –（《走出夫妻共同债务的误区——以<婚姻法司法解释（二）>第24条为分析对象》）, Peking University Law Journal 2018, 253

Nie Tiankuang, Die Theorie der zivilrechtlichen Verhältnisse（《民事法律关系理论滴议》）, Hebei Law Science, 1995, 1

Pei Hua, Rechtsanwendung bei Zuwendungen unter Ehegatten（《也谈夫妻间赠与的法律适用》）, Contemporary Law Review 2016, 92

Pei Hua, An Analysis of the Change of Real Rights between a Couple under the Contractual Property System（《也谈约定财产制下夫妻间的物权变动》）, Hunanities & Social Sciences Journal of Hainan University 2016, 93

Pei Hua, Der Konflikt und die Koordination des Güterstands und der Vermögensregelung（《夫妻财产制与财产法规则的冲突与协调》）, Legal Science 2017,3

Pei Hua, Die Regelungen über die gemeinsamen Verbindlichkeiten der Ehegatten im ZGB – Nachteile und Lösungswege（《民法典夫妻债务条款的不足与应对》）, SJTU Law Review 2021, 5

Qiu Guowei, On the Identification Rules of Marital Debts- Focusing on Judicial Interpretation No. 2 (2018) of the Supreme People'sCourt（《论夫妻共同债务的认定规则——以法释（2018）2号为中心》）, Journal of Henan University of Economics and Law 2018, 36

Ran Keping, Die Rechtsfolge der Zuwendungsvereinbarung der Ehegatten über unbewegliche Sachen – mit Analyse über Art.6 EEheG III –（《夫妻之间给与不动产约定的效力及其救济——兼析<婚姻法司法解释三>第6条》）, Law Science 2017, 154

Ran Keping, Die Arten und Begleichung der gemeinsamen Verbindlichkeiten- mit Analyse über EVV（《论夫妻共同债务的类型与清偿——兼析法释（2018）2号》）, Law Science 2018, 67

Ran Keping, Eine struktulle Auslegung über die Anwendung der Reglungen im Vertragsrechtsbuch des ZGB auf die Vereinbarung über die persönlichen

Rechtsverhältnisse（《身份关系协议准用民法典合同编的体系化解释论》）, Law and Social Development 2021, 62

Ren Zhong, Die Rechtsnormen über die Verbindlichkeiten der Ehegatten im Rahmen des Prozessrechts – Das Verhältnis zwischen dem ZGB und dem Zivilprozessrecht（《夫妻债务规范的诉讼实施——兼论民法典与民事诉讼的衔接》）, Law Science 2020, 3

Shi Hong (Hrsg.), Vorschriftenerzählung, Legislative Gründe und entsprechende Bestimmungen des Allgemeinen Teils des ZGB（《中华人民共和国民法总则——条文说明、立法理由及相关规定》）, Beijing, 2017 (Zitiert: *Shi*, Vorschriftenerzählung des Allgemeinen Teils des ZGB)

Shi Shangkuan, Familienrecht（《亲属法》）, Beijing, 2000

Song Jun/Tang Nandong, Die Rechtsfolge der Klausel über Schenkung an Kinder in der Scheidungsvereinbarung und das Klagesrecht der Kinder（《离婚协议中将房产赠与子女约定的效力及子女的诉权分析》）, China Trial 2015, 74

Sun Ruojun, Legal Issue of House Mortgage in Divorce Case（《离婚时处理按揭房屋的法律问题探析》）, The Jurist 2009, 135

Sun Ruojun, Die Vermutungsregelung der gemeinsamen Verbindlichkeiten（《论夫妻共同债务"时间"推定规则》）, The Jurist 2017, 146

Tian Shaohua, Einige Fragen über Zuwendungen unter Ehegatten（《夫妻间赠与的若干法律问题》), Law Science 2014, 71

Tian Shaohua, Rechtsanwendung hinsichtlich der Eigentumsübertragung während der Ehe（《婚姻领域内物权变动的法律适用》）, Law Science 2009, 115

Wang Cheng, Die Gültigkeit der gerichtlichen Auslegung vom Obersten Volksgericht（《最高法院司法解释效力研究》）, Peking University Law Journal 2016, 263.

Wang Hong, Reform of Matrimonial Property Systems: Review for Legal Policy（《夫妻财产制的修改：法政策之检讨》）, Journal of SUPSL 2000, 45

Wang HongYan, Die Anwendung des Ausgleichsanspruchs bei Scheidung（《论我国离婚家庭劳务补偿制度的适用》）, Social Sciences in Hunan 2013, 104

Wang Lei, Die Vermutungsregelung über die gemeinsamen Verbindlichkeiten im EheG（《<婚姻法>中的夫妻共同债务规定规范》）, Journal of Law Application 2017, 100

Wang Lei, Die Anwendung der Reglungen im Vertragsrechtsbuch des ZGB auf die Vereinbarung über die persönlichen Rechtsverhältnisse（《论身份关系协议对民法典合同编的参照适用》）, The Jurist 2020, 32

Wang Liling, Eine Forschung über den Ausgleichsanspruch zwischen Ehegatten（《家务劳动补偿制度研究》）, People's Tribune 2016, 117

Wang Liren, Die neuen Entwicklungen der Rechtsprechungen in Ehesachen – Theorie und Rechtspraxis –（《婚姻诉讼前沿——理论与审判实务》）, Beijing, 2009 (Zitiert: *Wang*, Die neuen Entwicklung der Rechtsprechungen in Ehesachen)

Wang Liren/Wang Chunhui, Umverteilung der Gerichtsbarkeit über Streitigkeiten über Eheschließung und Ehescheidung（《婚姻效力纠纷管辖权再分配》）, The People's Judicature 2015, 65

Wang Linqing/Yang Xinzhong/Zhao Lei, Marriage and Family Disputes – Judicial Opinions and Application Rules –（《婚姻家庭纠纷——裁判精要与规则适用》）, Beijing, 2014 (Zitiert: *Wang/Yang/Zhao*, Judicial Opinions and Application Rules)

Wang Shengming/Sun Lihai, Gesetzgebungsmaterialien bei der Revision des EheG（《<中华人民共和国婚姻法>修改立法资料选》）, Beijing, 2001

Wang Weiling, Die Division of Expected Interest of Pension in Divorce: Focusing on Third Edition of Judicial Interpretation of Marriage Law, Act 13（《论离婚时养老保险期待利益的处理——以<婚姻法解释（三）>第十三条为中心》）, Journal of Dalian University of Technology (Social Sciences) 2016, 108

Wang Zhong/Zhu Wei, Eigentumsübertragung der unbeweglichen Sachen im vertraglichen Güterstand（《夫妻约定财产制下的不动产物权变动》）, People's Judicature 2015, 4

Wei Dan, Die Verteilung der Pension bei Scheidung（《略论离婚时夫妻养老金的分割》）, Journal of Chongqing University of Science and Technology (Social Sciences Edition) 2015, 31

Wu Gaoshen (Hrsg.), Die Anmerkung und Rechtsanwendung des EheG（《中华人民共和国婚姻法释义及适用指南》）, Beijing, 2014 (Zitiert: *Wu (Hrsg.)*, Die Anmerkung und Rechtsanwendung des EheG)

Wu Ruozhi, Reflection on the Return of China's Family Law to Civil Law in the Past Thirty Years（《三十年来中国婚姻法"回归民法"的反思——兼论保持与发展婚姻法独立部门法传统》）, Law and Social Development 2009, 67

Wu Xiaofang, Schwierige Fragen bei der Anwendung der EEheG III（《<婚姻法>司法解释（三）适用中的疑难问题探析》）, Journal of Law Application 2014, 70

Wu Xiaofang, Die Rechtsfrage über die Erträge des Eigenvermögens während der Ehezeit（《一方个人财产婚后收益问题的认定与处理》）, in: *Xi Xiaoming/Du Wanhua (Hrsg.)*, China Trial Guide Reference and Guide to

Civil Trial（《民事审判指导与参考》）, Beijing, 2014, S. 144 (Zitiert: *Wu*, China Trial und Guide 2014)

Xi Xiaoming (Hrsg.), Das Verstehen und die Anwendung der „dritten Erläuterung des Obersten Volksgerichts zu einigen Fragen des Ehegesetzes der VR China"（《最高人民法院婚姻法司法解释（三）理解与适用》）, Beijing, 2011 (Zitiert: *Xi (Hrsg.)*, Das Verstehen und die Anwendung der EEheG III)

Xia Jianghao, Rules of Joint Debt and Repayment in Civil Code of China（《论中国民法典夫妻共同债务界定与清偿规则之构建》）, Journal of China Women's Studies 2018, 55

Xia Yinlan, Vermögensauseinandersetzung bei Scheidung in China im Rahmen von internationalem Menschenrecht（《在国际人权框架下审视中国离婚财产分割方法》）, Global Law Review 2005, 45

Xia Yinlan, Research on Status, Characters and Tendency of Family Law in Civil Law Systems（《现代大陆法系亲属法之发展变革》）, Legal Forum 2011, 5

Xia Yinlan, Die Innovation und Entwicklung des Familienrechtsbuches des ZGB（《婚姻家庭编的创新和发展》）, China Legal Science 2020, 66

Xie Huaishi, Ausgewählte rechtliche Werke（《谢怀栻文集》）, Beijing, 2002

Xiong Minyi, Eine kurze Diskussion über den vertraglichen Güterstand（《浅论我国夫妻约定财产制》）, Judicature of China 2002, 44

Xu Li, Anwendung der Regelungen über die Zuordnung des Vermögens während der Ehe（《夫妻财产归属之法律适用》）, Legal Science 2007, 48

Xu Li, Die Rechtsfolge der Scheidungsvereinbarung（《离婚协议效力探析》）, ECUPL Journal 2011, 35

Xu li, Rechtsanwendung hinsichtlich der Vereinbarung über Eigentumsrecht des Gebäudes zwischen Ehegatten – mit Rücksicht auf dem vertraglichen Güterstand（《夫妻房产约定的法律适用——基于我国约定夫妻财产制的考察》）, Journal of Zhejiang Gongshang University 2015, 55

Xu Linbao, Der vertragliche Güterstand und seine Vervollkommnung（《我国夫妻约定财产制及其完善》）, China Notary 2009, 34

Xu Wenwen, Die Rechtsfolge der teils erfüllten Vermögensauseinandersetzungs-vereinbarung mit Bedingung der einverständlichen Scheidung （《已部分履行的协议离婚条件财产分割协议的效力》）, People's Judicature 2016, 44

Xue Ninglan/Shao Yang, Gender Analysis of Marital Property in China （《中国夫妻财产制的社会性别分析——以离婚夫妻财产分割为侧重》）, Collection of Women's Studies 2006, 37

Xue Ninglan/Xie Hongfei (Hrsg.), Kommentar des Familiengesetzbuchs des ZGB（《民法典评注——婚姻家庭编》）， Beijing, 2020 (Zitiert: Kommentar des Familiengesetzbuchs des ZGB/*Bearbeiter*)

Yang Changcheng, Die Veränderung der Scheidungsvereinbarung und die Kontrolle des Notars（《离婚协议变更的效力探究及其公证审查》）, China Notary 2017, 59

Yang, Dawen (Hrsg.), Familienrecht（《亲属法》）, Beijing, 2012, 5 Aufl., (Zitiert: *Yang (Hrsg.)*, FamilienRecht)

Yang Jinling, Research on the balance of Pension after divorce in Germany-Review on the relevant judicial interpretation of the supreme People's court（《德国离婚中的供给均衡制度研究——兼评最高人民法院相关司法解释的规定》）, Journal of Yunnan University Law Edition 2008, 123

Yang Jinling, Die Anwendung der Rechtsfigur des Wegfalls der Geschäftsgrundlage beim Schenkungsvertrag im chinesischen Familienrecht – § 7 EEheG III als Beispiel（《试论赠与基础丧失规则在我国婚姻法中的设立——以婚姻法司法解释（三）第七条第一款为例》）, Journal of China Women's University 2014, 12

Yang Lixin/Qin Xiumin, Das Verstehen und die Anwendung des EheG（《<中华人民共和国婚姻法>释义与适用》）, Jilin, 2001

Yang lixin, Beseitigung des Einflusses des Zivilrechts in Sowjet Union bei Erarbeitung des chinesischen ZGB（《编纂民法典必须肃清前苏联民法的影响》）, Law and Social Development 2016, 137

Yang Hanping, Die Klassifizierung der gemeinsamen Verbindlichkeiten（《我国夫妻共同债务的客观分类》）, The People's Judicature 2017, 62

Yang Suiquan, Ehe- und Familienrecht（《家庭法和继承法》）, Beijing, 2011 (Zitiert: *Yang*, Ehe- und Familienrecht)

Yang Xiaorong/Wu Yan, Die Kriterien für Festlegung der gemeinsamen Verbindlichkeiten und der Haftungsumfang des Ehegatten – im Schwerpunkt der Auseinandersetzung der von einem Ehegatten durch Betrieb verursachten Verbindlichkeiten（《夫妻共同债务的认定标准和责任范围——以夫妻一方经营性负债为研究重点》）, Journal of Law Application 2015, 35

Yang Xiaoyan, The application of the Confronting Effect of the Transfer of Real Right Under the Matrimonial Regime（《物权对抗力规则在夫妻财产制度中的适用》）, Journal of Science Technology and Law 2016, 604.

Ye Mingyi, Die Abschaffung des § 24 EEheG II – Eine Auseinandersetzung auf Basis der Rechtspraxis –（《<婚姻法解释（二）>第24条废除论——基于相关统计数据的实证分析》, Law Science 2017, 28

Yi Jun, Das Rechtssystem der Voraussetzungen für das Wirksamwerden des Rechtsgeschäfts（《法律行为生效要件体系的重构》）, China Legal Science 2012, 79

Yu Yanman, Original Theory of Relative Law（《亲属法原论》）, Beijing, 2007

Zhang Li/Ye Yongyao, Die Zuordnung des vor der Ehe durch Hypothekendarlehen von einem Ehegatten gekauften Gebäudes（《婚前一方按揭购买、婚后夫妻共同还贷的商品房所有权归属》）, People's Judicature 2009，75

Zhang Rongfang, Neue Art des gemeinsamen Vermögens（《婚姻期间的养老金权益》）, Law Review 2018, 66

Zhao Wanyi, My Views on the Relationship between Marriage and Family Laws and Civil Code: Analysis on the Realization of Marriage and Family Law in the Civil Code of China（《婚姻家庭法与民法典关系之我见——兼论婚姻家庭法在我国民法典中的实现》）, Law Science Magazine 2016, 9

Zhao Xiaoli, Kapitalisierung der chinesischen Familien（《中国家庭资本主义化的号角》）, Beijing Cultural Review 2011, 31

Zhang Chi/Zhai Guanhui, Die Ermittlung und Befriedigung der gemeinsamen Verbindlichkeiten（《我国夫妻共同债务的界定与清偿论》）, Political Science and Law 2012, 79

Zhang Xiaoru, Die Klageänderung und Klageverbindung in den Rechtsstreitigkeiten bezüglich der Ehe（《论婚姻诉讼中诉的变更与合并》）, Political Science and Law 2007, 157

Zhang Xiaoyuan/Yang Suiquan, Reform der Ermittlung der gemeinsamen Verbindlichkeiten bezüglich der Unterscheidung zwischen dem Zusammenleben und Zusammenbetrieb（《生活与营利之分与夫妻共同债务认定之立法变革》）, Henan Social Sciences, 2019, 88

Zhang Yihui, Gesetzlicher Güterstand im Wandel in Taiwan（《台湾法定夫妻财产制的变迁》）, Global Law Review 2004, 75

Zhou Yingjiang, On the Ownership of the House – Being Mortgaged before Marriage and Registered after Marriage by the Same Party –（《论一方婚前按揭贷款、婚后所得所有权的房屋的归属》）, Journal of China Women's University 2011, 21

Zhu qingyu, Allgemeiner Teil（《民法总论》）, Beijing, 2016

Anhang (Gesetztext)

A. Das fünfte Buch des Zivilgesetzbuchs der Volksrepublik China[1]

5. Buch: Ehe und Familie

1. Kapitel: Allgemeine Bestimmungen

§ 1040 [Regelungsgegenstand; vgl. § 1 EheG] Dieses Buch regelt die durch Ehe [und] Familie entstandenen zivilen Beziehungen.

§ 1041 [Schutz und Grundprinzipien; vgl. § 2 EheG] Ehe [und] Familie stehen unter staatlichem Schutz.

Es wird eine Eheordnung der Ehefreiheit, der Einehe [und] der Gleichheit von Mann und Frau durchgeführt.

Es werden die legalen Rechte [und] Interessen der Frauen, der Minderjährigen, der Alten [und] der Behinderten geschützt.

§ 1042 [Verbote; = § 3 EheG] Die [von Dritten] arrangierte Ehe, die Kaufehe und andere in die Ehefreiheit eingreifende Handlungen sind verboten.

Es ist verboten, unter dem Vorwand der Ehe Vermögensgegenstände zu verlangen.

Doppelehen sind verboten. Es ist verboten, dass jemand, der einen Ehegatten bzw. eine Ehegattin hat, mit jemand anderem zusammenlebt.

Gewalt in der Familie ist verboten. Es ist verboten, dass Familienmitglieder einander misshandeln oder aussetzen.

§ 1043 [Allgemeine Familien- und Ehepflichten; vgl. § 4 EheG] Die Familie muss einen guten Familienstil etablieren, familiäre Tugenden fördern [und] dem Aufbau einer auf der Familie [basierenden] Zivilisation Aufmerksamkeit schenken.

---

1 Übersetzung von *Ding Yijie, Peter Leibküchler, Nils Klages und Knut Benjamin Pißler*, Zivilgesetzbuch der Volksrepublik China, Zeitschrift für Chinesisches Recht 2020 (207).

Ehemann und Ehefrau müssen einander treu sein, einander respektieren [und] füreinander sorgen; die Familienmitglieder müssen die Alten achten und die Kinder umsorgen, einander helfen [und] gleichberechtigte, harmonische [und] zivilisierte Ehe- und Familienbeziehungen bewahren.

§ 1044 [Grundsätze der Adoption, Verbot des Kinderhandels; vgl. §§ 2, 20 AdoptionsG] Adoptionen müssen sich nach dem Grundsatz des größten Nutzens für die Adoptierten richten [und] die legalen Rechte und Interessen der Adoptierten und der Adoptierenden gewährleisten.

Es ist verboten, unter dem Vorwand einer Adoption Minderjährige zu kaufen [oder] zu verkaufen.

§ 1045 [Begriffsdefinitionen; neu] Verwandte sind Ehegatten, Blutsverwandte, Schwäger und Schwägerinnen.

Ehegatten, Eltern, Kinder, Brüder, Schwestern, Großeltern [und] Enkel sind nahe Verwandte.
Ehegatten, Eltern, Kinder und andere nahe Verwandte, die zusammen leben, sind Familienmitglieder.

2. Kapitel: Eheschließung

§ 1046 [Freiwillige Eheschließung; vgl. § 5 EheG] Beide Seiten, Mann und Frau, müssen die Ehe vollkommen freiwillig schließen; es ist verboten, dass irgendeine Seite die andere zwingt; es ist jeder Organisation oder jeder Einzelperson verboten, sich [in die Eheschließung] einzumischen.

§ 1047 [Ehemündigkeit; vgl. § 6 EheG] Das Heiratsalter darf bei Männern nicht unter dem vollendeten 22. [und] bei Frauen nicht unter dem vollendeten 20. Lebensjahr liegen.

§ 1048 [Eheverbote; vgl. § 7 EheG] Der Eheschluss ist Blutsverwandten in gerader Linie oder bis zum dritten Grad in der Seitenlinie verboten.

§ 1049 [Eintragung der Eheschließung, faktische Ehen; § 8 EheG] Ein Mann und eine Frau, welche die Eheschließung verlangen, müssen beide persönlich zur Eheregisterbehörde kommen, um die Eintragung der Eheschließung zu beantragen. Sind die Bestimmungen dieses Gesetzes eingehalten, so wird die Eintragung gewährt [und] eine Eheschließungsurkunde ausgestellt. Mit Vollendung der Eintragung der Eheschließung ist die Ehebeziehung begründet.

Wenn die Eheschließung nicht eingetragen worden ist, muss die Eintragung nachgeholt werden.

§ 1050 [Aufnahme des Ehegatten als Familienmitglied; vgl. § 9 EheG] Ist die Eheschließung eingetragen worden, kann nach der Vereinbarung von Mann und Frau die Frau Mitglied der Familie des Mannes, der Mann Mitglied der Familie der Frau werden.

§ 1051 [Unwirksame Ehen; vgl. § 10 EheG] Wenn einer der folgenden Umstände vorliegt, ist die Ehe unwirksam:

1. Doppelehe,
2. Verwandtschaftsbeziehung, bei der eine Eheschließung verboten ist,
3. das vom Recht bestimmte Heiratsalter ist nicht erreicht.

§ 1052 [Aufhebbare Ehe wegen Drohung; vgl. § 11 EheG] Ist die Ehe durch Drohung geschlossen worden, so kann die bedrohte Seite vom Volksgericht fordern, diese Ehe aufzuheben.

Die Forderung auf Aufhebung der Ehe muss innerhalb eines Jahres ab dem Tag des Endes der Drohungshandlungen907 erhoben werden.

Wenn die Partei, deren körperliche Freiheit illegal beschränkt worden ist, fordert, die Ehe aufzuheben, muss sie [diese Forderung] innerhalb eines Jahres ab dem Tag der Wiederherstellung ihrer körperlichen Freiheit erheben.

§ 1053 [Aufhebbare Ehe wegen Verheimlichen einer Krankheit; neu] Leidet eine Seite an einer schwerwiegenden Krankheit, muss sie [dies] der anderen Seite vor der Eintragung der Eheschließung wahrheitsgemäß zur Kenntnis bringen; hat sie [dies] nicht wahrheitsgemäß zur Kenntnis gebracht, kann die andere Seite vom Volksgericht die Aufhebung der Ehe fordern.

§ 1054 [Rechtsfolgen bei unwirksamen und aufgehobenen Ehen; vgl. § 12 EheG] Eine unwirksame oder aufgehobene Ehe hat von Anfang an keine rechtliche Bindungswirkung; die Parteien haben nicht die Rechte und Pflichten von Eheleuten. Die Parteien vereinbaren, wie mit dem während des Zusammenlebens erlangten Vermögen verfahren wird; kommt keine Vereinbarung zustande, so entscheidet das Volksgericht durch Urteil aufgrund des Grundsatzes, dass die schuldlose Seite besonders berücksichtigt wird. Wenn eine Doppelehe dazu geführt hat, dass die Ehe unwirksam ist, dürfen bei der Vermögensregelung die Rechte [und] Interessen an Vermögen einer der an der legalen Ehe [beteiligten] Parteien nicht verletzt werden. Auf die von den Parteien geborenen Kinder werden die Bestimmungen dieses Gesetzes über Eltern und Kinder angewandt.

Ist die Ehe unwirksam oder aufgehoben worden, ist die schuldlose Seite berechtigt, Schadensersatz zu fordern.

3. Kapitel: Familienbeziehungen

1. Abschnitt: Beziehung zwischen Ehemann und Ehefrau

§ 1055 [Gleichberechtigung; vgl. § 13 EheG] Ehemann und Ehefrau haben in der Ehe [und] Familie[911] die gleiche Stellung.

§ 1056 [Namensbeibehaltung; vgl. § 14 EheG] Ehemann und Ehefrau haben beide das Recht, den eigenen Namen zu benutzen.

§ 1057 [Erwerbstätigkeit und soziales Leben; vgl. § 15 EheG] Ehemann und Ehefrau sind beide frei, zu produzieren, zu arbeiten, zu studieren und gesellschaftlich aktiv zu werden; eine Seite darf die andere Seite nicht beschränken oder sich [in solche Freiheiten der anderen Seite] einmischen.

§ 1058 [Gleichberechtigte und gemeinsame Sorge der Ehegatten; vgl. § 21 Abs. 1 EheG] Ehemann und Ehefrau genießen beide gleichermaßen das Recht, minderjährige Kinder zu unterhalten, zu erziehen und zu schützen; sie tragen gemeinsam die Pflicht, minderjährige Kinder zu unterhalten, zu erziehen und zu schützen.

§ 1059 [Ehegattenunterhalt; vgl. § 20 EheG] Ehemann und Ehefrau sind verpflichtet, einander zu unterhalten.

Die Seite, die Unterhalt benötigt, ist berechtigt, von der anderen Seite die Leistung von Ehegattenunterhalt zu verlangen, wenn diese die Unterhaltspflicht nicht erfüllt.

§ 1060 [Geschäfte zur Deckung des Lebensbedarfs; neu] Zivilrechtsgeschäfte, die einer der Eheleute wegen der Bedürfnisse des täglichen Lebens ausführt, entfalten gegenüber beiden Eheleuten Wirkungen, es sei denn, dass einer der Eheleute mit dem Gegenüber etwas anderes vereinbart.

Beschränkungen zwischen den Eheleuten im Hinblick auf den Bereich der Zivilrechtsgeschäfte, die eine Seite ausführen kann, dürfen einem gutgläubigen Gegenüber nicht entgegengehalten werden.

§ 1061 [Ehegattenerbrecht; = § 24 Abs. 1 EheG] Eheleute sind berechtigt, einander zu beerben.

§ 1062 [Gemeinsame Vermögen der Ehegatten; vgl. § 17 EheG] Folgendes Vermögen, das Eheleute während des Bestands der Ehebeziehung erlangt haben, ist gemeinsames Vermögen [und] fällt in das gemeinsame Eigentum der Eheleute:

1. Lohn, Prämien [und] Entgelt für Dienste
2. Erträge aus Produktion, Betrieb [und] Investitionen;
3. Erträge aus Rechten an geistigem Eigentum;
4. geerbtes oder geschenktes Vermögen, außer im Fall des § 1063 Nr. 3 dieses Gesetzes;
5. anderes Vermögen, das in das gemeinsame Eigentum fallen muss.

In Bezug auf das gemeinsame Vermögen haben Eheleute gleiche Verfügungsrechte.

§ 1063 [Persönliches Einzelvermögen; vgl. § 18 EheG] Bei dem folgenden Vermögen handelt es sich um persönliches Einzelvermögen [nur] einer der Eheleute:

1. voreheliches Vermögen einer Seite;
2. Schadensersatz oder Ausgleich, den eine Seite für erlittene persönliche Schäden erhalten hat;
3. Vermögen, zu dem in einem Vermächtnis oder Schenkungsvertrag bestimmt ist, dass es [nur] einer Seite zufällt;
4. speziell im Leben einer Seite genutzte Gegenstände;
5. anderes Vermögen, das [nur] einer Seite zufallen muss.

§ 1064 [Gemeinsame Verbindlichkeiten; neu] Zu gemeinsamen Verbindlichkeiten beider Eheleute gehören Verbindlichkeiten, die durch gemeinsame Willenserklärungen wie etwa von beiden Eheleuten gemeinsam unterzeichnete oder von einem der Eheleute nachträglich genehmigte [Willenserklärungen] getragen werden, sowie Verbindlichkeiten, die einer der Eheleute während des Bestands der Ehebeziehung im eigenen Namen wegen des täglichen Lebensbedarfs der Familie trägt. Verbindlichkeiten, die einer der Eheleute während des Bestands der Ehebeziehung im eigenen Namen durch über den täglichen Lebensbedarf der Familie hinausgehende [Willenserklärungen] trägt, gehören nicht zu den gemeinsamen Verbindlichkeiten der Eheleute; dies gilt jedoch nicht,

wenn der Gläubiger nachweisen kann, dass diese Verbindlichkeiten für das gemeinsame Leben [oder] gemeinsame Produktions- und Betriebs[-tätigkeiten] der Eheleute verwandt wurden oder auf einer gemeinsamen Willenserklärung beider Eheleute beruhen.

§ 1065 [Güterstandsvereinbarung, Wirkung gegenüber Dritten; vgl. § 19 EheG] Mann und Frau können miteinander vereinbaren, dass Vermögen, das während des Bestands der Ehebeziehung erlangt wird, und voreheliches Vermögen in das Eigentum des Einzelnen, in das gemeinsame Eigentum oder teils in das Eigentum des Einzelnen, teils in das gemeinsame Eigentum fällt. Die Vereinbarung muss in Schriftform getroffen werden. Ist nichts vereinbart worden oder sind die Vereinbarungen unklar, werden §§ 1062 und 1063 dieses Gesetzes angewandt.

Vereinbarungen zwischen den Eheleuten über während des Bestands der Ehebeziehung erworbenes und über voreheliches Vermögen haben rechtliche Bindungswirkung für beide Seiten.

Haben die Eheleute miteinander vertraglich vereinbart, dass während des Bestands der Ehebeziehung erworbenes Vermögen in das Eigentum des Einzelnen fällt, so werden Verbindlichkeiten, die nach außen [nur] der Ehemann oder [nur] die Ehefrau trägt, aus dem persönlichen Einzelvermögen des Ehemannes bzw. der Ehefrau befriedigt, wenn das Gegenüber diese Vereinbarung kennt.

§ 1066 [Aufteilung des gemeinsamen Vermögens während des Bestands der Ehe; neu] Während des Bestands der Ehebeziehung kann einer der Eheleute vom Volksgericht die Aufteilung des gemeinsamen Vermögens fordern, wenn einer der folgenden Umstände vorliegt:

1. Wenn bei einem [der Eheleute] Handlungen vorliegen, die die gemeinsamen

Vermögensinteressen der Eheleute erheblich schädigen, wie etwa das Verbergen, das Übertragen, der freihändige Verkauf, das Verschlechtern [oder] das Verschwenden des gemeinsamen Vermögens der Eheleute oder die Fälschung von gemeinsamen Verbindlichkeiten der Eheleute;

2. wenn jemand, für den einer [der Eheleute] die vom Recht bestimmte Unterhaltspflicht trägt, an einer schwerwiegenden Krankheit leidet, die eine Behandlung erforderlich macht, [und] der andere mit der Zahlung damit im Zusammenhang stehender medizinischer Behandlungskosten nicht einverstanden ist.

2. Abschnitt: Beziehung zwischen Eltern [und] Kindern sowie Beziehung zwischen anderen nahen Verwandten

§ 1067 [Unterhaltspflichten zwischen Eltern und Kindern; vgl. § 21 Abs. 2 und 3 EheG] Erfüllen die Eltern ihre Unterhaltspflicht nicht, haben minderjährige Kinder oder volljährige Kinder, die nicht eigenständig leben können, das Recht zu verlangen, dass die Eltern Kindesunterhalt leisten.

Erfüllen volljährige Kinder ihre Unterhaltspflicht nicht, haben arbeitsunfähige Eltern und Eltern in Existenzschwierigkeiten das Recht zu verlangen, dass die volljährigen Kinder Elternunterhalt leisten.

§ 1068 [Elterliche Sorge; vgl. § 23 EheG] Die Eltern haben das Recht [und] die Pflicht, minderjährige Kinder zu erziehen [und] zu schützen. Wird ein anderer durch minderjährige Kinder geschädigt, haften die Eltern nach dem Recht zivilrechtlich.

§ 1069 [Pflichten eines Kindes gegenüber Eltern; vgl. § 30 EheG] Die Kinder müssen die ehelichen Rechte der Eltern respektieren [und] dürfen sich in eine Scheidung [oder] nochmalige Eheschließung der Eltern und deren Leben nach der Eheschließung nicht einmischen. Die Unterhaltspflicht von Kindern gegenüber Eltern endet nicht wegen Veränderungen der Ehebeziehung der Eltern.

§ 1070 [Erbrecht zwischen Eltern und Kindern; = § 24 Abs. 2 EheG] Eltern und Kinder sind berechtigt, einander zu beerben.

§ 1071 [Nichteheliche Kinder; vgl. § 25 EheG] Nichteheliche Kinder genießen die gleichen Rechte wie eheliche Kinder; keine Organisation oder Einzelperson darf [sie] gefährden oder diskriminieren.

Der leibliche Vater oder die leibliche Mutter, die ein nichteheliches Kind nicht direkt unterhalten, müssen Unterhaltskosten des minderjährigen Kindes bzw. des volljährigen Kindes, das nicht unabhängig leben kann, tragen.

§ 1072 [Beziehung zwischen Stiefeltern und Stiefkindern; vgl. § 27 EheG] Stiefeltern und Stiefkinder dürfen einander nicht misshandeln oder diskriminieren.

Für die Beziehung von Rechten [und] Pflichten zwischen Stiefvater oder Stiefmutter und von ihnen unterhaltenen [und] erzogenen Stiefkindern werden die Bestimmungen dieses Gesetzes über die Beziehungen zwischen Eltern und Kindern angewandt.

§ 1073 [Abstammung; neu] Gibt es Einwände gegen eine Abstammungsbeziehung und bestehen [dafür] rechtfertigende Gründe, können der Vater oder die Mutter beim Volksgericht Klage mit der Forderung erheben, die Abstammungsbeziehung festzustellen oder zu negieren.

Bestehen für Einwände gegen eine Abstammungsbeziehung rechtfertigende Gründe, können volljährige Kinder beim Volksgericht Klage mit der Forderung erheben, die Abstammungsbeziehung zu bestätigen.

§ 1074 [Unterhaltspflichten zwischen Großeltern und Enkeln; vgl. § 28 EheG] Leistungsfähige Großeltern haben die Pflicht, minderjährige Enkel zu unterhalten, deren Eltern gestorben oder selbst nicht fähig sind, [die Kinder] zu unterhalten. Leistungsfähige Enkel haben die Pflicht, Großeltern zu unterhalten, deren Kinder gestorben oder selbst nicht fähig sind, [ihre Eltern] zu unterhalten.

§ 1075 [Unterhaltspflichten unter Geschwistern; vgl. § 29 EheG] Leistungsfähige ältere Geschwister haben die Pflicht, minderjährige jüngere Geschwister zu unterhalten, wenn die Eltern gestorben oder zum Unterhalt nicht fähig sind. Von älteren Geschwistern großgezogene leistungsfähige jüngere Geschwister haben die Pflicht, die älteren Geschwister zu unterhalten, die arbeitsunfähig sind und keine Einkommensquelle haben.

4. Kapitel: Scheidung

§ 1076 [Antrag auf Eintragung der einvernehmlichen Scheidung; vgl. § 31 Abs. 1 EheG] Wollen beide Eheleute selbst die Scheidung, müssen sie eine Scheidungsvereinbarung in Schriftform abschließen [und] unterzeichnen und persönlich zur Eheregisterbehörde kommen, [um] die Eintragung der Scheidung zu beantragen.

Die Scheidungsvereinbarung muss die Willenserklärung, dass sich beide Eheleute scheiden lassen wollen, und die in Verhandlungen geeinigten Ansichten über Angelegenheiten angeben, wie etwa den Kindesunterhalt [sowie] Regelungen des Vermögens und der Verbindlichkeiten.

§ 1077 [Abkühlungsphase; neu] Wenn sich irgendeiner der Eheleute innerhalb von 30 Tagen ab dem Tag, an dem die Eheregisterbehörde den Antrag auf Eintragung der Scheidung erhält, nicht mehr scheiden lassen will, kann er den Antrag auf Eintragung der Scheidung bei der Eheregisterbehörde zurücknehmen.

Nach Ablauf der im vorigen Absatz bestimmten Frist müssen beide Eheleute innerhalb von 30 Tagen persönlich zur Eheregisterbehörde kommen, [um] die Ausstellung der Scheidungsurkunde zu beantragen; wird nicht beantragt, gilt der Antrag auf Eintragung der Scheidung als zurückgenommen.

§ 1078 [Eintragung der Scheidung, Scheidungsurkunde; vgl. § 31 Abs. 2 EheG] Hat die Eheregisterbehörde ermittelt, dass sich beide Eheleute tatsächlich scheiden lassen wollen und sich in Verhandlungen über Angelegenheiten wie etwa den Kindesunterhalt [sowie] Regelungen des Vermögens und der Verbindlichkeiten geeinigt haben, wird [die Scheidung] eingetragen [und] die Scheidungsurkunde ausgestellt.

§ 1079 [Streitige Scheidung; vgl. § 32 EheG] Wenn nur einer der Eheleute die Scheidung verlangt, kann bei den betreffenden Organisationen eine Schlichtung durchgeführt oder direkt beim Volksgericht Scheidungsklage erhoben werden.

Das Volksgericht muss bei der Behandlung von Scheidungsfällen eine Schlichtung durchführen; wenn die Gefühle [der Eheleute füreinander] tatsächlich zerrüttet sind [und] die Schlichtung wirkungslos ist, muss es die Scheidung gewähren. Wenn einer der folgenden Umstände vorliegt [und] die Schlichtung wirkungslos ist, muß die Scheidung gewährt werden:

1. Doppelehe oder Zusammenleben mit jemand anderem;
2. Ausübung von Gewalt in der Familie oder Misshandlung [oder] Aussetzung von Familienangehörigen;
3. Nichtabgewöhnen von Glücksspiel, Rauschgift oder anderen üblen Gewohnheiten trotz wiederholter Ermahnungen;
4. Getrenntleben wegen unharmonischer Gefühle für mindestens zwei Jahre;
5. andere Umstände, die zur Zerrüttung der [gegenseitigen] Gefühle der Eheleute geführt haben.

Wenn eine Seite [der Eheleute] für verschollen erklärt worden ist [und] die andere Scheidungsklage erhebt, muss die Scheidung gewährt werden.

Wenn beide Eheleute, nachdem das Volksgericht die Scheidung durch Urteil nicht erlaubt hat, für mindestens ein Jahr weiter getrennt gelebt haben, muss die Scheidung gewährt werden.

§ 1080 [Eintritt der Scheidungswirkungen; neu] Mit Vollendung der Eintragung der Scheidung oder dem Wirksamwerden der Scheidungsurteilsurkunde [oder] -schlichtungsurkunde ist die Ehebeziehung aufgelöst.

§ 1081 [Scheidung in puncto Militärangehörige; vgl. § 33 EheG] Verlangt der Ehegatte eines aktiven Militärangehörigen Scheidung, muss das Einverständnis des Militärangehörigen eingeholt werden, es sei denn, dass schwerwiegendes Verschulden beim Militärangehörigen vorliegt.

§ 1082 [Scheidungsverbot; vgl. § 34 EheG] Während einer Schwangerschaft der Frau [und] innerhalb eines Jahres ab der Geburt bzw. eines halben Jahres ab einem Schwangerschaftsabbruch darf der Mann die Scheidung nicht einreichen, außer wenn die Frau die Scheidung einreicht oder das Volksgericht der Ansicht ist, dass es tatsächlich notwendig ist, die Scheidungsforderung des Mannes anzunehmen.

§ 1083 [Wiederheirat; vgl. § 35 EheG] Wenn nach der Scheidung der Mann und die Frau die Ehebeziehung wiederherstellen wollen, müssen sie bei der Eheregisterbehörde erneut die Eheschließung eintragen.

§ 1084 [Elterliche Sorge nach Scheidung; vgl. § 36 EheG] Die Beziehungen zwischen Eltern und Kindern erlöschen wegen der Scheidung der Eltern nicht. Nach der Scheidung sind die Kinder, gleich ob sie vom Vater oder von der Mutter direkt unterhalten werden, weiterhin die Kinder beider Eltern.

Nach der Scheidung haben die Eltern weiterhin das Recht und die Pflicht, die Kinder zu unterhalten, zu erziehen [und] zu schützen.

Nach der Scheidung werden Kinder vor der Vollendung des zweiten Lebensjahres grundsätzlich von der Mutter direkt unterhalten. Kommt keine Vereinbarung zwischen den Eltern über Unterhalt der Kinder, die das zweite Lebensjahr bereits vollendet haben, zustande, fällt das Volksgericht aufgrund der konkreten Verhältnisse der beiden Eltern [und] nach dem Grundsatz des größten Nutzens für das minderjährige Kind ein Urteil. Nach Vollendung des achten Lebensjahres muss der wahre Wille des Kindes respektiert werden.

§ 1085 [Kindesunterhalt nach Scheidung; vgl. § 37 EheG] Unterhält nach der Scheidung eine Seite [der Eheleute] die Kinder direkt, muss die andere die Unterhaltskosten zum Teil oder ganz tragen. Die Höhe und Fristen der zu tragenden Kosten werden von beiden Seiten vereinbart; kommt keine Vereinbarung zustande, entscheidet das Volksgericht durch Urteil.

§ 1086 [Umgangsrecht; vgl. § 38 EheG] Der Vater bzw. die Mutter, der bzw. die nach der Scheidung das Kind nicht direkt unterhält, hat das Recht, das Kind zu besuchen; die andere Seite hat die Pflicht, dies zu unterstützen.

Form und Zeit der Ausübung des Besuchsrechts werden von den Parteien vereinbart; kommt keine Vereinbarung zustande, entscheidet das Volksgericht durch Urteil.

Ist ein Besuch des Vaters bzw. der Mutter der physischen oder psychischen Gesundheit des Kindes nachteilig, werden die Besuche vom Volksgericht nach dem Recht ausgesetzt; fällt der Aussetzungsgrund fort, müssen die Besuche wiederhergestellt werden.

§ 1087 [Auseinandersetzung des Vermögens nach Scheidung; vgl. § 39 EheG] Das gemeinsame Vermögen der Eheleute wird bei der Scheidung durch Vereinbarung beider Seiten geregelt; kommt keine Vereinbarung zustande, entscheidet das Volksgericht aufgrund der konkreten Umstände des Vermögens [und] nach dem

Grundsatz besonderer Berücksichtigung der Rechtsinteressen von Kind, Frau und der schuldlosen Seite durch Urteil.

Rechtsinteressen des Mannes oder der Frau bei der durch die Familie [durchgeführten] Übernahme [und] Bewirtschaftung von Land müssen nach dem Recht geschützt werden.

§ 1088 [Billigkeitsausgleich; vgl. § 40 EheG] Wenn eine Seite der Eheleute mehr Pflichten getragen hat, weil sie etwa die Kinder aufgezogen, für die alten Leute gesorgt [oder] die Arbeit der anderen Seite unterstützt hat, ist sie bei der Scheidung berechtigt, von der anderen Seite einen Ausgleich zu verlangen; die andere Seite muss einen Ausgleich leisten. Die konkrete Methode [des Ausgleichs] wird von beiden Seiten vereinbart; kommt keine Vereinbarung zustande, entscheidet das Volksgericht durch Urteil.

§ 1089 [Begleichung gemeinsamer Verbindlichkeiten; vgl. § 41 EheG] Bei der Scheidung müssen gemeinsame Verbindlichkeiten der Eheleute gemeinsam beglichen werden. Reicht das gemeinsame Vermögen nicht aus, sie zu begleichen, oder fällt das Vermögen in das Eigentum der einzelnen Seiten, wird die Begleichung [der Verbindlichkeiten] von beiden Seiten vereinbart; kommt keine Vereinbarung zustande, entscheidet das Volksgericht durch Urteil.

§ 1090 [Nachehelicher Unterhalt; vgl. § 42 EheG] Ist bei der Scheidung eine Seite der Eheleute in Existenzschwierigkeiten, muss die leistungsfähige andere Seite eine angemessene Hilfe leisten. Die konkrete Methode [der Hilfe] wird von beiden Seiten vereinbart; kommt keine Vereinbarung zustande, entscheidet das Volksgericht durch Urteil.

§ 1091 [Schadensersatzanspruch bei Scheidung wegen familiärer Pflichtverletzung; vgl. § 46 EheG] Wenn einer der folgenden Umstände vorliegt [und] zur Scheidung führt, ist die schuldlose Seite berechtigt, Schadensersatz zu fordern:

1. Doppelehe;
2. Zusammenleben mit jemand anderem;
3. Ausübung von Gewalt in der Familie;
4. Misshandlung [oder] Aussetzung von Familienmitgliedern;
5. Vorliegen von anderem schwerwiegendem Verschulden.

§ 1092 [Spezialfall bei Teilung des gemeinsamen Vermögens; vgl. § 47 EheG] Wenn einer der Eheleute gemeinsames Vermögen der Eheleute verbirgt, überträgt, freihändig verkauft, verschlechtert [oder] verschwendet oder sich mit gefälschten gemeinsamen Verbindlichkeiten der Eheleute bemüht, das

Vermögen der anderen Seite widerrechtlich in Besitz zu nehmen, kann dieser Seite bei der Teilung des gemeinsamen Vermögens der Eheleute bei der Scheidung weniger oder nichts zugeteilt werden. Hat die andere Seite [erst] nach der Scheidung solche Handlungen entdeckt, kann sie beim Volksgericht Klage erheben [und] die nochmalige Teilung des gemeinsamen Vermögens der Ehegatten fordern.

5. Kapitel: Adoption

……

B. Ehegesetz der VR China und die erste Erläuterung und die zweite Erläuterung[2]

Verabschiedet am 10.9.1980 vom 5. Nationalen Volkskongress auf seiner 3. Sitzung; revidiert am 28.4.2001 vom Ständigen Ausschuß des 9. Nationalen Volkskongresses auf seiner 21. Sitzung. [Dabei neu eingefügte Vorschriften sind <u>unterstrichen</u>.] Revidierte Fassung inkrafttreten am 28.4.2001.

*Ergänzt durch die "**Erläuterung des Obersten Volksgerichts zu einigen Fragen des Ehegesetzes der VR China" (1)**, verabschiedet vom Gerichtskomitee des Obersten Volksgerichts am 24.12.2001, bekanntgemacht am 25.12.2001, in Kraft ab 27.12.2001; sowie durch die "**Erläuterung des Obersten Volksgerichts zu einigen Fragen des Ehegesetzes der VR China" (2)**, verabschiedet vom Gerichtskomitee des Obersten Volksgerichts am 4.12.2003, bekanntgemacht am 25.12.2003, in Kraft ab 1.4.2004. Hier als E1 bzw. E2 abgekürzt und kursiv wiedergegeben.*

Inhalt:

---

2 Übersetzung von *Frank Münzel*, http://www.chinas-recht.de/800910.htm (abgerufen am 05.11.2021).

E1 Einleitung: Um Fälle von Ehe- und Familienstreitigkeiten gerichtlich korrekt zu behandeln, wird aufgrund der Bestimmungen des "Ehegesetzes der VR China" (im folgenden kurz: Ehegesetz) und des "Zivilprozeßgesetzes der VR China" die folgende Erläuterung einiger Fragen der Anwendung des Ehegesetzes durch die Volksgerichte erlassen:

E2 Einleitung: Um Fälle von Ehe- und Familienstreitigkeiten gerichtlich korrekt zu behandeln, wird aufgrund der Bestimmungen des "Ehegesetzes der VR China" (im folgenden kurz: Ehegesetz), des "Zivilprozeßgesetzes der VR China" und anderer einschlägiger Rechtsnormen die folgende Erläuterung einiger Fragen der Anwendung des Ehegesetzes durch die Volksgerichte erlassen:

1. Kapitel: Allgemeine Regeln

§ 1 Dies Gesetz enthält die grundlegenden Regeln für Ehe- und Familienbeziehungen.

§ 2 Es wird eine Eheordnung der Ehefreiheit, der Einehe und der Gleichheit von Mann und Frau durchgeführt.

Es werden die legalen Rechtsinteressen der Frauen, der Kinder und der alten Menschen geschützt.

Es wird Familienplanung durchgeführt.

§ 3 Die von Dritten arrangierte Ehe, die Kaufehe und andere in die Ehefreiheit eingreifende Handlungen sind verboten. Es ist verboten, eine Ehe zu benutzen, um Vermögensleistungen zu verlangen.

Mehrfachehen sind verboten. Es ist verboten, daß jemand, der einen Ehegatten bzw. eine Ehegattin hat, mit jemand anders zusammenlebt. Gewalt in der Familie ist verboten. Es ist verboten, daß Familienmitglieder einander mißhandeln oder im Stich lassen.

E1 § 1: Mit "Gewalt in der Familie" ist in §§ 3,32,43,45 und 46 Ehegesetz ein Handeln gemeint, bei dem der Handelnde durch Schläge, Fesseln, üble Verletzungen, zwangsweise Einschränkung der körperlichen Freiheit und andere Maßnahmen einem Familienmitglied körperliche oder seelische Verletzungen zufügt. Fortgesetzte regelmäßige Gewalt in der Familie bildet Mißhandlung.

E1 § 2: Damit, daß "jemand, der einen Gatten hat, mit jemand anders zusammenlebt", ist in §§ 3,32,46 Ehegesetz gemeint, daß jemand, der einen Gatten hat, mit jemand anderen Familiennamens außerhalb der Ehenicht unter dem Namen von Eheleuten fortgesetzt und stabil zusammenlebt.

E2 § 1: Wenn eine Partei mit Klage verlangt, daß eine Zusammenlebensbeziehung aufgelöst wird, so nimmt das Volksgericht diese Klage nicht an. Wenn die Zusammenlebensbeziehung, deren Aufhebung die Partei verlangt, aber zu den in §§ 3, 32, 46 des Ehegesetzes angeführten Fällen gehört, in denen "jemand, der einen Gatten hat, mit jemand anders zusammenlebt", muß das Volksgericht [diese Klage] annehmen und [die Beziehung] nach dem Recht auflösen.

Wenn eine Partei wegen eines Streits über die Aufteilung des Vermögens oder über den Unterhalt der Kinder aus der Zeit des Zusammenlebens Klage erhebt, muß das Volksgericht [diese Klage] annehmen.

§ 4 Ehegatten müssen einander treu sein und einander achten; die Familienmitglieder müssen die Alten achten und die Kinder lieben, einander helfen und gleiche, harmonische und zivilisierte Ehe- und Familienbeziehungen bewahren.

E1 § 3: Eine Klage, die eine Partei nur auf § 4 Ehegesetz gestützt erhebt, nimmt das Volksgericht nicht an; wenn sie bereits angenommen worden ist, wird sie durch Verfügung zurückgewiesen.

2. Kapitel: Eheschließung

§ 5 Beide Seiten, Mann und Frau, müssen die Ehe vollkommen freiwillig schließen, keine Seite darf die andere zwingen, kein Dritter darf sich einmischen.

§ 6 Das Heiratsalter darf bei Männern nicht unter dem vollendeten 22. und bei Frauen nicht unter dem vollendeten 20. Lebensjahr liegen. Es wird gefördert, daß man spät heiratet und spät Kinder bekommt.

§ 7 Der Eheschluß ist verboten:

1. Blutsverwandten in gerader Linie und bis zum dritten Grad in der Seitenlinie;
2. denen, die an einer Krankheit leiden, bei der man nach medizinischer Auffassung nicht heiraten soll.

§ 8 Ein Mann und eine Frau, welche die Eheschließung fordern, müssen beide persönlich zur Eheregisterbehörde kommen, um die Eheschließung zu registrieren. Sind die Bestimmungen dieses Gesetzes eingehalten, so wird die Registrierung gewährt und eine Eheschließungsurkunde erteilt. Mit Erhalt der Eheschließungsurkunde sind Ehegattenbeziehungen errichtet. Wenn die Eheschließung nicht registriert worden ist, muß die Registrierung nachgeholt werden.

E1 § 4: Wenn Mann und Frau nach § 8 Ehegesetz die Registrierung der Ehe nachholen, rechnet die Wirksamkeit der Ehebeziehung von dem Zeitpunkt an, an dem beide Seiten die im Ehegesetz bestimmten tatsächlichen Bedingungen für die Eheschließung erfüllen.

E1 § 5: Wenn Mann und Frau, ohne die Ehe nach § 8 Ehegesetz registriert zu haben, unter dem Namen von Eheleuten zusammenleben, und Scheidungsklage erhoben wird, muß das unterschiedlich behandelt werden:

1. *Wenn vor dem Inkrafttreten der vom Volksregierungsministerium bekanntgemachten "Eheregistrierungsregeln" [1.2.94/1] am 1.2.1994 beide Seiten die im Ehegesetz bestimmten tatsächlichen Bedingungen für die Eheschließung erfüllt haben, wird die Beziehung als tatsächliche Ehe behandelt.*
2. *Wenn nach dem Inkrafttreten der vom Volksregierungsministerium bekanntgemachten "Eheregistrierungsregeln" [1.2.94/1] am 1.2.1994 beide Seiten die im Ehegesetz bestimmten tatsächlichen Bedingungen für die Eheschließung erfüllt haben, muß das Volksgericht sie wissen lassen, daß vor der Annahme des Falls zur Behandlung die Registrierung nachgeholt werden [muß]; solange sie nicht nachgeholt wird, wird die Sache als Auflösung einer Zusammenlebensbeziehung behandelt.*

E1 § 6: Wenn Mann und Frau, ohne die Ehe nach § 8 Ehegesetz registriert zu haben, unter dem Namen von Eheleuten zusammenleben, eine Seite stirbt und die andere als Ehegatten Erbrecht geltend macht, wird die Sache nach den Grundsätzen von E1 § 5 behandelt

§ 9 Aufgrund der Vereinbarungen von Mann und Frau kann nach Registrierung der Ehe die Frau Mitglied der Familie des Mannes, der Mann Mitglied der Familie der Frau werden.

§ 10 Wenn einer der folgenden Umstände vorliegt, ist die Ehe nichtig:

1. Mehrfachehe,
2. Verwandtschaftsbeziehung, bei der eine Eheschließung verboten ist,
3. ein Ehegatte leidet vor der Ehe an einer Krankheit, mit der man nach medizinischer Auffassung nicht heiraten soll, und die nach der Eheschließung nicht ausgeheilt ist,
4. das vom Recht bestimmte Heiratsalter ist nicht erreicht.

E1 § 7: Aufgrund von § 10 Ehegesetz können die Beteiligten und die Interessierten beim Volksgericht beantragen, daß nach der Registrierung der Eheschließung eine Ehe für nichtig erklärt wird. Die Interessierten umfassen:

1. *Wenn beantragt wird, die Ehe wegen Mehrfachehe für nichtig zu erklären, die nahen Verwandten der Beteiligten und die Basisorganisation:*
2. *wenn beantragt wird, die Ehe für nichtig zu erklären, weil das Heiratsalter nicht erreicht ist, die nahen Verwandten dessen, der das Heiratsalter nicht erreicht hat;*
3. *wenn beantragt wird, die Ehe für nichtig zu erklären, weil eine Verwandtschaftsbeziehung besteht, bei der eine Eheschließung verboten ist, die nahen Verwandten der Beteiligten;*
4. *wenn beantragt wird, die Ehe für nichtig zu erklären, weil vor der Ehe eine Krankheit bestand, mit der man nach medizinischer Auffassung nicht heiraten soll, und die nach der Eheschließung nicht ausgeheilt ist, mit dem Kranken zusammenlebende nahe Verwandte.*

E1 § 8: Wenn Beteiligte nach § 10 Ehegessetz beim Volksgericht beantragen, die Ehe für nichtig zu erklären, und zur Zeit des Antrags der vom Recht bestimmte Ehenichtigkeitsumstand weggefallen ist, unterstützt das Volksgericht nicht.

E1 § 9: Wenn das Volksgericht den Fall Erklärung der Nichtigkeit einer Ehe behandelt, wird zur Behandlung der Frage der Wirksamkeit der Ehe keine Schlichtung durchgeführt, es muß ein Urteil nach dem Recht gefällt werden; das zur Wirksamkeit der Ehe ergangene Urteil ist rechtskräftig, sobald es ergeht.

Zu Fragen der Vermögensteilung und des Unterhalts der Kinder kann geschlichtet werden. Wird bei der Schlichtung eine Vereinbarung erzielt, so wird eine gesonderte Schlichtungsurkunde erstellt. Will sich ein Beteiligter einem Urteil zur

Vermögensteilung und zum Unterhalt der Kinder nicht unterwerfen, so kann er Berufung einlegen.

E2 § 2: Wenn das Volksgericht einen Fall angenommen hat, in dem beantragt wird, eine Ehe für nichtig zu erklären, und die Prüfung ergibt, daß es sich tatsächlich um eine nichtige Ehe handelt, muß nach dem Recht ein Urteil ergehen, das die Ehe für nichtig erklärt. Beantragt der Kläger Klagerücknahme, so wird dem nicht stattgegeben.

E2 § 3: Wenn das Volksgericht einen Ehescheidungsfall angenommen hat, und die Prüfung ergibt, daß es sich tatsächlich um eine nichtige Ehe handelt, muß die Nichtigkeit der Ehe den Parteien mitgeteilt werden und nach dem Recht ein Urteil ergehen, das die Ehe für nichtig erklärt.

E2 § 4: Wenn es beim Volksgericht bei der Behandlung von Ehenichtigkeitsfällen um die Aufteilung des Vermögens oder den Unterhalt von Kindern geht, müssen zur Feststellung der Wirksamkeit [oder Unwirksamkeit] der Ehe einerseits und zur Regelung der sonstigen Streitigkeiten andererseits getrennte Entscheidungsschriftstücke erstellt werden.

E2 § 5: Wenn innerhalb eines Jahres, nachdem einer der Ehegatten gestorben ist, oder beide gestorben sind, der überlebende Ehegatte oder ein daran Interessierter nach § 10 Ehegesetz beantragt, daß die Ehe für nichtig erklärt wird, muß das Volksgericht den Fall zur Behandlung annehmen.

E2 § 6: Wenn ein daran Interessierter nach § 10 Ehegesetz beantragt, daß das Volksgericht eine Ehe für nichtig erklärt, ist der Interessierte der Antragsteller, die Beteiligten an der Ehebeziehung sind Antragsgegner.

Ist ein Ehegatte gestorben, so ist der überlebende Ehegatte Antragsgegner.

Sind bereits beide Ehegatten gestorben, so wird kein Antragsgegner aufgeführt.

E2 § 7: Wenn Volksgerichte zu ein und derselben Ehebeziehung einerseits eine Scheidungsklage, andererseits einen Antrag, die Ehe für nichtig zu erklären, zur Behandlung angenommen haben, muß die Behandlung der Scheidungssache warten, bis auf den Antrag hin, die Ehe für nichtig zu erklären, ein Urteil ergangen ist.

Wenn eine unter den vorigen Absatz fallende Ehebeziehung für nichtig erklärt worden ist, und es auch um die Aufteilung des Vermögens und den Unterhalt von Kindern gegangen ist, muß die gerichtliche Behandlung dieser Fragen fortgeführt werden.

[E2 § 8 folgt nach Ehegesetz § 39.]

§ 11 Ist die Ehe erzwungen geschlossen worden, so kann die gezwungene Seite von der Eheregisterbehörde oder vom Volksgericht verlangen, diese Ehe aufzuheben. Das Verlangen der gezwungenen Seite, die Ehe aufzuheben, muß innerhalb eines Jahres ab dem Tag der Registrierung der Ehe erhoben werden. Wenn ein Beteiligter, dessen körperliche Freiheit rechtswidrig beschränkt worden ist, verlangt, die Ehe aufzuheben, muß er dies innerhalb eines Jahres von dem Tag an tun, an dem er die körperliche Freiheit wiedererlangt.

E1 § 10: Mit "gezwungen" ist in § 11 Ehegesetz gemeint, daß der Zwingende den anderen Beteiligten oder dessen nahe Verwandte mit Schaden für Leib und Leben, Ruf oder Vermögen bedroht und damit den anderen Beteiligten gezwungen hat, entgegen seinem wahren Willen die Ehe zuz schließen.

Wegen Zwangs kann nur der gezwungene Beteiligte der Ehebeziehung die Aufhebung der Ehe verlangen.

E1 § 11: In Fällen, in denen die Auflösung der Ehe wegen Zwangs verlangt wird, muß das vereinfachte Verfahren oder das gewöhnliche Verfahren angewandt werden.

E1 § 12: Für die Einjahresfrist in § 11 Ehegesetz gelten die Vorschriften über Hemmung, Unterbrechung und Verlängerung der Klageverjährung nicht.

§ 12 Eine nichtige oder aufgehobene Ehe ist von Anfang an nichtig. Die Beteiligten haben nicht die Rechte und Pflichten von Ehegatten. Die Beteiligten müssen vereinbaren, wie mit während des Zusammenlebens erlangtem Vermögen verfahren werden soll; kommt keine Vereinbarung zustande, so entscheidet das Volksgericht durch Urteil, nach dem Grundsatz, daß besonders die schuldlose Seite berücksichtigt wird. Wenn Mehrfachehe dazu geführt hat, daß die Ehe nichtig ist, dürfen bei der Vermögensregelung nicht die Vermögensinteressen eines an der legalen Ehe Beteiligten verletzt werden. Auf den Beteiligten geborene Kinder werden die Vorschriften dieses Gesetzes über Eltern und Kinder angewandt.

E1 § 13: Mit "von Anfang an nichtig" ist in § 12 Ehegesetz gemeint, daß für eine nichtige oder aufhebbare Ehe, die nach dem Recht für nichtig erklärt oder aufgehoben wird, damit festgestellt wird, daß sie von Anfang an nicht den Schutz des Gesetzes erhält.

E1 § 14: Wenn das Volksgericht aufgrund eines Antrags eines Beteiligten nach dem Recht eine Ehe für nichtig erklärt oder sie auflöst, muß es die Eheschließungsurkunden beider Seiten einziehen und das rechtskräftige Urteil der Eheregisterbehörde des betreffenden Ortes übersenden.

E1 § 15: Bei einer für nichtig erklärten oder aufgelösten Ehe wird das von den Beteiligten während des Zusammenlebens erlangte Vermögen als gemeinsam behandelt. Dies gilt jedoch nicht, wenn bewiesen wird, daß es einer Seite gehört.

E1 § 16: Wenn ein Volksgericht einen Fall behandelt, in dem Mehrfachehe zur Nichtigkeit der Ehe führt, und die Verfügung über das Vermögen berührt wird, muß einem Beteiligten an der legalen Ehe gestattet werden, als Dritter mit dem Recht, unabhängig etwas zu verlangen, am Verfahren teilzunehmen.

3. Kapitel: Familienbeziehungen

§ 13 Ehemann und Ehefrau haben in der Familie die gleiche Stellung.

§ 14 Ehemann und Ehefrau haben beide das Recht, den eigenen Namen zu benutzen.

§ 15 Ehemann und Ehefrau sind beide frei, zu produzieren, zu arbeiten, zu studieren und gesellschaftlich aktiv zu werden, die eine Seite darf die andere nicht beschränken oder sich bei ihr einmischen.

§ 16 Ehemann und Ehefrau sind beide zu Familienplanung verpflichtet.

§ 17 Folgendes Vermögen, das Ehemann und Ehefrau erlangt haben, während die Ehebeziehung besteht, fällt in ihr gemeinsames Vermögen:

1. Lohn und Prämien;
2. Einkommen aus Produktion und Betrieb;
3. Einkommen aus geistigen Eigentumsrechten;
4. geerbtes und geschenktes Vermögen, außer im Fall des § 18 Nr. 3;
5. anderes Vermögen, das in das gemeinsame Vermögen fallen muß.

Ehemann und Ehefrau haben das gleiche Recht, über das gemeinsame Vermögen zu verfügen.

E2 § 11: Folgendes Vermögen gehört zu dem "anderen Vermögen", das nach § 17 Ehegesetz, "während die Ehebeziehung besteht, in das gemeinsame Vermögen fallen muß":

1. *Erträge, die eine Seite durch Investition ihres persönlichen Einzelvermögens erlangt hat.*
2. *Wohnungszuschüsse und Wohnungsrücklagen, welche Ehemann und Ehefrau [während der Ehe] erhalten oder erhalten sollen;*
3. *Pensionsversicherungen und Konkurs-Unterbringungszuschüsse, welche Ehemann und Ehefrau [während der Ehe] erhalten oder erhalten sollen.*

E2 § 12: Mit "Einkommen aus geistigen Eigentumsrechten" ist in § 17 Nr. 3 Ehegesetz vermögenswertes Einkommen gemeint, das während des Bestands der Ehebeziehung erlangt wird oder offensichtlich erlangt werden kann.

[E2 § 13 steht nach Ehegesetz § 18, E1 § 19.]

E1 § 17: Daß nach § 17 Ehegesetz "Ehemann und Ehefrau das gleiche Recht haben, über das gemeinsame Vermögen zu verfügen", ist wie folgt zu verstehen:

1. *Die Rechte von Mann und Frau zur Verfügung über das gemeinsame Vermögen haben gleichen Rang. Jede Seite ist gleichermaßen berechtigt, wegen der Bedürfnisse des täglichen Lebens über das gemeinsame Vermögen der Ehegatten zu verfügen.*
2. *Wenn aus anderen Gründen als um der Bedürfnisse des täglichen Lebens willen der Mann oder die Frau wichtige Verfügungen über das gemeinsame Vermögen der Ehegatten treffen, müssen sie das in gleichberechtigten Verhandlungen aushandeln und Einigkeit darüber erzielen. Wenn ein anderer Grund zu der Annahme hat, daß es sich um eine gemeinsame Willenserklärung der Ehegatten handelt, kann die andere Seite dem Dritten nicht entgegenhalten, daß sie [mit der Verfügung] nicht einverstanden war oder nichts davon wußte.*

[E1 § 18 steht nach § 19 des Gesetzes.]

E2 § 14: Wenn es in einem Scheidungsfall vor einem Volksgericht um die Aufteilung der unter dem Namen eines Militärangehörigen zugeteilten Demobilisierungskosten, Selbstbeschäftigungskosten und sonstigen einmaligen Kosten geht, wird die Dauer der Ehebeziehung der Gatten in Jahren mit dem Jahresdurchschnittswert multipliziert, und das Ergebnis ist gemeinsames Vermögen der Ehegatten.

Der Jahresdurchschnittswert nach dem vorigen Absatz ist der Betrag, den man erhält, wenn man den Gesamtbetrag der vorgenannten Kosten, die unter dem Namen des Militärangehörigen zugeteilt worden sind, gleichmäßig auf die konkreten Jahre verteilt. Als konkrete Jahre rechnet man die Differenz zwischen der durchschnittlichen Lebenserwartung von 70 Jahren und dem Alter des Militärangehörigen bei seinem Eintritt in die Armee.

E2 § 15: Wenn Ehegatten, die das gemeinsame Vermögen an Aktien, Schuldverschreibungen, Anteilen an Investmentfonds und sonstigen Wertpapieren und an nicht börsengängigen Anteilen von Aktiengesellschaften aufteilen, darüber keine Vereinbarung zustandebringen, oder eine Teilung nach dem Marktpreis schwierig ist, kann das Volksgericht die Zahl [der Stücke solcher Wertpapiere bzw. Anteile] nach Verhältnis aufteilen.

E2 § 16: Wenn es in einem Scheidungsfall vor einem Volksgericht um die Aufteilung von Investitionen des gemeinsamen Vermögens geht, die unter dem Namen eines der Ehegatten in eine GmbH investiert worden ist, während der andere nicht zu deren Gesellschaftern zählt, wird je nach den Umständen wie folgt verfahren:

1. *Wenn die Ehegatten vereinbaren, die Investition ganz oder zum Teil dem Ehegatte des Gesellschafters zu übertragen, die Mehrheit der Gesellschafter zustimmt, und die anderen Gesellschafter eindeutig auf ihr Vorkaufsrecht verzichten, kann der Ehegatte Gesellschafter dieser Gesellschaft werden.*
2. *Wenn die Ehegatten den zu übertragenden Teil der Investitionen, den Übertragungspreis und anderes vereinbart haben, aber die Mehrheit der Gesellschafter der Übertragung nicht zustimmt, sondern diesen Investitionsbetrag zum selben Preis selber kaufen wollen, kann das Volksgericht den durch die Übertragung der Investition zu erlangenden*

Ertrag aufteilen. Wenn die Mehrheit der Gesellschafter der Übertragung nicht zustimmt und diesen Investitionsbetrag auch nicht zum selben Preis selber kaufen will, wird das als Zustimmung zur Übertragung angesehen, und der Ehegatte kann Gesellschafter dieser Gesellschaft werden.

Als Beweis der im vorigen Absatz vorgesehenen Zustimmung der Mehrheit der Gesellschafter können ein Beschluß der Gesellschafterversammlung, aber auch sonstige von den Parteien auf legalem Wege erlangte schriftliche Unterlagen zu Erklärungen der Gesellschafter dienen.

E2 § 17: Wenn es in einem Scheidungsfall vor einem Volksgericht um die Aufteilung von Investitionen des gemeinsamen Vermögens geht, die unter dem Namen eines Ehegatten in ein Partnerschaftsunternehmen investiert worden ist, während der andere Ehegatte nicht zu dessen Partnern zählt, und die Ehegatten vereinbaren, den Anteil am Vermögen dieses Partnerschaftsunternehmens ganz oder zum Teil dem Ehegatten des Partners zu übertragen, wird je nach den Umständen wie folgt verfahren:

1. *Wenn die anderen Partner sämtlich zustimmen, wird der Ehegatte nach dem Recht Partner;*
2. *wenn andere Partner der Übertragung nicht zustimmen und das Recht auf bevorzugte Übertragung an sie zu gleichen Bedingungen nutzen, kann der durch die Übertragung erlangte Vermögenswert aufgeteilt werden;*
3. *wenn andere Partner der Übertragung nicht zustimmen, auch nicht das Recht auf bevorzugte Übertragung an sie zu gleichen Bedingungen nutzen, aber damit einverstanden sind, daß der Partner aus der Partnerschaft austritt oder einen Teil seines Anteils am Vermögen [des Partnerschaftsunternehmens] zurückgibt, kann das zurückerstattete Vermögen aufgeteilt werden;*
4. *wenn andere Partner der Übertragung nicht zustimmen, nicht das Recht auf bevorzugte Übertragung an sie zu gleichen Bedingungen nutzen und auch nicht damit einverstanden sind, daß der Partner aus der Partnerschaft austritt oder einen Teil seines Anteils am Vermögen [des Partnerschaftsunternehmens] zurückgibt, wird das als Zustimmung aller Partner zur Übertragung angesehen, und der Ehegatte wird nach dem Recht Partner.*

E2 § 18: Wenn Ehegatten unter dem Namen eines von ihnen in ein Unternehmen mit dem Kapital allein einer Einzelperson investiert haben, und das Volksgericht das gemeinsame Vermögen der Ehegatten in diesem Unternehmen aufteilt, muß es je nach den Umständen wie folgt verfahren:

1. *Wenn ein Ehegatte das Unternehmen betreiben will, muß er nach Bewertung des Unternehmensvermögens dem anderen einen entsprechenden Ausgleich gewähren;*
2. *wenn beide Ehegatten das Unternehmen betreiben wollen, müssen sie gegeneinander bieten, und auf der Grundlage des gebotenen Höchstpreises muß, wer das Unternehmen bekommt, dem anderen einen entsprechenden Ausgleich gewähren;*
3. *wenn keiner der beiden das Unternehmen betreiben will, wird nach dem "Gesetz der VR China über Unternehmen mit dem Kapital allein einer Einzelperson" und sonst einschlägigen Bestimmungen verfahren.*

E2 § 19: Wenn ein Gebäude vor der Ehe von einem Ehegatten gemietet, nach dem Eheschluß mit gemeinsamem Vermögen gekauft und auf dem Nachweis für das Recht am Haus unter dem Namen eines Ehegatten rgistriert worden ist, muß es als gemeinsames Vermögen der Ehegatten angesehen werden.

[E2 §§ 20, 21 folgen nach Ehegesetz § 39.]

E2 § 22: Wenn vor der Ehe die Eltern [eines der späteren Ehegatten] in den Kauf eines Gebäudes für die beiden späteren Ehegatten investiert haben, muß diese Investition als Geschenk an ihren Sohn bzw. ihre Tochter angesehen werden, wenn die Eltern nicht klar zum Ausdruck gebracht haben, daß es sich um ein Geschenk an beide späteren Ehegatten handelt.

Wenn nach dem Eheschluß die Eltern [eines der späteren Ehegatten] in den Kauf eines Gebäudes für die beiden Ehegatten investiert haben, muß diese Investition als Geschenk an beide Ehegatten angesehen werden, wenn die Eltern nicht klar zum Ausdruck gebracht haben, daß es sich um ein Geschenk nur für eine Seite handelt.

[E2 § 23 folgt nach Ehegesetz § 19.]

§ 18 In folgenden Fällen handelt es sich um Vermögen nur des Ehemannes oder der Ehefrau:

1. Bei vorehelichem Vermögen einer Seite;
2. bei Behandlungskosten, Existenzbeihilfen für Behinderte und anderen Kosten, die eine Seite wegen erlittener körperlicher Verletzungen erlangt;

3. bei Vermögen, zu dem in einem Vermächtnis oder Schenkungsvertrag festgesetzt ist, daß es nur in das Vermögen des Mannes oder der Frau fällt;
4. speziell im Leben einer Seite genutzte Gegenstände;
5. anderes Vermögen, das [nur] einer Seite zufallen muß.

E1 § 19: Vermögen, das nach § 18 Ehegesetz einer Seite, dem Mann oder der Frau, zusteht, wird durch die Fortdauer der Ehebeziehung nicht zu gemeinsamem Vermögen der Ehegatten, soweit die Beteiligten nichts anderes vereinbaren.

[E1 § 20 steht nach § 21 des Gesetzes.]

E2 § 13: Bei Militärangehörigen fallen Versicherungsleistungen für Verletzung und Tod, Hilfen bei Verletzung und Invalidität und Zuschüsse für die Kosten medizinischer Behandlung und des Lebensunterhalts in ihr persönliches Einzelvermögen.

[E2 § 14 steht nach Ehegesetz § 17.]

§ 19 Die Ehegatten können miteinander vertraglich vereinbaren, daß Vermögen, das erlangt wird, während die Ehebeziehung besteht, und voreheliches Vermögen in das Vermögen des einzelnen, in das gemeinsame Vermögen oder teils in das Einzelvermögen, teils in das gemeinsame Vermögen fällt. Die Vereinbarung muß schriftlich getroffen werden. Ist nichts vereinbart worden, oder sind die Vereinbarungen unklar, so gelten §§ 17 und 18.

Vereinbarungen zwischen den Ehegatten über während des Bestands der Ehebeziehung erworbenes und über vorheheliches Vermögen binden beide Seiten.

Wenn die Ehegatten miteinander vertraglich vereinbaren, daß während des Bestands der Ehebeziehung erworbenes Vermögen in das Vermögen des einzelnen fällt, so werden Schulden, die nach außen der Ehemann oder die Ehefrau trägt, wenn Dritte diese Vereinbarung kennen, aus dem Einzelvermögen des Ehemannes bzw. der Ehefrau befriedigt.

E1 § 18: "Wenn Dritte diese Vereinbarung kennen" bedeutet in § 19 Ehegesetz, daß der Ehemann bzw. die Ehefrau dafür die Beweislast trägt.

[E1 § 19 steht nach § 18 des Gesetzes.]

E2 § 23: Macht der Gläubiger Rechte aus einer Verbindlichkeit, die vor der Ehe von einem der späteren Ehegatten übernommen wurde, gegenüber dem Ehegatte des Schuldners geltend, so unterstützt das Volksgericht dies nicht. Dies gilt jedoch nicht, wenn der Gläubiger beweisen kann, daß die Verbindlichkeit für das gemeinsame Leben der Familie nach dem Eheschluß verwandt worden ist.

E2 § 24: Macht ein Gläubiger Rechte aus einer Verbindlichkeit geltend, die während des Bestands der Ehebeziehung von einem Ehegatten nur in dessen Namen übernommen wurde, so muß sie als gemeinsame Verbindlichkeit der Ehegatten behandelt werden. Dies gilt jedoch nicht, wenn ein Ehegatte beweisen kann, daß Gläubiger und Schuldner eindeutig eine Verbindlichkeit des einzelnen [Ehegatten] vereinbart haben, oder daß es sich um einen Fall des § 19 Abs. 3 Ehegesetz handelt.

E2 § 25: [Auch] wenn in einer Scheidungsvereinbarung der Parteien oder in einer Urteils-, Verfügungs- oder Schlichtungsurkunde des Volksgerichts die Aufteilung des Vermögens der Ehegatten bereits geregelt worden ist, haben Gläubiger weiterhin das Recht, gemeinsame Verbindlichkeiten der Ehegatten gegenüber beiden geltend zu machen.

Wenn ein Ehegatte, nachdem er als Gesamtschuldner eine gemeinsame Verbindlichkeit befriedigt hat, aufgrund der Scheidungsvereinbarung oder einer Rechtsurkunde des Volksgerichts vom anderen Ehegatten Ausgleich verlangt, muß das Volksgericht dies unterstützen.

E2 § 26: Nach dem Tod eines Ehegatten befriedigt der andere die gemeinsamen Verbindlichkeiten aus der Zeit des Bestands der Ehebeziehung als Gesamtschuldner.

[E2 § 27 folgt nach Ehegesetz § 46.]

§ 20 Die Ehegatten sind verpflichtet, einander zu unterhalten.

Wenn eine Seite ihre Unterhaltspflicht nicht erfüllt, ist die Seite, welche Unterhalt benötigt, berechtigt, von der anderen Seite Unterhaltskosten zu fordern.

§ 21 Die Eltern sind den Kindern verpflichtet, sie zu unterhalten und zu erziehen; die Kinder sind den Eltern zu Unterhalt und Beistand verpflichtet. Erfüllen die

Eltern ihre Unterhaltspflicht nicht, so sind minderjährige Kinder und Kinder, die nicht unabhängig leben können, berechtigt, von den Eltern Unterhaltskosten zu fordern. Erfüllen Kinder ihre Unterhaltspflicht nicht, so sind nicht arbeitsfähige Eltern und Eltern in Existenzschwierigkeiten berechtigt, von den Kindern Unterhaltskosten zu fordern.

Kleinkinder zu ertränken oder im Stich zu lassen oder sie sonstwie zu verletzen und zu schädigen ist verboten.

E1 § 20: Mit "Kindern, die nicht unabhängig leben können", sind in § 21 Ehegesetz volljährige Kinder gemeint, die noch Unterricht in der Oberstufe der Mittelschule oder auf tieferer Stufe erhalten oder die Arbeitsfähigkeit ganz oder teilweise verloren haben oder aus anderen nicht subjektiven Gründen sich nicht normal selbst ernähren können.

E1 § 21: Die "Unterhaltskosten" von Kindern nach § 21 Ehegesetz umfassen die Kosten insbesondere für den Lebensunterhsalt, die Erziehung und die ärztliche Behandlung der Kinder.

§ 22 Kinder können den Familiennamen des Vaters bekommen, sie können den Familiennamen der Mutter bekommen.

§ 23 Die Eltern haben das Recht und die Pflicht, minderjährige Kinder zu schützen und zu erziehen. Wenn minderjährige Kinder dem Staat, Kollektiven oder anderen Schäden verursachen, sind die Eltern verpflichtet, zivilrechtliche Haftung zu übernehmen.

§ 24 Ehegatten beerben einander.

Eltern und Kinder beerben einander.

§ 25 Nichteheliche Kinder haben die gleichen Rechte wie eheliche Kinder, niemand darf sie gefährden oder mißachten.

Der leibliche Vater oder die leibliche Mutter, die ein nichteheliches Kind nicht direkt unterhalten, müssen Lebensunterhalts- und Erziehungskosten des Kindes solange tragen, bis das Kind unabhängig leben kann.

§ 26 Der Staat schützt legale Adoptionsbeziehungen. Für die Rechte und Pflichten zwischen Adoptiveltern und Adoptivkindern gelten die Vorschriften dieses Gesetzes für die Beziehungen zwichen Eltern und Kindern.

Die Rechte und Pflichten zwischen Adoptivkindern und ihren leiblichen Eltern erlöschen infolge der Errichtung der Adoptionsbeziehung.

§ 27 Stiefeltern und Stiefkinder dürfen einander nicht mißhandeln oder mißachten. Für die Rechte und Pflichten zwischen Stiefvater oder Stiefmutter und von ihnen unterhaltenen und erzogenen Stiefkinder gelten die Vorschriften dieses Gesetzes für die Beziehungen zwischen Eltern und Kindern.

§ 28 Dazu fähige Großeltern haben die Pflicht, minderjährige Enkel zu unterhalten, deren Eltern gestorben oder selbst nicht fähig sind, die Kinder zu unterhalten. Dazu fähige Enkel haben die Pflicht, Großeltern zu unterhalten, deren Kinder gestorben oder selbst nicht fähig sind, ihre Eltern zu unterhalten.

§ 29 Dazu fähige ältere Geschwister haben die Pflicht, minderjährige jüngere Geschwister zu unterhalten, wenn die Eltern gestorben oder zum Unterhalt nicht fähig sind. Von älteren Geschwistern großgezogene unterhaltsfähige jüngere Geschwister sind verpflichtet, ältere Geschwister zu unterhalten, die nicht arbeitsfähig sind und keine anderen Quellen für ihren Lebensunterhalt haben.

§ 30 Die Kinder müssen das Heiratsrecht der Eltern achten und dürfen sich in eine nochmalige Eheschließung von Vater oder Mutter und deren Leben nach der Hochzeit nicht einmischen. Die Unterhaltspflicht von Kindern gegenüber Eltern endet nicht wegen Veränderungen der Ehebeziehung der Eltern.

4. Kapitel: Scheidung

§ 31 Wollen der Mann und die Frau beide selbst die Scheidung, wird Scheidung gewährt. Beide Seiten haben persönlich zur Registerbehörde zu kommen und die Scheidung zu beantragen. Wenn die Registerbehörde klargestellt hat, daß beide Seiten dies wirklich freiwillig tun, und daß die Fragen der Kinder und des Vermögens angemessen geregelt worden sind, stellen sie die Scheidungsurkunde aus.

§ 32 Wenn nur eine Seite, der Mann oder die Frau, die Scheidung fordert, kann bei den betroffenen Stellen eine Schlichtung durchgeführt oder direkt beim Volksgericht Scheidungsklage erhoben werden.

Das Volksgericht muß bei der Behandlung von Scheidungsfällen eine Schlichtung durchführen; wenn die Gefühle [der Beteiligten füreinander] tatsächlich zerrüttet sind, und die Schlichtung erfolglos ist, muß es die Scheidung gewähren.

Wenn einer der folgenden Umstände vorliegt, und die Schlichtung erfolglos ist, muß die Scheidung gewährt werden:

1. Bei Mehrfachehe, und wenn, wer einen Gatten hat, mit jemand anders zusammenlebt;
2. wenn Gewalt in der Familie ausgeübt oder ein Familienangehöriger mißhandelt oder im Stich gelassen worden ist;
3. wenn jemand Glücksspiel, Rauschgift oder andere üble Gewohnheiten trotz wiederholter Ermahnungen nicht aufgibt;
4. wenn [die Ehegatten] wegen Unverträglichkeit der Gefühle mindestens zwei Jahre getrennt gelebt haben;
5. bei anderen Umständen, die zur Zerrüttung der [gegenseitigen] Gefühle der Ehegatten geführt haben. Wenn eine Seite für verschollen erklärt worden ist, und die andere Scheidungsklage erhebt, muß die Scheidung gewährt werden.

E1 § 22: Das Volksgericht muß bei der Behandlung von Scheidungsfällen bei Umständen, bei denen es nach § 32 Abs. 2 [Ehegesetz] "die Scheidung gewähren muß", nicht deshalb, weil bei [einem oder beiden] Beteiligten Verschulden vorliegt, keine Scheidung gewähren.

§ 33 Wenn der Ehegatte eines aktiven Militärangehörigen Scheidung fordert, muß das Einverständnis des Militärangehörigen eingeholt werden, außer bei schwerem Verschulden des Militärangehörigen.

E1 § 23: Ehegesetz § 33 spricht von "schwerem Verschulden des Militärangehörigen", wenn nach den Vorschriften zu den ersten drei Fällen von § 32 Abs. 3 Ehegesetz und in anderen Fällen, in denen schweres Verschulden des Militärangehörigen die Gefühle der Ehegatten zerrüttet hat, ein Urteil ergehen kann.

§ 34 Während einer Schwangerschaft der Frau und innerhalb eines Jahres ab der Geburt bzw. eines halben Jahres ab einem Schwangerschaftsabbruch darf der Mann nicht die Scheidung verlangen. Dies gilt nicht, wenn die Frau die Scheidung will, oder das Volksgericht der Ansicht ist, daß es wirklich erforderlich ist, das Scheidungsverlangen des Mannes anzunehmen.

§ 35 Wenn nach der Scheidung der Mann und die Frau freiwillig die Ehebeziehung wiederherstellen, haben sie bei der Eheregisterbehörde die Wiederheirat zu registrieren.

§ 36 Die Beziehungen zwischen Eltern und Kindern erlöschen wegen der Scheidung der Eltern nicht. Nach der Scheidung sind die Kinder, gleich ob sie vom Vater oder von der Mutter direkt unterhalten werden, weiterhin die Kinder beider Eltern.

Nach der Scheidung haben die Eltern weiterhin das Recht und die Pflicht, die Kinder zu unterhalten und zu erziehen.

Nach der Scheidung werden Kinder in der Stillzeit im Prinzip von der stillenden Mutter unterhalten. Wenn bei Kindern nach der Stillzeit die Eltern sich in einem über Unterhaltsfragen entstandenen Streit nicht einigen können, fällt das Volksgericht ein Urteil aufgrund der Rechtsinteressen der Kinder und der konkreten Verhältnisse der beiden Eltern.

§ 37 Wenn nach der Scheidung eine Seite die Kinder unterhält, muß die andere die notwendigen Lebensunterhalts- und Erziehungskosten ganz oder zum Teil tragen; die beiden Seiten vereinbaren die Höhe der Kosten, und wie lange [sie getragen werden]; kommt keine Vereinbarung zustande, so entscheidet das Urteil des Volksgerichts.

Eine Vereinbarung oder ein Urteil zu den Lebensunterhalts- und Erziehungskosten hindert die Kinder nicht, nötigenfalls gegenüber Vater wie Mutter vernünftige Forderungen zu stellen, die über den ursprünglich in der Vereinbarung bzw. dem Urteil bestimmten Betrag hinausgehen.

§ 38 Der Vater bzw. die Mutter, der bzw. die nach der Scheidung das Kind nicht direkt unterhält, hat das Recht, das Kind zu besuchen, die andere Seite hat die Pficht, dies zu unterstützen.

Form und Zeit der Ausübung des Besuchsrechts werden von den Parteien vereinbart; kommt keine Vereinbarung zustande, so entscheidet das Volksgericht durch Urteil.

Ist ein Besuch des Vaters bzw. der Mutter der physischen oder psychischen Gesundheit des Kindes nicht förderlich, so wird vom Volksgericht nach dem Recht das Besuchsrecht ausgesetzt; fällt der Grund der Aussetzung fort, so muß es wiederhergestellt werden.

E1 § 24: Wenn ein rechtskräftiges Scheidungsurteil des Volksgerichts das Besuchsrecht nicht berührt, und ein Beteiligter unabhängig [vom Scheidungsverfahren] Klage zum Besuchsrecht erhebt, muß das Volksgericht sie annehmen.

E1 § 25: Wenn bei der Ausführung eines rechtskräftigen Urteils oder einer rechtskräftigen Verfügung oder Schiedsurkunde ein Beteiligter die Aussetzung der Ausübung des Besuchsrechts verlangt, und das Volksgericht, nachdem es beide Beteiligten dazu angehört hat, es für erforderlich hält, die Ausübung des Besuchsrechts auszusetzen, erläßt es nach dem Recht eine Verfügung. Nachdem die der Aussetzung der Besuche zugrundeliegenden Umstände entfallen sind, muß das Volksgericht aufgrund eines Antrags eines Beteiligten mitteilen, daß es die Ausübung des Besuchsrechts wiederhergestellt hat.

E1 § 26: Berechtigt, beim Volksgericht das Verlangen nach Aussetzung des Besuchsrechts vorzubringen, sind das minderjährige Kind, der Vater oder die Mutter, die das Kind direkt unterhält, und ein anderer vom Recht bestimmter Vormund, welcher die Pflicht übernommen hat, das Kind zu unterhalten und zu erziehen.

§ 39 Das gemeinsame Vermögen der Ehegatten wird bei der Scheidung durch Vereinbarung beider Seiten geregelt; kommt keine Vereinbarung zustande, so entscheidet das Volksgericht nach den konkreten Umständen des Vermögens und nach dem Grundsatz besonderer Berücksichtigung der Rechtsinteressen von Kind und Frau durch Urteil.

Rechtsinteressen des Mannes oder der Frau bei der Übernahme der Bewirtschaftung von Land durch die Familie müssen nach dem Recht geschützt werden.

E2 § 8: Auf die Vermögensteilung bezügliche Teile einer Scheidungsvereinbarung ebenso wie eine von den Parteien wegen der Scheidung erzielte [besondere] Vereinbarung über die Vermögensteilung hat für beide Seiten, Mann und Frau, gesetzliche Bindungskraft.

Klagen, die Parteien in Streitigkeiten über die Ausführung von Teilungsvereinbarungen nach dem vorigen Absatz erheben, müssen vom Volksgericht zur Behandlung angenommen werden.

E2 § 9: Wenn innerhalb eines Jahres nach einer von den Parteien vereinbarten Scheidung [die Vereinbarung] zur Frage der Vermögensteilung bereut und eine Änderung oder die Aufhebung der Vereinbarung zur Vermögensteilung verlangt wird, muß das Volksgericht dies zur Behandlung annehmen.

Wenn das Volksgericht bei der Behandlung [eines solchen Verlangens] nicht feststellt, daß beim Abschluß der Vereinbarung über die Vermögensteilung getäuscht oder Druck ausgeübt worden ist, muß es das Klageverlangen der Partei nach dem Recht zurückweisen.

E2 § 10: Wenn eine Partei die Rückgabe des nach der Tradition geleisteten Brautpreises verlangt, und die Untersuchung ergibt, daß einer der folgenden Umstände vorliegt, muß das Volksgericht dies unterstützen:

1. *Wenn die Parteien nicht das Eheregistrierungsverfahren durchgeführt haben;*
2. *wenn die Parteien das Eheregistrierungsverfahren durchgeführt, aber tatsächlich nicht zusammengelebt haben;*
3. *wenn der Brautpreis vor der Ehe geleistet worden ist, und dies den Leistenden in Existenzschwierigkeiten gebracht hat.*

Voraussetzung [für die Rückgabe] nach den Nrn. 2 und 3 des vorigen Absatzes ist die Scheidung der Parteien.

[E2 § 11 folgt nach Ehegesetz § 17.]

E2 § 20: Wenn die Ehegatten über den Wert und die Zugehörigkeit eines zu ihrem gemeinsamen Vermögen gehörenden Gebäudes keine Vereinbarung erzielen können, regelt das Volksgericht dies je nach den Umständen wie folgt:

1. *Wenn beide Seiten das Eigentum am Gebäude haben wollen und einverstanden sind, daß der Meistbietende es erhält, muß dies gestattet werden;*
2. *wenn eine Seite das Eigentum am Gebäude haben will, und ein Bewertungsorgan den Marktpreis des Gebäudes einschätzt, muß, wer das Eigentum am Gebäude erhält, der anderen Seite einen entsprechenden Ausgleich leisten;*
3. *wenn keine Seite das Eigentum am Gebäude haben will, wird es auf Antrag der Parteien versteigert und der erzielte Betrag geteilt.*

E2 § 21: Wenn sich die Ehegatten bei der Scheidung um ein Gebäude streiten, an dem sie noch kein oder noch kein vollständiges Eigentum erlangt haben, und darüber keine Vereinbarung erzielen können, sollte das Volksgericht kein Urteil zur Zugehörigkeit des Eigentums am Gebäude treffen; über desssen Vewendung durch die Ehegatten muß es nach dem Umständen entscheiden.

Wenn die Ehegatten an einem Gebäude nach dem vorigen Absatz das vollständige Eigentum erlangt haben, und es [weiterhin] Streit gibt, kann beim Volksgericht gesondert Klage erhoben werden.

[E2 § 22 folgt nach Ehegesetz § 17.]

E2 § 28: Wenn ein Ehegatte <1b> Vermögenssicherungsmaßnahmen für persönliches Einzelvermögen des anderen oder für gemeinsames Vermögen beantragt, kann das Volksgericht, soweit solche Maßnahmen Verluste verursachen könnten, [stattdessen] je nach den Umständen eine Sicherheitsleistung in vernünftiger Höhe festsetzen.

[E2 § 29 folgt nach Ehegesetz § 51.]

§ 40 Wenn die Ehegatten schriftlich vereinbart haben, daß während des Bestands der Ehebeziehung erworbenes Vermögen in das Vermögen jedes einzelnen fällt, und eine Seite, weil sie die Kinder aufgezogen, für die alten Leute gesorgt, die Arbeit der anderen Seite unterstützt hat, usw., relativ viele Pflichten erfüllt hat, hat sie das Recht, bei der Scheidung von der anderen einen Ausgleich zu verlangen, und die andere muß einen Ausgleich geben.

§ 41 Bei der Scheidung müssen ursprünglich für das gemeinsame Leben der Ehegatten eingegangene Schulden gemeinsam beglichen werden. Reicht das gemeinsame Vermögen nicht aus, sie zu begleichen, oder fällt das Vermögen ins Eigentum der einzelnen Seiten, so werden [die Schulden] aufgrund einer

Vereinbarung der beiden Seiten miteinander getilgt; kommt keine Vereinbarung zustande, so entscheidet das Volksgericht durch Urteil.

[Vgl. hierzu auch E2 §§ 23, 24 und insbesondere 25, oben nach § 19 des Ehegesetzes!]

§ 42 Ist bei der Scheidung ein Ehegatte in Existenzschwierigkeiten, so muß der andere ihm aus seiner Wohnung und anderem persönlichem Einzelvermögen eine angemessene Hilfe leisten. Wie das konkret geschieht, wird von den Ehegatten vereinbart; kommt keine Vereinbarung zustande, so entscheidet das Volksgericht durch Urteil.

E1 § 27: Wenn § 42 Ehegesetz davon spricht, daß "eine Seite in Existenzschwierigkeiten" ist, so ist damit gemeint, daß sie mit ihrem eigenen Vermögen und dem, was ihr bei der Scheidung an Vermögen zugeteilt wird, das örtliche Mindestlebenshaltungsniveau nicht aufrechterhalten kann.

Wenn eine Seite nach der Scheidung ohne Wohnung ist, so ist sie in Existenzschwierigkeiten.

Die Hilfe, die eine Seite bei der Scheidung aus der zu ihrem eigenen Vermögen gehörenden Wohnung der anderen Seite gibt, die in Existenzschwierigkeiten ist, kann in einem Wohnrecht oder in Eigentum an der Wohnung bestehen.

5. Kapitel: Behelfe und gesetzliche Haftung

§ 43 Wenn Gewalt in der Familie ausgeübt wird, oder ein Familienmitglied mißhandelt wird, sind Geschädigte berechtigt, [Hilfe] zu verlangen, und der Wohn- oder Dorfbevölkerungsausschuß ebenso wie die Einheit, bei der sie sich befinden, müssen Einhalt gebieten und schlichten.

Gegenüber Gewalt in der Familie, die gerade ausgeübt wird, sind Geschädigte berechtigt, [Hilfe] zu verlangen, und der Wohn- oder Dorfbevölkerungsausschuß müssen Einhalt gebieten, die Polizei muß [die Gewalttätigkeiten] unterbinden.

Wenn Gewalt in der Familie ausgeübt wird, oder ein Familienmitglied mißhandelt wird, und Geschädigte [Hilfe] verlangen, muß die Polizei nach den gesetzlichen Bestimmungen über Sanktionen zur Sicherung von Ruhe und Ordnung Verwaltungssanktionen verhängen.

§ 44 Werden Familienmitglieder im Stich gelassen, so sind die Geschädigten berechtigt, [Hilfe] zu verlangen, und der Wohn- oder Dorfbevölkerungsausschuß ebenso wie die Einheit, bei der sie sich befinden, müssen Einhalt gebieten und schlichten.

Werden Familienmitglieder im Stich gelassen, und machen Geschädigte ein Verlangen geltend, so muß das Volksgericht nach dem Recht zur Zahlung der Kosten des Unterhalts verurteilen.

§ 45 Wenn Mehrfachehen, Gewalt in der Familie oder Handlungen, mit denen Familienmitglieder mißhandelt oder im Stich gelassen werden, Straftaten bilden, wird nach dem Recht die strafrechtliche Verantwortung verfolgt. Geschädigte können nach den einschlägigen Bestimmungen des Strafprozeßgesetzes beim Volksgericht Privatklage erheben; die Polizei muß nach dem Recht Untersuchungen durchführen, die Volksstaatsanwaltschaft muß nach dem Recht öffentliche Klage erheben.

§ 46 Wenn einer der folgenden Umstände vorliegt und zur Scheidung führt, ist die Seite, bei der kein Verschulden vorliegt, berechtigt, Schadenersatz zu verlangen:

1. Mehrfachehe;
2. wenn jemand, der einen Gatten hat, mit jemand anderem zusammenlebt;
3. wenn Gewalt in der Familie ausgeübt wird;
4. wenn ein Familienmitglied mißhandelt oder im Stich gelassen wird.

E1 § 28: Der in § 46 bestimmte "Schadenerssatz" umfaßt Ersatz für materielle und für seelische Schäden. Geht es um Ersatz für seelische Schäden, so werden die "Erklärungen des Obersten Volksgerichts zu einigen Fragen bei der Bestimmung der Haftung auf Ersatz seelischer Schäden bei zivilrechtlichen Rechtsverletzungen" [8.3.01/1] angewandt.

E1 § 29: Subjekt der Haftung auf Schadenersatz nach § 46 Ehegesetz ist der Gatte der schuldlosen Partei im Scheidungsprozeß.

In Fällen, in denen das Urteil des Volksgerichts keine Scheidung gewährt, unterstützt es [auch] nicht das von einer Partei aufgrund von § 46 Ehegesetz erhobene Verlangen nach Schadenersatz.

Solange die Ehebeziehung besteht, nimmt das Volksgericht keine [Klage] an, mit der ein Beteiligter nicht auf Scheidung klagt, sondern nach diesem § [46] unabhängig [von einer Scheidungsklage] Schadenersatz verlangt.

E1 § 30: Wenn das Volksgericht einen Scheidungsfall annimmt, muß es die in § 46 Ehegesetz und anderen Bestimmungen festgelegten Rechte und Pflichten der Parteien diesen schriftlich bekanntgeben. Bei der Anwendung von § 46 Ehegesetz müssen folgende Fälle unterschieden werden:

1. *Wenn die [den Voraussetzungen von] § 46 Ehegesetz entsprechende schuldlose Seite Klägerin ist und nach § 46 beim Volksgericht eine Schadenersatzforderung geltend macht, hat sie das gleichzeitig mit der Scheidungsklage zu tun;*
2. *in Scheidungsfällen, in denen die [den Voraussetzungen von] § 46 Ehegesetz entsprechende schuldlose Seite Beklagte ist und der Scheidung nicht zustimmt und auch keine Schadenersatzforderung nach § 46 Ehegesetz geltend macht, kann sie das [dann] innerhalb eines Jahres nach der Scheidung in einer unabhängigen Klage tun;*
3. *in Scheidungsfällen, in denen die schuldlose Seite Beklagte ist und in erster Instanz keine Schadenersatzforderung nach § 46 Ehegesetz geltend gemacht hat, sie aber in zweiter Instanz geltend macht, muß das Volksgericht schlichten; bleibt die Schlichtung erfolglos, läßt es die Partei wissen, daß sie innerhalb eines Jahres ab der Scheidung gesondert Klage [auf Schadenersatz] erheben [kann].*

E2 § 27: Wenn eine Partei, nachdem bei der Eheregisterbehörde das Verfahren zur Registrierung der Scheidung durchgeführt worden ist, beim Volksgericht eine Schadenersatzforderung aufgrund von § 46 Ehegesetz geltend macht, muß das Volksgericht den Fall zur Behandlung annehmen. Wenn die Partei aber, als die Scheidung vereinbart wurde, den Verzicht auf diese Forderung klar zum Ausdruck gebracht hat, oder die Forderung nach Ablauf eines Jahres nach der Durchführung des Verfahrens zur Registrierung der Scheidung erhoben wird, wird [diese Schadenersatzforderung vom Volksgericht] nicht unterstützt.

[E2 § 28 steht nach Ehegesetz § 39.]

§ 47 Der Seite, die bei der Scheidung gemeinsames Vermögen der Ehegatten verbirgt, verschiebt, verkauft oder beschädigt oder zerstört oder mit fälschlichen Schulden sich bemüht, Vermögen der anderen Seite mit Beschlag zu belegen, kann bei der Teilung des gemeinsamen Vermögens der Ehegatten weniger oder nichts zugeteilt werden. Wenn solche Handlungen nach der Scheidung von der anderen Seite entdeckt werden, kann sie beim Volksgericht Klage erheben und die nochmalige Aufteilung des gemeinsamen Vermögens der Ehegatten verlangen.

Gegenüber den im vorigen Absatz bestimmten eine Zivilklage behindernden Handlungen kann das Volksgericht Sanktionen nach dem Zivilprozeßgesetz verhängen.

E1 § 31: Wenn eine Partei nach § 47 Ehegesetz Klage beim Volksgericht erhebt, beträgt für das Verlangen nach nochmaliger Aufteilung des gemeinsamen Vermögens der Ehegatten die Klageverjährungsfrist zwei Jahre, gerechnet von dem Tag nach dem Tag an, an dem die Partei [solche Handlungen] entdeckt hat.

§ 48 Wird die Ausführung von Urteilen und Verfügungen verweigert, welche die Kosten des Unterhalts, die Aufteilung des Vermögens, Beerbung oder Besuchsrechte betreffen, so werden sie vom Volksgericht nach dem Recht zwangsvollstreckt. Die betroffenen Einzelpersonen und Einheiten haften für die Unterstützung der Vollstreckung.

E1 § 32: Damit, daß das Volksgericht nach dem Recht zwangsvollstreckt, wenn die Ausführung von Besuchsrechte usw. betreffenden Urteilen und Verfügungen verweigert wird, ist in § 48 Ehegesetz gemeint, daß gegenüber den betroffenen Einzelpersonen und Einheiten, welche die Unterstützung der anderen Seite bei der Ausübung des Besuchsrechts verweigern, Zwangsvollstreckungsmaßnahmen wie Haft und Geldbußen ergriffen werden; die Besuchshandlung kann nicht gegen die Person des Kindes vollstreckt werden.

§ 49 Wenn andere Gesetze zu rechtswidrigen Handlungen in Ehe und Familie und zur rechtlichen Haftung etwas anderes bestimmen, gelten deren Bestimmungen.

6. Kapitel: Ergänzende Regeln

§ 50 Die Volkskongresse autonomer Territorien der Volksgruppen sind berechtigt, in Verbindung mit den konkreten Verhältnissen in den Ehen und Familien der örtlichen Volksgruppen abwandelnde Bestimmungen festzusetzen. Abwandelnde Bestimmungen, die von autonomen Distrikten und autonomen Kreisen festgesetzt werden, werden dem Ständigen Ausschuß des Volkskongresses der PAS gemeldet und treten mit dessen Genehmigung in Kraft. Abwandelnde Bestimmungen, die von Autonomen Gebieten festgesetzt werden, werden dem Ständigen Ausschuß des Nationalen Volkskongresses gemeldet und treten mit dessen Genehmigung in Kraft.

§ 51 Dies Gesetz wird vom 1.1.1981 an angewandt.

Das am 1.5.1950 bekanntgemachte und in Kraft gesetzte "Ehegesetz der VR China" wird mit Inkrafttreten dieses Gesetzes aufgehoben.

E1 § 33: Für Fälle von Ehe- und Familienstreitigkeiten, die nach der Revision des Ehegesetzes in erster oder zweiter Instanz anhängig sind, gilt durchweg das revidierte Ehegesetz. Soweit vorher vom Obersten Volksgericht erlassene einschlägige justizielle Erläuterungen in Widerspruch zu dieser Erläuterung stehen, gilt diese Erläuterung.

E1 § 34: Diese [erste] Erläuterung gilt von dem bekanntgemachten Tag an.

E2 § 29: Diese [zweite] Erläuterung tritt am 1.4.2004 in Kraft. Diese Erläuterung wird auf Fälle von Ehe- und Familienstreitigkeiten angewandt, die ein Volksgericht nach Inkrafttreten der Erläuterung neu annimmt.

Wenn nach Inkrafttreten dieser Erläuterung vorher vom Obersten Volksgericht erlassene einschlägige justizielle Erläuterungen zu dieser Erläuterung in Widerspruch stehen, gilt diese Erläuterung.

Übersetzung von Frank Münzel, Chinas Recht
http://www.chinas-recht.de/800910.htm. (Abgerufen am 05.11.2021).

C. Interpretation of the Supreme People' s Court of Several Issues on the Application of the Marriage Law of the People's Republic of China (III) (EEheG III)[3]

The Interpretation of the Supreme People's Court on Several Issues Concerning the Application of the Marriage Law of the People's Republic of China (III), which was adopted by the 1525th meeting of the Judicial Committee of the Supreme People's Court on July 4, 2011, is promulgated hereby and shall come into effect as of August 13, 2011.

For the purpose of correctly trying marital and family dispute cases, issues concerning the application of the Marriage Law by the people's courts are interpreted as follows in accordance with the Marriage Law of the People's Republic

3 Interpretation of the Supreme People's Court on Several Issues Concerning the Application of the Marriage Law of the People's Republic of China (III) (lexiscn.com) (Abgerufen am 05.11.2021).

of China, the Civil Procedure Law of the People's Republic of China and other relevant laws:

§ 1 Where parties concerned apply for declaring marriage invalid based on the circumstances other than those specified in Article 10 of the Marriage Law, the people's courts shall reject their application.

Where parties concerned file civil actions on the ground that there exist flaws in marriage registration procedures, claiming cancellation of marriage registration, they shall be informed that they may apply for administrative reconsideration or file administration actions in accordance with law.

§ 2 Where one party of a couple files an action with a people's court, requesting confirmation of the inexistence of parenthood and provides necessary evidence, the people's court may presume that the claim filed by the party requesting confirmation of the inexistence of parenthood is tenable, provided that the other party fails to provide evidence to the contrary and refuses paternity test.

Where one party of a couple files an action, requesting confirmation of parenthood and provides necessary evidence, the people's court may presume that the claim filed by the party requesting confirmation of parenthood is tenable, provided that the other party fails to provide evidence to the contrary and refuses paternity test.

§ 3 During a marriage, if one or both parents refuse to perform the obligation of raising children and minor children or those unable to live independently request payment of child support, the people's courts shall uphold such request.

§ 4 During a marriage, if either of a couple requests division of community property, the people's court shall not uphold such claim, except for the following major reasons and without prejudice to the interests of creditors:

1. One party commits the acts that seriously harming the interest of community property, such as hiding, transferring, selling off, damaging or squandering community property or forging community debts; or
2. One party disagrees with payment of medical costs for a person whom the other party is legally obliged to maintain, who suffers from a serious disease and needs medical treatment.

§ 5 Proceeds generated, after marriage, from the property of either of a couple, except for fruits and unearned increments, shall be determined as community property.

§ 6 If one party, before or during the marriage, agrees to gift his/her own house property to the other party and cancels his/her gift before going through the registration formalities of the change of the house property as gift, and the other party requests a ruling for continuing to perform such gift, the people's court may handle the request in accordance with Article 186 of the Contract Law.

§ 7 Any real estate purchased by parents of one party for him/her after his/her marriage, the title of ownership which is registered under the name of such party, may be deemed as the gift only to such party and shall be determined as such party's personal property in accordance with Item 3 of Article 18 of the Marriage Law.

Any real estate purchased by parents of both parties for them, the tile of which is registered under the name of one party of the couple, may be determined to be co-owned by both parties by shares according to their respective parents' capital contribution, unless otherwise agreed by the parties.

§ 8 If the spouse of anyone with no capacity for civil conduct commits acts seriously harming personal or property rights of the party with no capacity for civil conduct, such as abusing or deserting such party, other persons having custody may file an action for change of custody in accordance with special procedures; and if the new custodian file an divorce action on behalf of the party with no capacity for civil conduct, the people's court shall accept the case.

§ 9 The people's court will not support damages claims filed by a husband for his wife's offending his reproduction rights by interrupting pregnancy without his consent; where both parties dispute over whether to procreate, which incur affection no longer exists, the people's court shall, in case of failure of mediation, handle in accordance with item 5, Paragraph 3, Article 32 of the Marriage Law if one party files a divorce action.

§ 10 Where one party, before marriage, enters into an estate sales and purchase contract and make the first payment with his/her personal money and borrows money from a bank, and after marriage, repayment is made with properties jointly owned by him/her and his/her spouse, the estate shall be handled when divorcing through negotiation there between if such estate is registered under the party making the first payment.

If no agreement may be reached in accordance with the preceding paragraph, the people's court may make a judgment that such estate is belonged to the party, under whom the title of ownership is registered, and unpaid loans is such party's personal debts. Those repaid jointly by both parties after marriage and the corresponding value-added part shall be reimbursed when divorcing by the party, under whom the title of ownership is registered, to the other party in accordance with principles specified in Paragraph 1, Article 39of the Marriage Law.

§ 11 If one party sells out the house jointly owned by the couple without the other party's consent, and the third party buys in goodwill with rational consideration and title registration is gone through, the people's court will not support claims by the other party for returning of the house.

If one party disposes a house jointly owned by the couple and incurs losses to the other party, the people's court shall support claims filed at the time of divorce by the other party for compensation of losses.

§ 12 Where during duration of marriage, both parties purchase a house under housing reform, which is participated in by one party's parent (s), with their joint properties, and the house is registered under the name of one party's parent (s), the people's court will not support claims by the other party for dividing such house as their joint properties. Money paid for purchasing of such house may be treated as creditor's rights.

§ 13 If, at the time of divorce, one party has not retired and is not qualified for drawing pensions, the people's court will not support claims by the other party for dividing such pensions as their joint properties; while if, after marriage, endowment premiums are paid with their joint properties, the people's court shall support claims by one party for dividing the part, paid by individuals during the duration of marriage, of the pension account, as their joint properties.

§ 14 Where parties reach a properties division agreement under the condition of divorce by registration or by consent through a people's court, the people's court shall deem such division agreement is of no effect and shall make division of their joint properties based on situations in accordance with law if their divorce by consent fails and one party pulls back in the divorce action.

§ 15 Where the heritage that one party as a heir may legally succeed has not been divided between heirs during duration of marriage, the people's court shall inform parties to lodge a new action after the heritage is actually divided between the heirs if the other party claims for division of the heritage in a divorce action.

§ 16 Where a couple enter into a borrowing agreement, stipulating their joint properties are lent to one party for personal businesses or other personal affairs, such act shall be deemed as an act of disposing their joint properties through both parties' agreement, and such properties may be handled in accordance with the borrowing agreement at the time of divorce.

§ 17 Where both parties fall with faulty circumstances specified in Article 46 of the Marriage Law, the people's court will not support claims for divorce damages filed by either or both parties against one another.

§ 18 Where one party lodges an action, after divorce, to a people's court for division of joint properties, which have not been disposed, the people's court shall, following confirmation that such properties are really joint properties not disposed at the time of divorce, make division thereof in accordance with law upon examination.

§ 19 Upon implementation of this Interpretation, in the case of any conflict between any relevant judicial interpretations promulgated previously by the Supreme People's Court and this Interpretation, this Interpretation shall prevail.

D. Interpretation of the Supreme People's Court on Issues concerning the Application of Law in the Trial of Cases of Matrimonial Debt-related Disputes (EVV)[4]

The Interpretation of the Supreme People's Court on Issues concerning the Application of the Law in the Trial of Cases of Matrimonial Debt-related Disputes, which was adopted at the 1731 meeting of the Judicial Committee of the Supreme People's Court on January 8, 2018, is hereby promulgated and shall come into force as of January 18, 2018.

This Interpretation is formulated under the General Principles of the Civil Law of the People's Republic of China, the Marriage Law of the People's Republic of China, the Contract Law of the People's Republic of China, the Civil Procedure Law of the People's Republic of China and other applicable Laws and regulations, in order to properly try cases of matrimonial deb-related disputes and equally protect the legitimate rights and interests of the parties.

§ 1 A debt to be jointly borne by a couple as by signatures by the couple, by acknowledgement of either spouse after such debt was incurred by the other spouse

4 Interpretation of the Supreme People's Court on Issues concerning the Application of Law in the Trial of Cases of Matrimonial Debt-related Disputes (lexiscn.com) (Abgerufen am 05.11.2021).

or by any other form of expression of their common will, shall be deemed as a matrimonial debt.

§ 2 For a debt incurred by either spouse in his/her own name during marriage for the purpose of meeting the needs of the daily family life of the couple, if the creditor of such debt makes a claim on the ground of such debt being a matrimonial debt, the people's court shall support such claim.

§ 3 For a debt incurred by either spouse in his/her own name during marriage beyond meeting the needs of the daily family life of the couple, if the creditor of such debt makes a claim on the ground of such debt being a matrimonial debt, the people's court shall not support such claim, except when the creditor can prove that such debt has been used for the purpose of the joint life or any joint production or operation activity of the couple, or has been contracted based on an expression of their common will.

§ 4 This Interpretation shall come into force as of January 18, 2018.
After this Interpretation takes effect, where any applicable judicial interpretation previously given by the Supreme People's Court is in conflict with this Interpretation, this Interpretation shall prevail.

E. Several Opinions of the Supreme Court on the Disposition of Property Settlement Issues Involved in the Trial of Divorce Cases by People's Courts (RVV)[5]

In the disposition of community property involved in the trial of divorce cases, people' s courts shall, in accordance with the Marriage Law of the People' s Republic of China, the Law of the People's Republic of China on the Protection of the Rights and Interests of Women and Interests and provisions of other relevant laws, make a distinction among separate property, community property and property jointly owned by family members, give equal treatment to men and women, protect the legitimate rights and interests of women and children, give due regard to innocent parties, respect the wishes of the parties to such cases, comply with the principles that the production concerned is continued and due consideration is given to the livelihood of the parties thereto, and dispose the community property in a rational and fair manner. Specific relevant opinions

5 Several Opinions of the Supreme Court on the Disposition of Property Settlement Issues Involved in the Trial of Divorce Cases by People' s Courts (lexiscn.com) (Abgerufen am 05. 11. 2021).

which are formed in light of the foregoing principles and trial practices are set out as follows:

§ 1 Where the man and woman concerned does not object to a written or oral agreement in which the owner of the property in question has been agreed upon by, the property shall be disposed in accordance with the agreement when the man and woman go through a divorce proceeding, provided that an agreement that is concluded to evade the law shall be null and void.

§ 2 Community property is any property that is acquired by the man and woman concerned or any of them during the duration of their matrimonial relationship, including the following properties:

1. Income derived from labor services and property purchased by either party or both parties;
2. Property inherited by or gifted to either party or both parties;
3. Economic interest derived from intellectual property rights by either party or both parties;
4. Earnings made from engaging in contracting, leasing or other production or business activities by either party or both parties:
5. Creditor' s rights to which either party or both parties is entitled; and
6. Other legal income obtained by either party or both parties.

§ 3 For demobilization pay or military severance pay obtained by a serviceman demobilized or transferred to civilian work during the duration of the matrimonial relationship in question, where the man and woman concerned has been married for 10 years or more, such pay shall be distributed as community property. Medical allowance and home-returning production allowance obtained by a discharged serviceman from the army shall be owned by the serviceman.

§ 4 Property acquired after marriage by any of the man and woman concerned living separately in different places and which is managed and used respectively by either of them shall be recognized as community property. In disposing such property, any portion there of which is managed and used by either party shall be attributed to such party. Where there is a large gap between properties distributed to both parties, the party with the larger share shall compensate the other party with property equal to the difference.

§ 5 Monetary gifts or other gifts received by any or both of the man and woman who have made the marriage registration but have not lived together shall be recognized as community property. In specific practices, particulars such as the source and quantity of such property shall be taken into account in order to distribute such property in a rational manner. Properties that are purchased and used respectively by either party shall in principle be attributed to such party.

§ 6 Seperate property owned by either party to a marriage before the marriage and jointly used, run and managed by both parties to the marriage after the marriage, after eight years in the case of houses and other means of production with higher value or four years in the case of valuable means of consumption, might be deemed as community property.

§ 7 Where it is difficult to determine whether any property is separate property or community property, either party making a claim shall bear the burden of proof. Where any such party fails to come up with supporting evidence and the relevant people' s court cannot make a determination after investigations, any such property shall be treated as community property.

§ 8 Community property shall in principle been evenly distributed the man and woman concerned. In specific practices, adjustments might be made in light of the actual needs of production or livelihood, the source of such property and other circumstances. Articles for private use shall in principle be attributed to the person concerned.

§ 9 Where either party to a marriage participates in a partnership with community property and such property invested in such a partnership might be distributed to such party, such party shall compensate the other party for half of the value of such property.

§ 10 Means of production which is community property might be distributed to any party to a marriage who has the required production conditions and abilities. Any such party shall compensate the other party for half of the value of such property.

§ 11 For animals bred and raised, plants grown or others that are jointly run the man and woman concerned but cannot bring earnings during the current year, such property shall be rationally distributed or converted into cash in consideration of the fact that such disposition is conducive to the relevant production, and operation and management when the man and woman go through a divorce.

§ 12 Where both parties to a marriage, within eight years after the marriage, conduct renovations or decorations for a house owned by either party before the marriage or construct a new house after the old house is demolished and the title of the renovated or decorated house or such a new house is not changed, the house shall still be owned by the title-holder and for shares in any added portion of the house which belong to the other party, the house-owner shall convert such shares into cash and compensate the other party with such cash. Where the foregoing house is expanded, any expanded portion of the house shall be treated as community property.

§ 13 For a house jointly owned by the man and woman concerned that it is not appropriate to divide for separate use, such a house shall be distributed to any party on the basis of housing conditions of both parties and in compliance with the principle that due consideration is given to the child-rearing party or the non-faulting party. Any such party shall compensate the other party for half of the value of such a house. Where the conditions of both parties are equal, more consideration shall be given the female party.

§ 14 Where a house occupied by the man and woman concerned during the duration of their matrimonial relationship is owned by either party and the other party request for temporary inhabitation therein on the ground he or she has no house to live in after the divorce in question, such request might be upheld depending on actual circumstances after the statement is verified to be true. However such temporary inhabitation shall in general not exceed two years.

Where it is indeed economically difficult for either party without any house to rent a house for inhabitation purposes, the other party with the ownership of the house in question might give such party lump-sum economic assistance.

§ 15 When the man and woman concerned go through a divorce, the intellectual property rights of either party which has not brought any economic interest shall be attributed to such party. In the distribution of community property, appropriate consideration might be given to the other party depending on specific circumstances.

§ 16 Where separate property owned prior to a marriage is naturally destroyed, used up or perished in the course of cohabitation after the marriage and the party concerned requests the loss of such property to be compensated with community property when the parties concerned go through a divorce, such request shall not be upheld.

§ 17 Debts incurred by the man and woman concerned as a result of their cohabitation activities or the performance of obligations such as rearing child or supporting spouse in life shall be recognized as community debts and shall settled as community property when the man and woman go through a divorce.

The following debts shall not be recognized as community debts and shall be settled with separate property:

1. Debts which it is agreed by the man and woman concerned to be solely borne by either party unless such agreement is for the purpose of dodging debts;
2. Debts incurred by either party, without the consent of the other party, for financially assisting any relative or friend whom such party does not the obligations to rear;
3. Debts incurred by either party, without the consent of the other party, for engaging with funds alone raised in business activities income from which is actually not used for their cohabitation activities; and
4. Other debts that shall be solely borne by either party.

§ 18 Where houses and other properties purchased with loans by either party to a marriage have become community property, debts incurred as a result of such purchases shall be deemed as community debts.

§ 19 Properties demanded by either party to a marriage in connection with the matrimonial relationship in question, if the parties concerned have not been married for a long time or such demand causes difficulties to the other party in life when the parties go through a divorce, might be returned depending on the circumstances involved.

Where it is difficult to determine whether or not any property is demanded or gifted, any such property might be treated as being gifted.

§ 20 Where community property is not been separated from property jointly owned by family members when the man and woman concerned go through a divorce and either party makes a request for property separation, the divorce and thoroughly-investigated property issues might be dealt with firstly and the parties concerned might be informed that issues relating to the distribution of property in respect of which it is really difficult to make a thorough investigation for the time being are to be dealt with in another trial session, or the divorce proceeding might be suspended until the resolution of the property separation issue.

§ 21 Where either party to a marriage refuses to surrender any community property by illegally concealing or transferring such property, or illegally sells off or damages such property, when the property involved in the divorce in question is distributed, lesser share or no share of the property shall be distributed to such party. In specific practices, property so concealed, transferred, sold off, or damaged shall be treated as shares of either party committing the foregoing action, shares due to the other party shall be compensated with other community property, and where such property is not sufficient to do so, the difference shall be made up with cash by the party committing the foregoing action. A people' s court might, in accordance with the provisions of article 102 of the Civil Procedure Law of the People's Republic of China, punish either party to a marriage who illegally conceals, transfers, sells off, or damages any community property.

§ 22 These opinions shall apply to the distribution of property involved in the dissolution of a de facto marriage. Relevant provisions of the Certain Opinions of the Supreme Court on the Trial of Cases Involving Cohabitation As a Couple without Making the Marriage Registration by People' s Courts shall apply to the distribution of property involved in illegal cohabitation.

www.ingramcontent.com/pod-product-compliance
Ingram Content Group UK Ltd.
Pitfield, Milton Keynes, MK11 3LW, UK
UKHW021932290926
8980IPUK00016B/1587

9 783631 879092